Introdução à Computação e Programação Usando Python

Introdução à Computação e Programação Usando Python

Edição revista e ampliada

John V. Guttag

1ª edição
Atena, São Paulo

Do original Introduction to Computation and Programming Using Python
– Revised and Expanded Edition

Tradução autorizada do idioma inglês da edição publicada por The MIT Press

Copyright © 2013 by The Massachusetts Institute of Technology

Copyright da tradução © 2015 Infopress Nova Mídia Ltda.

Todos os direitos reservados incluindo o direito de reproduzir no todo ou em parte em qualquer forma.

É proibida a reprodução total ou parcial, por qualquer meio ou processo. É vedada a inclusão de qualquer parte desta obra em qualquer sistema de processamento de dados. A violação dos direitos autorais é crime (art. 184 e parágrafos, do Código Penal, cf. Lei nº 6.895, de 17/12/80) punível com pena de prisão e multa, conjuntamente com busca e apreensão e indenizações diversas.

Imagem da capa: © Maxim Kazmin / Fotolia

Para adquirir nossos livros em quantidade com descontos especiais para uso educacional, corporativo ou promocional, entre em contato através do e-mail corporativo@infopress.com.br.

Dados Internacionais de Catalogação na Publicação (CIP)
(Maurício Amormino Júnior, CRB6/2422)

G985i
    Guttag, John V.; 1949 –

        Introdução à computação e programação usando Python – edição revista e ampliada / John Guttag. – São Paulo (SP): Infopress Nova Mídia, 2015
        xviii, 342 p. : il.; 16 x 23 cm

        Título original: Introduction to computation and programming using Python – revised and expanded edition
        ISBN: 978-85-86622-46-5

        1. Programação de computadores. 2. Python (Linguagem de programação de computadores). I. Título.

                                                      CDU-005.13'3
                                                      CDD-005.3

Infopress Nova Mídia Ltda
CNPJ 01.277.125/0001-26
Rua Baltazar Lisboa, 180B
04110-060 – São Paulo – SP
telefone (11) 4052-9466
www.infopress.com.br
atendimentoaoleitor@infopress.com.br

Atena é um selo editorial de Infopress Nova Mídia Ltda.

Para minha família:

Olga
David
Andrea
Michael
Mark
Addie

CONTEÚDO

1 COMEÇANDO 1
2 INTRODUÇÃO AO PYTHON 8
    2.1   Os Elementos Básicos do Python 10
        2.1.1   Objetos, Expressões e Tipos Numéricos 10
        2.1.2   Variáveis e Atribuição 13
        2.1.3   IDLE 15
    2.2   Programas Ramificados 16
    2.3   Strings e Entrada de Dados 19
        2.3.1   Entrada de Dados 21
    2.4   Iteração 22
3 ALGUNS PROGRAMAS NUMÉRICOS SIMPLES 25
    3.1   Enumeração Exaustiva 25
    3.2   Laços Iterativos For 27
    3.3   Soluções Aproximadas e Método da Bissecção 30
    3.4   Mais Sobre Números de Ponto Flutuante 34
    3.5   Newton-Raphson 38
4 FUNÇÕES, ESCOPO E ABSTRAÇÃO 40
    4.1   Funções e Escopo 41
        4.1.1   Definições de Funções 41
        4.1.2   Argumentos de Palavra-Chave e Valores Padrão 43
        4.1.3   Escopo 44
    4.2   Especificações 48
    4.3   Recursão 51
        4.3.1   Números de Fibonacci 53
        4.3.2   Palíndromos 55
    4.4   Variáveis Globais 58
    4.5   Módulos 60

4.6 Arquivos 62
5 TIPOS ESTRUTURADOS, MUTABILIDADE E FUNÇÕES DE ORDEM SUPERIOR 65
   5.1 Tuplas 65
      5.1.1 Sequências e Atribuição Múltipla 67
   5.2 Listas e Mutabilidade 67
      5.2.1 Clonagem 72
      5.2.2 Compreensão de Listas 73
   5.3 Funções como Objetos 74
   5.4 Strings, Tuplas e Listas 76
   5.5 Dicionários 78
6 TESTES E DEPURAÇÃO 81
   6.1 Testes 82
      6.1.1 Testes de Caixa-Preta 83
      6.1.2 Testes Estruturais ou de Caixa-Branca 85
      6.1.3 Realizando Testes 87
   6.2 Depuração 88
      6.2.1 Aprendendo a Depurar 91
      6.2.2 Projetando o Experimento 92
      6.2.3 Quando Você Empaca 95
      6.2.4 E Quando Você Tiver Encontrado o Bug 96
7 EXCEÇÕES E ASSERÇÕES 98
   7.1 Tratamento de Exceções 98
   7.2 Exceções e Fluxo de Controle 102
   7.3 Asserções 105
8 CLASSES E PROGRAMAÇÃO ORIENTADA A OBJETO 106
   8.1 Classes e Tipos de Dados Abstratos 106
      8.1.1 Programas com Tipos de Dados Abstratos 111
      8.1.2 Representando os Alunos e o Corpo Docente 112
   8.2 Herança 115

- 8.2.1 Vários Níveis de Herança.........117
- 8.2.2 O Princípio da Substituição.........119
- 8.3 Encapsulamento e Ocultação de Informação.........120
  - 8.3.1 Geradores.........123
- 8.4 Hipotecas, um Exemplo Estendido.........125

9 INTRODUÇÃO À COMPLEXIDADE ALGORÍTMICA.........131
- 9.1 Pensando Sobre a Complexidade Computacional.........131
- 9.2 Notação Assintótica.........135
- 9.3 Algumas Classes de Complexidade Importantes.........137
  - 9.3.1 Complexidade Constante.........137
  - 9.3.2 Complexidade Logarítmica.........137
  - 9.3.3 Complexidade Linear.........138
  - 9.3.4 Complexidade Linear-Logarítmica.........139
  - 9.3.5 Complexidade Polinomial.........140
  - 9.3.6 Complexidade Exponencial.........141
  - 9.3.7 Comparações de Classes de Complexidade.........143

10 ALGUMAS ESTRUTURAS DE DADOS E ALGORITMOS.........147
- 10.1 Algoritmos de Busca.........148
  - 10.1.1 Busca Linear e Acesso Indireto.........149
  - 10.1.2 Busca Binária e Pressupostos de Funções.........151
- 10.2 Algoritmos de Ordenação.........154
  - 10.2.1 Merge Sort.........156
  - 10.2.2 Usando Funções como Parâmetros.........159
  - 10.2.3 Ordenação em Python.........159
- 10.3 Tabelas de Hash.........161

11 GRÁFICOS E MAIS SOBRE CLASSES.........166
- 11.1 Traçando Gráficos Usando PyLab.........166
- 11.2 Gráficos de Hipotecas, um Exemplo Estendido.........171

12 PROGRAMAS ESTOCÁSTICOS E PROBABILIDADE.........178
- 12.1 Programas Estocásticos.........179

12.2 Estatística Inferencial e Simulação 181
12.3 Distribuições 193
  12.3.1 Distribuição Normal e Níveis de Confiança 195
  12.3.2 Distribuição Uniforme 198
  12.3.3 Distribuição Exponencial e Geométrica 199
  12.3.4 Distribuição de Benford 202
12.4 Com que Frequência o Melhor Time Ganha? 203
12.5 Hash e Colisões 207

13 PASSEIOS ALEATÓRIOS E VISUALIZAÇÃO DE DADOS 210
13.1 O Passeio do Bêbado 211
13.2 Passeios Aleatórios com Viés 218
13.3 Campos Traiçoeiros 225

14 SIMULAÇÃO DE MONTE CARLO 227
14.1 O Problema de Pascal 228
14.2 Passar ou Não Passar? 229
14.3 Usando Tabelas para Melhorar o Desempenho 234
14.4 Calculando π 235
14.5 Palavras Finais sobre Modelos de Simulação 240

15 COMPREENDENDO DADOS EXPERIMENTAIS 243
15.1 O Comportamento das Molas 243
  15.1.1 Encontrar Ajustes com Regressão Linear 246
15.2 O Comportamento de Projéteis 251
  15.2.1 Coeficiente de Determinação 254
  15.2.2 Usando um Modelo Computacional 255
15.3 Ajustando Distribuições Exponenciais 257
15.4 Quando a Teoria Está Ausente 260

16 MENTIRAS, MALDITAS MENTIRAS E ESTATÍSTICAS 262
16.1 Garbage In Garbage Out (GIGO) 262
16.2 As Imagens Podem Enganar 263
16.3 Cum Hoc Ergo Propter Hoc 266

16.4 As Estatísticas Não Contam Toda a História 268
16.5 Viés de Amostragem 269
16.6 O Contexto Importa 271
16.7 Cuidado com a Extrapolação 271
16.8 A Falácia do Atirador de Elite Texano 272
16.9 Porcentagens Podem Confundir 275
16.10 Apenas Tenha Cuidado 276
17 PROBLEMAS DE OTIMIZAÇÃO DA MOCHILA E DE GRAFOS .. 277
   17.1 Problemas da Mochila 278
      17.1.1 Algoritmos Gulosos 278
      17.1.2 Solução Ótima para o Problema da Mochila 0/1 281
   17.2 Problemas de Otimização de Grafos 284
      17.2.1 Problemas Teóricos Clássicos sobre Grafos 289
      17.2.2 A Propagação de Doenças e o Corte Mínimo 290
      17.2.3 Caminho Mais Curto 291
18 PROGRAMAÇÃO DINÂMICA 297
   18.1 A Sequência de Fibonacci, Reexaminada 297
   18.2 Programação Dinâmica e o Problema da Mochila 0/1 299
   18.3 Programação Dinâmica e Dividir-para-Conquistar 307
19 UMA INTRODUÇÃO AO APRENDIZADO DE MÁQUINA 308
   19.1 Vetores de Características 310
   19.2 Métricas de Distância 313
   19.3 Clustering 318
   19.4 Tipos Exemplo e Cluster 320
   19.5 Agrupamento K-means 322
   19.6 Um Exemplo Artificial 324
   19.7 Um Exemplo Menos Artificial 329
   19.8 Encerrando 335
UNICODE E CARACTERES ACENTUADOS 337
REFERÊNCIA RÁPIDA PYTHON 2.7 339

PREFÁCIO

Este livro é baseado em um curso do MIT que tem sido oferecido duas vezes por ano desde 2006. O curso é destinado a estudantes com pouca ou nenhuma experiência anterior em programação que desejam compreender as técnicas computacionais usadas na solução de problemas. Para alguns deles, esse curso é um trampolim para cursos de ciência da computação mais avançados. Mas, para a maioria dos estudantes, esse será seu único curso de ciência da computação.

Como a maioria dos estudantes não fará outro curso de ciência da computação, nós nos concentramos em sua amplitude, e não em sua profundidade. O objetivo é apresentar aos alunos uma ampla gama de temas para que eles tenham uma ideia do que é possível quando chegar a hora de pensar em como usar a computação para atingir um objetivo concreto. Dito isso, este não é um curso de "conhecimentos gerais da computação". É um curso difícil e rigoroso, em que os alunos despendem muito tempo e esforço para aprender a fazer o computador agir de acordo com sua vontade.

O principal objetivo deste livro é ajudar você, leitor, a tornar-se capaz de fazer uso produtivo das técnicas computacionais. Você aprenderá a aplicar raciocínios computacionais para atacar problemas e para extrair informações de dados. O conhecimento essencial que você encontrará neste livro é a arte de como resolver problemas usando métodos computacionais.

Este livro é um pouco peculiar. A parte 1 (Capítulos 1-8) é uma introdução não convencional à programação em Python. Nós entrelaçamos quatro linhas de estudo:

- Noções básicas de programação,
- A linguagem de programação Python,
- Conceitos fundamentais para a compreensão da ciência da computação e
- Técnicas computacionais de resolução de problemas.

Nós tratamos da maioria dos recursos do Python, mas a ênfase é no que você pode fazer com uma linguagem de programação, e não na própria linguagem. Por exemplo, até o final do Capítulo 3 o livro trata apenas de uma pequena parte do Python, mas já introduz as noções de enumeração exaustiva, de algoritmos de estimativa e verificação, do método da bissecção e de algoritmos eficientes de aproximação. Nós introduzimos os recursos do Python ao longo do livro. Da mesma forma, apresentamos diversos aspectos de métodos de programação à medida que formos avançando. A ideia é ajudá-lo a aprender Python e a tornar-se um bom programador, no contexto do uso da computação para resolver problemas interessantes.

A parte 2 (Capítulos 9-16) se concentra principalmente no uso da computação para resolver problemas. Ela não pressupõe qualquer conhecimento de matemática além da álgebra do ensino médio, mas o leitor deve estar à vontade com raciocínios lógicos rigorosos e não se sentir intimidado por conceitos matemáticos. Ela aborda alguns dos temas habituais encontrados em um livro introdutório, por exemplo, a complexidade computacional e algoritmos simples. Mas a maior parte do livro é dedicada a temas que não são encontrados na maioria dos livros introdutórios: visualização de dados, raciocínio probabilístico e estatístico, modelos de simulação e o uso da computação para extrair informações de dados.

A parte 3 (Capítulos 17-19) examina três temas ligeiramente avançados – problemas de otimização, programação dinâmica e clustering (o agrupamento automático de dados semelhantes de acordo com algum critério).

A parte 1 pode formar a base de um curso independente que pode ser ensinado em metade de um semestre. A experiência sugere que as partes 1 e 2 deste livro podem ser ensinadas em um curso de um semestre sem atropelos. Quando o material da parte 3 também é ensinado, o curso passa a exigir mais esforço do que é confortável para muitos estudantes.

O livro tem dois temas dominantes: a solução sistemática de problemas e o poder da abstração. Quando você terminar este livro, você deverá ter:

- Aprendido a linguagem Python e saber usá-la para expressar-se computacionalmente,
- Aprendido uma abordagem sistemática para organizar, escrever e depurar programas de médio porte,
- Desenvolvido um entendimento informal sobre a complexidade computacional,
- Aprendido algumas estratégias para, a partir de uma definição ambígua de um problema, chegar à formulação computacional de um método para resolvê-lo,
- Aprendido um conjunto útil de técnicas algorítmicas e de redução de problemas a outros problemas com solução conhecida,
- Aprendido a usar a aleatoriedade e simulações para enfrentar problemas que não são facilmente resolvidos por soluções de forma fechada e
- Aprendido a usar ferramentas computacionais, incluindo ferramentas estatísticas e de visualização simples, para modelar e entender dados.

Prefácio XV

A programação é uma atividade intrinsecamente difícil. Assim como "não há estrada real para a geometria"[1], também não há estrada real para a programação. É possível enganar os alunos, fazendo-os pensar que aprenderam a programar quando, na verdade, eles apenas completaram um conjunto bastante limitado de problemas de programação do tipo "preencha a lacuna". No entanto, isso não os torna capazes de utilizar o raciocínio computacional para resolver problemas.

Se você realmente quer aprender o material, a simples leitura do livro não será suficiente. No mínimo você deve tentar executar alguns dos programas do livro. Todo o código fonte do livro pode ser encontrado em `http://mitpress.mit.edu/ICPPRE`[2]. Várias versões do curso estão disponíveis no site do MIT OpenCourseWare (OCW) desde 2008. O site inclui gravações de vídeo de palestras e um conjunto completo de questões e exames. Desde o outono de 2012, o edX e o MITx oferecem uma versão online do curso. É altamente recomendável que você resolva os conjuntos de problemas de um dos cursos oferecidos pelo OCW ou edX.

---

[1] Essa teria sido a resposta de Euclides, por volta de 300 a.C., quando o rei Ptolomeu pediu uma maneira mais fácil de aprender matemática.

[2] Nota do Editor: O código fonte traduzido pode ser encontrado em `http://infopress.com.br/ICPP.html`

AGRADECIMENTOS

Este livro teve origem em um conjunto de notas de aula que eu preparei ao ministrar um curso de graduação no MIT. O curso e, em consequência, este livro se beneficiaram das sugestões de colegas do corpo docente (especialmente Eric Grimson, Srinivas Devadas e Fredo Durand), assistentes de ensino e alunos que fizeram o curso.

O processo de transformar minhas notas de aula em um livro se mostrou muito mais trabalhoso do que eu esperava. Felizmente, esse otimismo equivocado durou tempo suficiente para me impedir de desistir. O encorajamento dos colegas e da minha família também me ajudou a persistir.

A ajuda de Eric Grimson, Chris Terman e David Guttag foi vital. Eric, que é reitor do MIT, conseguiu encontrar tempo para ler quase todo o livro com muito cuidado. Ele descobriu inúmeros erros (incluindo um número embaraçoso, para mim, de erros técnicos) e apontou lugares em que eram necessárias explicações adicionais. Chris também leu partes do manuscrito, descobriu erros e me ajudou na batalha com o Microsoft Word, que no final fez a maior parte do que queríamos. David superou sua aversão à ciência da computação e revisou vários capítulos.

Versões preliminares deste livro foram usadas no curso 6.00 do MIT e no curso 6.00x do MITx. Diversos alunos desses cursos chamaram a atenção para erros. Em especial, um estudante do curso 6.00x, J. C. Cabrejas, foi de grande auxílio. Ele encontrou vários erros de digitação e mais do que alguns erros técnicos.

Como todos os professores de sucesso, eu devo muito a meus alunos de pós-graduação. Além de desenvolverem excelente pesquisa (e me deixar levar parte do crédito por isso), Guha Balakrishnan, Joel Brooks, Ganeshapillai Gartheeban, Jen Gong, Yun Liu, Anima Singh, Jenna Wiens e Amy Zhao fizeram comentários úteis sobre o manuscrito.

Tenho uma dívida especial de gratidão com Julie Sussman, P.P.A. Até começar a trabalhar com Julie, eu não tinha ideia de quanta diferença um editor poderia fazer. Eu havia trabalhado com editores capazes em livros anteriores, e pensei que era isso o que eu precisava para este livro. Eu estava errado. Eu precisava de um colaborador que pudesse ler o livro com os olhos de um estudante e dizer o que precisava ser feito, o que deveria ser feito e o que poderia ser feito se eu tivesse tempo e energia para fazê-lo. Julie me enterrou debaixo de "sugestões" que eram boas demais para serem ignoradas. Seu domínio combinado da língua inglesa e da ciência da computação é bastante notável.

Finalmente, agradeço a minha esposa, Olga, por me encorajar a ir até o fim e por sua colaboração em momentos críticos.

1 COMEÇANDO

Um computador faz duas coisas e somente duas coisas: ele executa cálculos e se lembra dos resultados desses cálculos. Mas ele faz essas duas coisas extremamente bem. O computador típico, de mesa ou portátil, realiza um bilhão ou mais de cálculos por segundo. É difícil imaginar como isso é rápido. Imagine que você esteja segurando uma bola a um metro de altura e a deixe cair. Até ela atingir o chão, o computador poderia executar mais de um bilhão de instruções. Quanto à memória, um computador típico pode ter centenas de gigabytes de armazenamento. Qual é a magnitude disso? Se um byte (o número de bits, normalmente oito, necessário para representar um caractere) pesasse 10 gramas (o que não acontece), 100 gigabytes pesariam mais de um milhão de toneladas. Para efeito de comparação, isso é mais ou menos o peso de todo o carvão produzido em um ano nos EUA.

Durante a maior parte da história humana, a computação era limitada pela velocidade de cálculo do cérebro humano e pela capacidade de anotar os resultados computacionais com a mão humana. Isso significava que apenas os problemas mais simples podiam ser resolvidos computacionalmente. Mesmo com a velocidade dos computadores de hoje, alguns problemas ainda estão além de modelos computacionais modernos (por exemplo, entender as mudanças climáticas), mas existem soluções computacionais para um número cada vez maior de problemas. Esperamos que, ao terminar de ler este livro, você se sinta confortável usando o raciocínio computacional para resolver muitos tipos de problemas que você encontrará durante seus estudos, seu trabalho e até mesmo na vida cotidiana.

O que queremos dizer com raciocínio computacional?

Todo o conhecimento pode ser visto como declarativo ou imperativo. O **conhecimento declarativo** é composto por declarações de fatos. Por exemplo, "a raiz quadrada de x é um número y tal que y*y = x". Essa é a declaração de um fato. Infelizmente, ela não nos diz como encontrar uma raiz quadrada.

O **conhecimento imperativo** é o conhecimento de "como fazer", isto é, são receitas para obter informações. Heron de Alexandria foi a primeira pessoa que documentou uma maneira de calcular a raiz quadrada de um número.[3] Seu método pode ser resumido assim:

---

[3] Muitos acreditam que Heron não foi o inventor do método e, de fato, há alguma evidência de que esse método era bem conhecido pelos antigos babilônios.

- Comece com uma estimativa, g.
- Se g*g estiver perto o suficiente de x, pare e diga que g é a resposta.
- Caso contrário, crie uma nova estimativa calculando a média de g e x/g, ou seja, (g + x/g)/2.
- Usando essa nova estimativa, que mais uma vez chamamos de g, repita o processo até que g*g esteja perto o suficiente de x.

Considere, por exemplo, como encontrar a raiz quadrada de 25.

1. Escolha um valor arbitrário para g, por exemplo, 3.
2. Nós decidimos que 3*3 = 9 não está perto o suficiente de 25.
3. Atribua a g o valor de (3 + 25/3)/2 = 5,67.[4]
4. Nós decidimos que 5,67*5,67 = 32,15 ainda não está perto o suficiente de 25.
5. Atribua a g o valor de (5.67 + 25/5.67)/2 = 5,04.
6. Nós decidimos que 5,04*5,04 = 25,4 está perto o suficiente, paramos e declaramos que 5,04 é uma aproximação adequada para a raiz quadrada de 25.

Note que a descrição do método é uma sequência de passos simples, em conjunto com um fluxo de controle que diz quando cada passo deve ser executado. Uma descrição como essa é chamada de **algoritmo**.[5] Esse algoritmo é um exemplo de um algoritmo de estimativa e verificação. Ele é baseado no fato de que é fácil verificar se uma estimativa é boa ou não.

Um pouco mais formalmente, um algoritmo é uma lista finita de instruções que descrevem uma **computação** que, quando executada com um conjunto inicial de valores, prosseguirá através de um conjunto de estados bem definidos e, eventualmente, produzirá um resultado.

Um algoritmo se assemelha um pouco a uma receita de um livro de culinária:

1. Coloque a mistura de creme no fogo.
2. Mexa.
3. Mergulhe a colher no creme.
4. Remova a colher e passe o dedo atrás da colher.

---

[4] Para simplificar, nós estamos arredondando os resultados.

[5] A palavra "algoritmo" é derivada do nome do matemático persa Muhammad ibn Musa al-Khwarizmi.

5. Se a área ficar limpa, retire o creme do fogo e deixe esfriar.
6. Caso contrário, repita.

Ele inclui alguns testes para decidir quando o processo está completo e também diz a ordem em que as instruções devem ser executadas, às vezes saltando para alguma instrução com base em um teste.

Então, como essa ideia de uma receita pode ser transformada em um processo mecânico? Uma forma seria projetar uma máquina especificamente destinada ao cálculo de raízes quadradas. Por mais estranho que isso possa parecer, as primeiras máquinas de computação eram, de fato, **computadores de programa fixo**, ou seja, elas eram projetadas para fazer coisas muito específicas e eram principalmente ferramentas para resolver um determinado problema matemático, por exemplo, para calcular a trajetória de um projétil de artilharia. Um dos primeiros computadores (construído em 1941 por Atanasoff e Berry) resolvia sistemas de equações lineares, mas não fazia mais nada além disso. A bomba eletromecânica de Alan Turing, desenvolvida durante a Segunda Guerra Mundial, foi projetada exclusivamente com o propósito de quebrar os códigos Enigma usados pelos alemães para enviar mensagens secretas durante a guerra. Alguns computadores muito simples ainda usam essa abordagem. Por exemplo, uma calculadora de quatro funções é um computador de programa fixo. Ela pode fazer aritmética básica, mas não pode ser utilizada como um processador de texto ou para executar jogos de vídeo. Para alterar o programa de um equipamento desse tipo, precisamos substituir seus circuitos eletrônicos.

O primeiro computador verdadeiramente moderno foi o Manchester Mark 1.[6] Ele se distinguia de seus antecessores pelo fato de que era um **computador de programa armazenado**. Esse tipo de computador armazena (e manipula) uma sequência de instruções e tem um conjunto de elementos capaz de executar quaisquer instruções nessa sequência. A criação de uma arquitetura em que temos um conjunto de instruções e a computação é especificada como uma sequência de instruções (ou seja, como um programa) deu origem a uma máquina altamente flexível. Ao tratar as instruções da mesma forma como os dados, uma máquina de programa armazenado pode facilmente mudar o programa e pode fazê-lo sob o controle do programa. Na verdade, o coração do computador passa então a ser um programa (chamado de **interpretador**) que pode executar qualquer conjunto legal de instruções e, portanto, pode ser usado para

---

[6] Esse computador foi construído na Universidade de Manchester e executou seu primeiro programa em 1949. Ele implementou ideias anteriormente descritas por John von Neumann e foi antecipado pelo conceito teórico da máquina de Turing Universal descrita por Alan Turing em 1936.

computar qualquer coisa que possa ser descrita utilizando um conjunto básico de instruções.

Tanto o programa como os dados que ele manipula residem na memória. Normalmente, há um contador que aponta para uma determinada posição da memória, e a computação começa executando a instrução naquele ponto. Na maioria das vezes, o interpretador simplesmente vai para a próxima instrução na sequência, mas isso nem sempre acontece. Em alguns casos, ele realiza um teste e, com base em seu resultado, a execução pode saltar para outro ponto na sequência de instruções. Isso é chamado de **fluxo de controle** e é essencial para que possamos escrever programas que executam tarefas complexas.

Voltando à metáfora da receita, dado um conjunto fixo de ingredientes, um bom chef pode fazer um número ilimitado de pratos saborosos, combinando-os de diferentes maneiras. Da mesma forma, dado um pequeno conjunto fixo de elementos primitivos, um bom programador pode produzir um número ilimitado de programas úteis. É isso que torna a programação uma atividade incrível.

Para criar receitas, ou sequências de instruções, precisamos de uma **linguagem de programação** para descrevê-las, uma forma de dizer ao computador o que ele deve fazer.

Em 1936, o matemático britânico Alan Turing descreveu um dispositivo de computação hipotético que depois veio a ser chamado de **máquina universal de Turing**. Essa máquina tinha uma memória sem limites na forma de uma fita, na qual podiam ser escritos zeros e uns, e algumas instruções primitivas muito simples para mover a fita e para ler e escrever os zeros e uns. A **tese de Church-Turing** afirma que, se uma função é computável, uma máquina de Turing pode ser programada para computá-la.

O "se" na tese de Church-Turing é importante. Nem todos os problemas têm soluções computacionais. Por exemplo, Turing mostrou que é impossível escrever um programa que, dado um programa arbitrário, que chamaremos de P, escreve como resultado Sim se e somente se P correrá para sempre, sem nunca terminar. Isso é conhecido como o **problema da parada**.

A tese de Church-Turing leva diretamente à noção de **completude de Turing**. Uma linguagem de programação é chamada de Turing-completa se ela pode ser utilizada para simular uma máquina universal de Turing. Todas as linguagens de programação modernas são Turing-completas. Como consequência, qualquer coisa que pode ser programada em uma linguagem de programação (por exemplo, em Python) pode ser programada em qualquer outra linguagem de programação (por exemplo, em Java). É claro que pode ser mais fácil programar algumas coisas em uma determinada linguagem, mas todas as linguagens são fundamentalmente iguais no que diz respeito a seu poder computacional.

Felizmente, nenhum programador tem que construir programas usando as instruções de uma máquina de Turing. Em vez disso, as linguagens de programação modernas oferecem um conjunto maior e mais conveniente de instruções. No entanto, a ideia fundamental da programação como o processo de escrever uma sequência de operações continua a ser central.

Não importa qual seja o conjunto de instruções de que se dispõe, nem qual seja o método para usá-las, a melhor coisa sobre a programação também é a pior: o computador fará exatamente o que você disser para ele fazer. Isso é uma coisa boa, porque significa que você pode programá-lo para fazer todos os tipos de coisas divertidas e úteis. E é uma coisa ruim, porque, quando ele não fizer o que você quer que ele faça, você geralmente não tem ninguém para culpar além de a si mesmo.

Existem centenas de linguagens de programação no mundo. Não existe a melhor linguagem (embora haja algumas candidatas a pior). Linguagens diferentes são melhores ou piores para diferentes tipos de aplicações. A linguagem MATLAB, por exemplo, é excelente para manipular vetores e matrizes. C é uma boa linguagem para escrever programas que controlam redes de dados. PHP é uma boa linguagem para a construção de sites. E o Python é uma boa linguagem de propósito geral.

Cada linguagem de programação tem um conjunto de instruções, uma sintaxe, uma semântica estática e uma semântica. Por analogia com as linguagens naturais, como o português, as instruções (construções primitivas) são palavras, a sintaxe descreve quais sequências de palavras constituem sentenças bem formadas, a semântica estática define quais sentenças têm significado e a semântica define o significado dessas sentenças. Os elementos primitivos do Python incluem **literais** (por exemplo, o número 3,2 e a string 'abc') e **operadores infixos** (por exemplo, + e /).

A **sintaxe** de uma linguagem define quais sequências de caracteres e símbolos são bem formadas. Por exemplo, em português a sequência "Gato menino cachorro" não é uma sentença sintaticamente válida, porque a sintaxe do português não aceita sentenças com a forma <nome> <nome> <nome>. Em Python, a sequência 3.2 + 3.2 é sintaticamente bem formada, mas a sequência 3.2 3.2 não é.

A **semântica estática** define quais sequências sintaticamente válidas têm um significado. Em português, por exemplo, a sequência "Eu somos grandes" é da forma <pronome> <verbo de ligação> <adjetivo>, que é uma sequência sintaticamente aceitável. Não é, no entanto, uma frase válida, porque o substantivo "eu" é singular e o verbo "somos" está na forma plural. Isso é um exemplo de um erro de semântica estática. Em Python, a sequência 3.2/'abc' é sintaticamente bem formada (<literal> <operador> <literal>), mas produz um erro de semântica estática, uma vez que não faz sentido dividir um número por uma sequência de caracteres.

A **semântica** de uma linguagem associa um significado a cada sequência sintaticamente correta de símbolos sem erros de semântica estática. Em linguagens naturais, a semântica de uma frase pode ser ambígua. Por exemplo, a frase "Nunca vi outro aluno como ele" pode ser um elogio ou uma crítica. As linguagens de programação são projetadas de modo que cada programa tenha exatamente um significado.

Embora os erros de sintaxe sejam o tipo mais comum de erro (especialmente para quem está aprendendo uma nova linguagem de programação), eles são o tipo de erro menos perigoso. Todas as linguagens de programação sérias encontram todos os erros sintáticos e não permitem que os usuários executem programas com esse tipo de erro. Além disso, na maioria dos casos, o ambiente de programação dá uma indicação suficientemente clara de onde está o erro, e é óbvio o que precisa ser feito para corrigi-lo.

Com relação a erros de semântica estática, a situação é um pouco mais complexa. Algumas linguagens de programação, como Java, verificam extensivamente a semântica estática de um programa antes de permitir que ele seja executado. Outras, como C e Python (infelizmente), fazem relativamente menos verificações. O Python verifica vários aspectos da semântica estática durante a execução de um programa. No entanto, ele não identifica todos os erros de semântica estática. Quando esses erros não são detectados, o comportamento de um programa se torna frequentemente imprevisível. Veremos exemplos disso mais adiante no livro.

Não é comum falar que um programa tem erros de semântica. Se um programa não tem erros de sintaxe ou erros de semântica estática, ele tem um significado, ou seja, ele tem semântica. Claro, isso não quer dizer que ele tenha o significado que seu criador pretendia que tivesse. E quando um programa faz algo diferente do que seu criador imaginava, coisas ruins podem acontecer.

O que pode acontecer se o programa tem um erro e se comporta de uma forma diferente da desejada?

- Ele pode falhar, ou seja, parar de correr e produzir algum tipo de indicação óbvia de que foi interrompido. Em um sistema de computação projetado corretamente, quando um programa trava, ele não causa danos ao resto do sistema. Claro, alguns sistemas de computador muito populares não têm essa desejável propriedade. Quase todo mundo que usa um computador pessoal já executou um programa que, após um erro, fez com que fosse necessário reiniciar o computador.

- Ou ele pode continuar correndo, e correndo, e correndo, e nunca parar. Se você não tem ideia do tempo aproximado que o programa deve levar para fazer seu trabalho, pode ser difícil identificar essa situação.
- Ou ele pode executar até seu término e produzir uma resposta que pode, ou não, ser correta.

Cada uma dessas alternativas é ruim, mas a última delas é certamente a pior. Quando um programa parece estar fazendo a coisa certa, mas não está, as consequências podem ser muito ruins. Fortunas podem ser perdidas, pacientes podem receber doses fatais de radioterapia, aviões podem cair, etc.

Sempre que possível, os programas devem ser escritos de forma que, se eles não funcionarem adequadamente, isso seja evidente. Discutiremos como fazer isso ao longo do livro.

Exercício: Os computadores podem ser irritantemente literais. Se você não lhes disser exatamente o que quer que eles façam, eles provavelmente vão fazer a coisa errada. Tente escrever instruções (um algoritmo) para dirigir um carro de um destino a outro. Escreva-o da maneira que você faria para dar explicações para uma pessoa e depois imagine o que aconteceria se essa pessoa executasse o algoritmo exatamente como ele está escrito. Por exemplo, quantas multas de trânsito ela poderia receber?

2 INTRODUÇÃO AO PYTHON

Apesar de cada linguagem de programação ser diferente (embora não tão diferente quanto seus criadores querem que acreditemos), elas podem ser classificadas sob alguns aspectos.

- **Baixo nível versus alto nível** – refere-se ao uso de instruções e objetos de dados em nível de máquina (por exemplo, transferir 64 bits de dados de uma localização da memória para outra) ou de operações mais abstratas (por exemplo, exibir um menu na tela) oferecidas pela linguagem.

- **Geral versus voltada para um domínio de aplicação** – refere-se ao uso a que se destina a linguagem de programação: suas operações primitivas podem ser amplamente aplicáveis a diferentes tipos de problemas ou podem ser voltadas para um determinado domínio. Por exemplo, o Adobe Flash é projetado para facilitar a inclusão de animação e interatividade em páginas da Web, e você não gostaria de usá-lo para construir um programa de análise de carteiras de ações.

- **Interpretada versus compilada** – refere-se a como o programa é executado pelo computador: a sequência de instruções escritas pelo programador, chamada **código fonte**, pode ser executada diretamente (por um interpretador) ou primeiro ser convertida (por um compilador) em uma sequência de operações primitivas de nível de máquina. (Nos primeiros computadores, as pessoas tinham que escrever o código-fonte em uma linguagem que estava muito perto do **código de máquina** que podia ser interpretado diretamente pelo hardware do computador.) Há vantagens em ambas as abordagens. Muitas vezes, é mais fácil depurar programas escritos em linguagens que são projetadas para serem interpretadas, porque o interpretador pode produzir mensagens de erro que são fáceis de correlacionar com o código fonte. As linguagens compiladas, por outro lado, normalmente produzem programas que são executados mais rapidamente e que ocupam menos espaço.

Neste livro, usamos a linguagem **Python**. No entanto, este livro não é sobre Python. Ele certamente ajudará os leitores a aprender Python, e isso é uma coisa boa. O que é muito mais importante, porém, é que os leitores vão aprender alguma coisa sobre como escrever programas que resolvem problemas. Essa habilidade pode ser transferida para qualquer linguagem de programação.

O Python é uma linguagem de programação de uso geral que pode ser usada efetivamente para construir quase qualquer tipo de programa que não precise de acesso direto ao hardware do computador. Ela não é ideal para programas que exigem alta confiabilidade (por causa de sua fraca verificação da semântica estática) ou que são construídos e mantidos por muitas pessoas ou por um longo período de tempo (novamente por causa da fraca verificação da semântica estática).

No entanto, o Python tem várias vantagens sobre muitas outras linguagens. É uma linguagem relativamente simples, que é fácil de aprender. Como o Python é projetado para ser interpretado, ele pode fornecer o tipo de informação em tempo de execução que é especialmente útil para programadores iniciantes. Há também um grande número de bibliotecas disponíveis gratuitamente que fornecem funcionalidades adicionais úteis. Nós usamos várias delas nesse livro.

Agora estamos prontos para começar a aprender alguns dos elementos básicos do Python. Eles são comuns a quase todas as linguagens de programação em conceito, embora não necessariamente em seus detalhes.

Devemos alertar o leitor que este livro não é um estudo exaustivo do Python. Nós usamos o Python como um instrumento para apresentar conceitos relacionados à análise e à solução de problemas computacionais. A linguagem é apresentada aos poucos, conforme necessário para esse objetivo. Os recursos do Python de que não precisamos para nosso objetivo não são apresentados. Não vemos problema em não tratar de toda a linguagem porque há excelentes recursos online descrevendo quase todos os aspectos do Python. Quando ensinamos o curso no qual este livro se baseia, sugerimos aos alunos que usem esses recursos online grátis como material de referência.

O Python é uma linguagem viva. Desde sua introdução por Guido van Rossum em 1990, ele passou por muitas mudanças. Durante a primeira década da sua vida, o Python era pouco conhecido e pouco usado. Isso mudou com a chegada do Python 2.0 em 2000. Além de incorporar uma série de melhorias importantes para a própria linguagem, essa versão foi o marco de uma mudança no caminho evolutivo da linguagem. Um grande número de pessoas começou a desenvolver bibliotecas para serem acessadas diretamente usando o Python, e o suporte e desenvolvimento do ecossistema Python se tornaram uma atividade baseada na comunidade. O Python 3.0 foi lançado no final de 2008. Essa versão do Python corrigiu muitas das inconsistências nas várias versões do Python 2 (muitas vezes chamadas de Python 2.x). No entanto, ela não era compatível com as versões anteriores. Isso significa que a maioria dos programas escritos para as versões anteriores do Python não podem ser executados usando o Python 3.

Essa incompatibilidade apresenta um problema para este livro. Em nossa opinião, o Python 3 é claramente superior ao Python 2.x. No entanto, algumas bibliotecas importantes do Python ainda não funcionam com o

Python 3. Usaremos, em razão disso, o Python 2.7 (em que muitas das características mais importantes do Python 3 foram incluídas) neste livro.

2.1 Os Elementos Básicos do Python

Um **programa** Python, às vezes chamado de **script**, é uma sequência de definições e instruções. O interpretador Python calcula o valor dessas definições e executa as instruções em algo chamado **shell**. Normalmente, um novo shell é criado sempre que a execução de um programa começa. Na maioria dos casos, uma janela está associada ao shell.

Recomendamos que você inicie um shell do Python agora e use-o para testar os exemplos no restante do capítulo. E, por falar nisso, nos outros capítulos do livro também.

Uma **instrução** é uma ordem para que o interpretador faça alguma coisa. Por exemplo, a instrução print 'Ponha queijo na ratoeira!' manda o interpretador escrever a string (o texto) Ponha queijo na ratoeira! na janela associada ao shell (em português, print significa imprimir).

A sequência de instruções

```
print 'Ponha queijo na ratoeira!'
print 'Mas deixe lugar para o rato!'
print 'Ponha queijo na ratoeira,', 'mas deixe lugar para o rato!'
```

faz com que o interpretador produza o resultado

```
Ponha queijo na ratoeira!
Mas deixe lugar para o rato!
Ponha queijo na ratoeira, mas deixe lugar para o rato!
```

Observe que foram passados dois valores para a terceira instrução print. A instrução print recebe vários valores e os imprime, separados por um espaço, na ordem em que eles aparecem.[7]

2.1.1 Objetos, Expressões e Tipos Numéricos

Os elementos básicos que os programas em Python manipulam são chamados **objetos**. Cada objeto tem um **tipo** que determina como os programas podem usá-lo.

Os objetos podem ser escalares ou não escalares. Os objetos **escalares** são indivisíveis. Pense neles como os átomos da linguagem.[8] Os objetos

---

[7] No Python 3, print é uma função, e não uma instrução. Você, portanto, escreveria print('Ponha queijo na ratoeira,', 'mas deixe lugar para o rato!').

[8] Sim, os átomos não são verdadeiramente indivisíveis. No entanto, não é fácil separá-los, e fazer isso pode ter consequências nem sempre desejáveis.

não escalares, como as strings, têm uma estrutura interna – uma string é composta por vários caracteres.

O Python tem quatro tipos de objetos escalares:

- `int` é usado para representar números inteiros. Literais do tipo `int` são escritos na forma como normalmente escrevemos inteiros (por exemplo, -3 ou 5 ou 10002).
- `float` é usado para representar números reais. Literais do tipo `float` sempre incluem um ponto decimal (por exemplo, 3.0 ou 3.17 ou -28.72), que separa a parte inteira da fracionária. (Também é possível escrever literais do tipo `float` usando a notação científica. Por exemplo, o literal 1.6E3 representa $1.6*10^3$, ou seja, é o mesmo que 1600.0.) Você pode estar se perguntando por que esse tipo não é chamado `real`. Os valores do tipo `float` são armazenados no computador como **números de ponto flutuante**. Essa representação, que é utilizada por todas as linguagens de programação modernas, tem muitas vantagens. No entanto, em algumas situações, a aritmética em ponto flutuante se comporta de maneira um pouco diferente da aritmética com números reais. Discutiremos isso na Seção 3.4.
- `bool` é usado para representar os valores booleanos (lógicos) `True` (verdadeiro) e `False` (falso).
- `None` (nenhum) é um tipo com um único valor. Falaremos mais sobre ele ao discutirmos variáveis.

Objetos e **operadores** podem ser combinados para formar **expressões** que têm como resultado um objeto de algum tipo. Esse resultado é o **valor** da expressão. Por exemplo, a expressão 3 + 2 tem como resultado o objeto 5 do tipo `int`, e a expressão 3.0 + 2.0 tem como resultado o objeto 5.0 do tipo `float`.

O operador == é usado para testar se duas expressões têm o mesmo valor como resultado, e o operador != é usado para testar se duas expressões têm resultados diferentes.

O símbolo >>> é um **prompt do shell** e indica que o interpretador está esperando que o usuário digite algum código Python no shell. A linha abaixo do prompt é produzida quando o interpretador avalia o código Python digitado no prompt, como ilustrado pela seguinte interação com o interpretador:

```
>>> 3 + 2
5
>>> 3.0 + 2.0
5.0
>>> 3 != 2
True
```

A função interna do Python type pode ser usada para descobrir o tipo de um objeto:

```
>>> type(3)
<type 'int'>
>>> type(3.0)
<type 'float'>
```

Os operadores para os tipos int e float estão listados na Figura 2.1.

- **i+j** é a soma de i e j. Se i e j são ambos do tipo int, o resultado é um int. Se um deles é um float, o resultado é um float.
- **i-j** é i menos j. Se i e j são ambos do tipo int, o resultado é um int. Se um deles é um float, o resultado é um float.
- **i*j** é o produto de i e j. Se i e j são ambos do tipo int, o resultado é um int. Se um deles é um float, o resultado é um float.
- **i//j** é a divisão inteira. Por exemplo, o valor de 6//2 é o inteiro int 3 e o valor de 6//4 é o inteiro int 1. O valor é 1 porque o resultado da divisão inteira é o valor do quociente, o resto é ignorado.
- **i/j** é i dividido por j. No Python 2.7, quando i e j são ambos do tipo int, o resultado também é um int, caso contrário o resultado é um float. Neste livro, nós nunca usaremos / para dividir um int por outro. Nós usaremos // para fazer isso. (No Python 3, o operador /, graças a Deus, sempre retorna um float. Por exemplo, em Python 3 o valor de 6/4 é 1.5.)
- **i%j** é o resto da divisão de int i por int j. Ele é geralmente pronunciado "i módulo j".
- **i**j** é i elevado à j-ésima potência. Se i e j são ambos do tipo int, o resultado é um int. Se um deles é um float, o resultado é um float.
- Os operadores de comparação são == (igual), != (diferente), > (maior que), >= (pelo menos), < (menor que) e <= (no máximo).

Figura 2.1 Operadores para os tipos int e float

Os operadores aritméticos são executados na ordem usual. Por exemplo, * tem maior precedência do que +, e por isso na expressão x+y*2 primeiro é efetuada a multiplicação de y por 2 e, em seguida, o resultado é adicionado a x. Você pode alterar a ordem das operações agrupando as subexpressões usando parênteses, por exemplo, em (x+y)*2 primeiro x e y são somados e, em seguida, o resultado é multiplicado por 2.

Os operadores para o tipo bool são and (e, em português), or (ou) e not (não):

- **a and b** é True (verdadeiro) se ambos a e b são verdadeiros, e False (falso) caso contrário.
- **a or b** é True se pelo menos um entre a ou b é verdadeiro, e False caso contrário.
- **not a** é True se a é falso, e False se a é verdadeiro.

2.1.2 Variáveis e Atribuição

O uso de **variáveis** nos dá uma forma de associar objetos a nomes. Considere o código

```
pi = 3
raio = 11
area = pi * (raio**2)
raio = 14
```

Ele primeiro associa os nomes pi[9] e raio a dois objetos diferentes do tipo int. Em seguida, ele associa o nome area a um terceiro objeto do tipo int. Isso é representado no painel à esquerda na Figura 2.2.

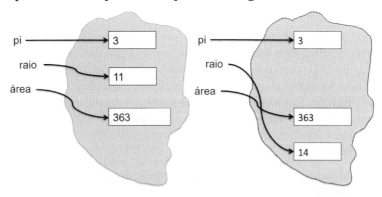

Figura 2.2 Associando variáveis a objetos

Se o programa então executar raio = 14, o nome raio passa a estar associado a outro objeto do tipo int, como representado no painel à direita na Figura 2.2. Note que essa atribuição não afeta o valor da variável area. Ela continua associada ao objeto denotado pela expressão 3*(11**2).

Em Python, **uma variável é apenas um nome**, nada mais. Lembre-se disso – é importante. Uma **declaração** de atribuição associa o nome à esquerda do símbolo = ao objeto indicado pela expressão à direita do =.

---

[9] Se você acredita que o verdadeiro valor de π não é 3, você está certo. Nós demonstramos esse fato no Capítulo 15.

Lembre-se disso também. Um objeto pode ter um, mais do que um ou nenhum nome associado a ele.

Talvez não devêssemos ter dito, "uma variável é apenas um nome". Apesar do que disse Julieta[10], nomes são importantes. Com as linguagens de programação, podemos descrever computações de uma forma que as máquinas possam executá-las. Isso não significa que apenas os computadores leem programas.

Como você descobrirá em breve, nem sempre é fácil escrever programas que funcionam corretamente. Os programadores passam uma boa parte de seu tempo lendo programas, tentando entender seu funcionamento. Por isso, é muito importante escrever programas que sejam fáceis de ler. E para escrever programas claros, é necessário escolher nomes apropriados para as variáveis.

Considere os dois fragmentos de código:

```
a = 3.14159         pi = 3.14159
b = 11.2            diametro = 11.2
c = a*(b**2)        area = pi*(diametro**2)
```

No que diz respeito ao interpretador Python, eles não são diferentes. Quando executados, eles fazem a mesma coisa. Para um leitor humano, no entanto, eles são muito diferentes. Quando lemos o fragmento à esquerda, não há razão a princípio para suspeitar que alguma coisa esteja errada. No entanto, um exame rápido do código à direita deve nos fazer suspeitar que algo está errado. Ou a variável deveria ter sido chamada raio em vez de diametro, ou o diametro deveria ter sido dividido por 2.0 no cálculo da área.

Em Python, os nomes de variáveis podem conter letras maiúsculas e minúsculas, números (mas eles não podem começar com um número) e o caractere especial _. As letras maiúsculas e minúsculas são consideradas símbolos diferentes, por exemplo, Julie e julie são nomes diferentes. Finalmente, há um pequeno número de **palavras reservadas** (algumas vezes chamadas **palavras-chave**) em Python que têm significados predefinidos e que não podem ser usadas como nomes de variáveis. Diferentes versões do Python têm listas um pouco diferentes de palavras reservadas. As palavras reservadas no Python 2.7 são and, as, assert, break, class, continue, def, del, elif, else, except, exec, finally, for, from, global, if, import, in, is, lambda, not, or, pass, print, raise, return, try, with, while e yield.

---

[10] "O que é que há, pois, num nome? Aquilo a que chamamos rosa, mesmo com outro nome, cheiraria igualmente bem."

Capítulo 2. Introdução ao Python 15

Outra boa maneira de melhorar a legibilidade do código é adicionar **comentários**. O texto após o símbolo # é ignorado pelo interpretador. Por exemplo, podemos escrever

```
#subtrai o volume do cubo c do volume da esfera E
volumeE = (4.0/3.0)*pi*raio**3
volumeC = lado*lado*lado
diferenca = volumeE-volumeC
```

O Python permite que sejam atribuídos valores a diversas variáveis ao mesmo tempo. A declaração

```
x, y = 2, 3
```

associa x a 2 e y a 3. Todas as expressões no lado direito da atribuição são calculadas antes de o valor de qualquer variável ser alterado. Isso é conveniente uma vez que permite a utilização da atribuição múltipla para trocar os valores de duas variáveis.

Por exemplo, o código

```
x, y = 2, 3
x, y = y, x
print 'x =', x
print 'y =', y
```

imprime

```
x = 3
y = 2
```

2.1.3 IDLE

Digitar programas diretamente no shell é muito inconveniente. A maioria dos programadores prefere usar algum tipo de editor de texto que faz parte de um **ambiente de desenvolvimento integrado (IDE)**.

Neste livro, usaremos o **IDLE**[11], o IDE que faz parte do pacote de instalação padrão do Python. O IDLE é um programa como qualquer outro em seu computador. Inicie-o da mesma maneira que você iniciaria qualquer outro programa, por exemplo, clicando duas vezes em um ícone.

O IDLE oferece

- um editor de texto com destaque de sintaxe, autocompletar e recuo inteligente,
- um shell com destaque de sintaxe e

---

[11] O nome Python foi escolhido em homenagem ao grupo britânico de comédia Monty Python. Isso nos faz pensar que o nome IDLE é um trocadilho com Eric Idle, membro do grupo.

- um depurador integrado, que você deve ignorar por enquanto.

Quando o IDLE é executado, ele abre uma janela na qual você pode digitar instruções Python. Ele também apresenta um menu arquivo e um menu editar (e alguns outros menus, que você pode ignorar por enquanto).

O **menu Arquivo** (File) inclui comandos para

- criar uma nova janela de edição na qual você pode digitar um programa Python,
- abrir um arquivo contendo um programa Python existente e
- salvar o conteúdo da janela de edição atual em um arquivo (com a extensão de arquivo .py).

O **menu Editar** (Edit) inclui comandos padrão de edição de texto (por exemplo, copiar, colar e localizar) mais alguns comandos projetados especificamente para tornar mais fácil editar o código Python (por exemplo, para afastar e comentar blocos de código).

Você encontra uma descrição completa do IDLE em http://docs.python.org/library/idle.html.

2.2 Programas Ramificados

Os tipos de computações que vimos até agora são chamados de **programas em linha reta**. Eles executam uma instrução após a outra na ordem em que elas aparecem e param quando as instruções terminam. Os tipos de computações que podemos descrever com programas em linha reta não são muito interessantes. Na verdade, eles são absolutamente tediosos.

Os **programas ramificados** são mais interessantes. O tipo mais simples de declaração de ramificação é uma instrução condicional. Como mostrado na Figura 2.3, uma instrução condicional é composta por três partes:

- um teste, ou seja, uma expressão com resultado True (verdadeiro) ou False (falso),
- um bloco de código que é executado se o resultado do teste for True (verdadeiro) e
- um bloco opcional de código que é executado se o resultado do teste for False (falso).

Depois de uma instrução condicional ser executada, a execução reinicia no código logo após ela.

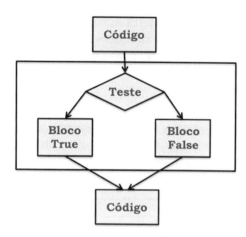

Figura 2.3 Fluxograma de uma declaração condicional

Em Python, uma instrução condicional tem a forma[12]

```
if expressão booleana:
    bloco de código True (verdadeiro)
else:
    bloco de código False (falso)
```

Ao descrever as declarações do Python, nós usamos itálico para indicar o tipo de código que poderia ocorrer em determinado ponto de um programa. Por exemplo, *expressão booleana* indica que qualquer expressão com resultado True ou False pode vir após a palavra reservada if, e *bloco de código* indica que qualquer sequência de instruções pode vir após else:

Considere o seguinte programa que imprime "Par", se o valor da variável x for par e "Ímpar" caso contrário[13]:

```
# -*- coding: utf-8 -*-
if x%2 == 0:
    print 'Par'
else:
    print 'Ímpar'
print 'Condicional terminada'
```

O resultado da expressão x%2 == 0 é True quando o resto de x dividido por 2 é 0, e False caso contrário. Lembre-se de que == é usado para comparação, uma vez que = é reservado para atribuir um valor a uma variável.

---

[12] Nota do tradutor: em português, if é se, e else é caso contrário.

[13] Nota do tradutor: Antes de usar caracteres acentuados em seu código fonte, você deve sempre declarar como o código fonte será codificado, ou ocorrerá um erro quando o programa for executado. A primeira linha do programa especifica a codificação UTF-8 (8-bit Unicode Transformation Format). Você encontra mais detalhes na nota sobre o assunto no final do livro.

Os **recuos** são usados em Python para agrupar o código em blocos. Por exemplo, se a última instrução no código estivesse recuada, ela faria parte do bloco de código associado a else, e não do bloco de código após a declaração condicional.

A forma como o Python usa os recuos não é usual. A maioria das outras linguagens de programação usa algum tipo de símbolo para marcar o início e fim dos blocos de código. Em C, por exemplo, os blocos são demarcados por chaves, { }. Uma vantagem da abordagem do Python é que ela garante que a estrutura visual de um programa é uma representação precisa da estrutura semântica do programa.

Quando um bloco condicional verdadeiro ou falso contém outra condicional, dizemos que essas declarações condicionais estão **aninhadas**. No código abaixo, há condicionais aninhadas nas duas ramificações da declaração if de nível superior.

```
# -*- coding: utf-8 -*-
if x%2 == 0:
    if x%3 == 0:
        print 'Divisível por 2 e 3'
    else:
        print 'Divisível por 2 mas não por 3'
elif x%3 == 0:
    print 'Divisível por 3 mas não por 2'
```

A palavra-chave elif no código acima significa o mesmo que "else if" (caso contrário se).

Muitas vezes é conveniente usar expressões booleanas compostas no teste de uma condicional, por exemplo,

```
# -*- coding: utf-8 -*-
if x < y and x < z:
    print 'x é o menor'
elif y < z:
    print 'y é o menor'
else:
    print 'z é o menor'
```

Usando condicionais podemos escrever programas mais interessantes do que os programas em linha reta, mas a classe de programas ramificados ainda é bastante limitada. Uma maneira de pensar sobre o poder de uma classe de programas é em termos do tempo máximo que eles podem levar para terminar. Suponha que cada linha de código seja executada em uma unidade de tempo. Se um programa linear tem n linhas de código, ele leva n unidades de tempo para ser executado. E um programa ramificado com n linhas de código? Ele pode levar menos de n unidades de tempo para ser executado, mas não pode levar mais, já que cada linha de código é executada no máximo uma vez.

Capítulo 2. Introdução ao Python 19

Se o tempo máximo de execução de um programa é limitado por seu tamanho, dizemos que ele corre em **tempo constante**. Isso não significa que o programa sempre executará o mesmo número de passos, mas apenas que o programa nunca executará mais do que um determinado número máximo de passos. O que significa que o tempo de execução não aumenta com o tamanho dos dados de entrada.

Os programas em tempo constante têm aplicação bastante limitada. Pense, por exemplo, em um programa para contar os votos em uma eleição. Seria verdadeiramente surpreendente se pudéssemos escrever um programa capaz de fazer isso em tempo constante, ou seja, que não levasse mais tempo para um número maior de votos. Na verdade, pode ser provado que é impossível fazer isso. O estudo da dificuldade intrínseca de problemas é o tema da **complexidade computacional**. Voltaremos a esse assunto várias vezes neste livro.

Felizmente, nós só precisamos de mais um conceito de programação, a iteração, para sermos capazes de escrever até os programas mais complexos. Nós falaremos sobre ele na Seção 2.4.

Exercício: Escreva um programa que examina três variáveis — x, y e z — e imprime o maior número ímpar. Se nenhum número for ímpar, ele deve imprimir uma mensagem informando isso.

2.3 Strings e Entrada de Dados

Os objetos do tipo str são usados para representar sequências de caracteres, conhecidas como strings.[14] Você pode escrever valores literais do tipo str usando aspas simples ou duplas, por exemplo, 'abc' ou "abc". O literal '123' representa uma sequência de caracteres, e não o número cento e vinte e três.[15]

Experimente digitar as seguintes expressões no interpretador Python (lembre-se de que >>> é um prompt, e não algo que você deve digitar):

---

[14] Em contraste com muitas linguagens de programação, o Python não tem um tipo que corresponda a um caractere. Em vez disso, ele usa strings de comprimento 1.

[15] Nota do tradutor: um caractere u antes de uma string, como em u'ação', indica uma string no formato Unicode, que estabelece como os caracteres especiais, entre eles os caracteres acentuados, são representados. No Python 3, todas as strings são Unicode.

```
>>> 'a'
>>> 3*4
>>> 3*'a'
>>> 3+4
>>> 'a'+'a'
```

Dizemos que o operador + é **sobrecarregado**: ele tem significados diferentes dependendo do tipo dos objetos aos quais é aplicado. Por exemplo, ele significa a adição quando aplicado a dois números e a concatenação quando aplicado a duas strings. O operador * também é sobrecarregado. Ele significa que o que você espera quando ambos os operandos são números. Quando é aplicado a um int e a uma str, ele repete a str. Por exemplo, a expressão 2*'John' tem o valor de 'JohnJohn'. Há lógica nisso. Assim como a expressão de 3*2 é equivalente a 2+2+2, a expressão 3*'a' é equivalente a 'a'+'a'+'a'.

Agora experimente digitar

```
>>> a
>>> 'a'*'a'
```

Cada uma dessas linhas gera uma mensagem de erro.

A primeira linha produz a mensagem

```
NameError: name 'a' is not defined
```
(o nome 'a' não está definido)

Como a não é um valor literal de nenhum tipo, o interpretador trata a como um nome. No entanto, como o nome não está vinculado a nenhum objeto, isso causa um erro de execução.

O código 'a'*'a' produz a mensagem de erro

```
TypeError: can't multiply sequence by non-int of type 'str'
```
(não é possível multiplicar uma sequência por um não inteiro do tipo 'str')

É bom que exista essa **verificação de tipo**. Ela transforma erros cometidos por descuido (e às vezes sutis) em erros que impedem a execução do programa, em vez de erros que fazem o programa se comportar de maneira misteriosa. A verificação de tipo em Python não é tão estrita como em algumas outras linguagens de programação (como em Java). Por exemplo, é evidente o que < significa quando é usado para comparar duas strings ou dois números. Mas qual é o valor de '4' < 3? De forma totalmente arbitrária, os criadores do Python decidiram que ele deveria ser False, porque todos os valores numéricos deveriam ser inferiores a todos os valores de tipo str. Os criadores de algumas outras linguagens decidiram que, uma vez que expressões como essa não têm um significado óbvio, ela deveria causar uma mensagem de erro.

As strings são um dos vários tipos de sequências do Python. Elas compartilham as operações a seguir com todos os tipos de sequência.

Capítulo 2. Introdução ao Python 21

O **comprimento** de uma string pode ser encontrado usando a função `len`. Por exemplo, o valor de `len('abc')` é 3.

Você pode usar **índices** para extrair caracteres individuais de uma string. Em Python, o índice do primeiro elemento de uma sequência é zero. Por exemplo, digitar `'abc'[0]` no interpretador fará com que ele exiba a string `'a'`. Digitar `'abc'[3]` produzirá a mensagem de erro `IndexError: string index out of range` (índice da string fora de faixa). Como o Python usa 0 para indicar o primeiro elemento de uma string, o último elemento de uma string de comprimento 3 é acessado usando o índice 2. Índices negativos são contados a partir do final de uma string. Por exemplo, o valor de `'abc'[-1]` é `'c'`.

Para extrair trechos de uma string, você pode usar índices para selecionar uma **fatia** (slice, em inglês). Se s é uma string, a expressão `s[início:fim]` indica a substring de s com início no índice `início` e fim no índice `fim-1`. Por exemplo, `'abc'[1:3]` = `'bc'`. Por que ela termina no índice `final-1`, e não em `final`? Para que expressões como `'abc'[0:len('abc')]` tenham o valor que você espera. Se o valor antes dos dois pontos é omitido, é usado o valor padrão 0. Se o valor depois dos dois pontos é omitido, o padrão é o comprimento da string. Dessa forma, a expressão `'abc'[:]` é semanticamente equivalente a `'abc'[0:len('abc')]`.

2.3.1 Entrada de Dados

O Python 2.7 tem duas funções (veja no Capítulo 4 uma discussão sobre funções em Python) que podem ser usadas para solicitar que o usuário forneça dados, `input` e `raw_input`.[16] Ambas exibem uma string e, em seguida, esperam até que o usuário digite alguma coisa e pressione a tecla enter quando terminar. A função `raw_input` trata a entrada como uma string, que é o valor do resultado da função; já `input` trata a linha digitada como uma expressão e deduz seu tipo. Neste livro, usamos apenas `raw_input`, para reduzir o risco de os programas se comportarem de maneira inesperada.

Considere o código

```
# -*- coding: utf-8 -*-
>>> nome = raw_input('Digite o seu nome: ')
Digite o seu nome: George Washington
>>> print 'Você é realmente', nome, '?'
Você é realmente George Washington?
>>> print 'Você é realmente ' + nome + '?'
Você é realmente George Washington?
```

---

[16] O Python 3 tem apenas uma instrução, `input`. De forma um pouco confusa, no Python 3 `input` é equivalente ao `raw_input` do Python 2.7. Vai entender.

Note que a primeira declaração print insere um espaço em branco antes de "?". Ela faz isso porque, quando print recebe vários argumentos, ele coloca um espaço em branco entre os valores associados aos argumentos. A segunda declaração print usa concatenação para produzir uma string sem espaços adicionais, e essa string é o único argumento de print.

Agora considere,

```
>>> n = raw_input('Digite um int: ')
Digite um int: 3
>>> print type(n)
<type 'str'>
```

Note que a variável n é vinculada a str '3' e não a int 3. Assim, por exemplo, o valor da expressão n*4 é '3333', e não 12. A boa notícia é que sempre que uma string corresponder a um valor literal válido de algum tipo, uma conversão de tipo pode ser aplicada a ela.

Conversões de tipo (também chamadas de **type casts**) são frequentemente utilizadas em código Python. Nós usamos o nome de um tipo para converter valores para esse tipo. Assim, por exemplo, o valor de int('3')*4 é 12. Quando um float é convertido para um int, o número é truncado (e não arredondado), por exemplo, o valor de int(3.9) é int 3.

2.4 Iteração

Um mecanismo genérico de **iteração** (também chamado de **laço condicional**) é ilustrado na Figura 2.4. Assim como uma declaração condicional, ele começa com um teste. Se o teste tiver o resultado True (verdadeiro), o programa executa o **corpo do laço** uma vez e volta para refazer o teste. Esse processo é repetido até que o teste tenha o resultado False (falso), e em seguida o controle passa para o código após a iteração.

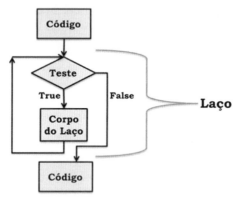

Figura 2.4 Fluxograma de um bloco iterativo

Capítulo 2. Introdução ao Python

Considere o seguinte exemplo[17]:

```
# -*- coding: utf-8 -*-
# Calcula o quadrado de um inteiro do jeito difícil
x = 3
resp = 0
passosRestantes = x
while (passosRestantes != 0):
    resp = resp + x
    passosRestantes = passosRestantes - 1
print str(x) + '*' + str(x) + ' = ' + str(resp)
```

O código começa associando o inteiro 3 à variável x. Ele então calcula o quadrado de x usando a adição repetidamente. A tabela seguinte mostra o valor associado a cada variável em cada passo, quando o teste no início do ciclo é alcançado. Nós a construímos através da **simulação manual** do código, ou seja, nós fingimos ser um interpretador Python e executamos o programa usando papel e lápis. Usar papel e lápis pode parecer um pouco estranho, mas é uma excelente maneira de entender como um programa se comporta.[18]

nº teste	x	resposta	passosRestantes
1	3	0	3
2	3	3	2
3	3	6	1
4	3	9	0

A quarta vez que o teste é alcançado, seu resultado é falso e o fluxo de controle passa para a instrução print logo após o laço.

Para que valores de x esse programa terminará?

Se x == 0, o valor inicial de passosRestantes será também 0, e o corpo do laço nunca será executado. Se x > 0, o valor inicial de passosRestantes será maior do que 0 e o corpo do laço será executado.

Cada vez que o corpo do laço é executado, o valor de passosRestantes diminui exatamente 1. Isso significa que se passosRestantes era inicialmente maior do que 0, após um número finito de iterações do laço, teremos passosRestantes == 0. Neste ponto, o resultado do teste se torna falso, e o controle passa para o código logo após a declaração while.

E se o valor de x for -1? Algo muito ruim acontece. O controle entrará no laço e, a cada iteração, passosRestantes ficará mais distante de 0, ao invés de mais perto. O programa continuará, assim, executando o laço para sempre (ou até que ocorra outra coisa ruim como, por exemplo, um erro

---

[17] Nota do tradutor: while significa enquanto em português.

[18] Também é possível simular um programa usando caneta e papel ou até mesmo um editor de texto.

de estouro de pilha de memória). Como podemos corrigir essa falha no programa? Inicializar `passosRestantes` com o valor absoluto de x quase funciona. O laço termina, mas ele imprime um valor negativo. Se a declaração de atribuição dentro do laço também é alterada, para `resp = resp+abs(x)`, o código funciona corretamente.

Já tratamos praticamente de tudo que precisamos saber sobre o Python para começar a escrever programas interessantes que trabalham com números e strings. Agora faremos uma pequena pausa no estudo da linguagem. No próximo capítulo, usaremos o Python para resolver alguns problemas simples.

Exercício: Escreva um programa que pede para o usuário fornecer 10 inteiros e, em seguida, imprime o maior número ímpar entre eles. Se nenhum dos números for ímpar, o programa deve imprimir uma mensagem informando isso.

3 ALGUNS PROGRAMAS NUMÉRICOS SIMPLES

Agora que vimos alguns elementos básicos do Python, é hora de começar a pensar em combinar esses elementos para escrever alguns programas simples. Ao mesmo tempo, introduziremos mais alguns elementos da linguagem e algumas técnicas algorítmicas.

3.1 Enumeração Exaustiva

O código na Figura 3.1 imprime o número inteiro que é a raiz cúbica de outro inteiro.[19] Se o valor de entrada não for um cubo perfeito, ele imprime uma mensagem informando isso.

```
# -*- coding: utf-8 -*-

#Encontra a raiz cúbica de um cubo perfeito
x = int(raw_input('Digite um inteiro: '))
resp = 0
while resp**3 < abs(x):
    resp = resp + 1
if resp**3 != abs(x):
    print x, 'não é um cubo perfeito'
else:
    if x < 0:
        resp = -resp
    print 'A raiz cúbica de', x, 'é', resp
```

Figura 3.1 Usando enumeração exaustiva para encontrar a raiz cúbica

Para quais valores de x esse programa terminará?

A resposta é: "para todos os inteiros". Isso pode ser demonstrado de maneira simples:

- O valor da expressão `resp**3` é inicialmente 0 e fica maior a cada iteração do laço.
- Quando ela atinge ou excede `abs(x)`, o laço termina.
- Como `abs(x)` é sempre positivo, após um número finito de iterações esse valor é excedido e o laço termina.

---

[19] Nota do tradutor: Lembre-se de que, antes de usar caracteres acentuados, você deve sempre declarar como o código fonte será codificado. A primeira linha do código seleciona a codificação UTF-8. Veja a nota de rodapé 13.

Sempre que escrever um laço, você deve pensar em uma **função decrescente** apropriada. Ela deve ser uma função com as seguintes propriedades:

1. Ela recebe uma ou mais variáveis do programa e calcula um número inteiro.
2. Quando chegamos ao laço, seu valor é um número não negativo.
3. Quando seu valor for <=0, o laço termina.
4. Cada vez que o laço é executado, seu valor diminui.

Qual é a função decrescente do laço na Figura 3.1? É abs(x) - resp**3.

Vejamos agora o que acontece quando introduzimos alguns erros. Primeiro, remova a instrução resp = 0 ou a transforme em um comentário. O Python imprime a mensagem de erro, NameError: name 'resp' is not defined (o nome 'resp' não está definido) porque o interpretador tenta localizar o valor vinculado a resp, mas a variável não está associada a nada. Agora, restaure a linha com a inicialização de resp, substitua a instrução resp = resp + 1 por resp = resp e tente encontrar a raiz cúbica de 8. Quando você cansar de esperar, digite "Control C" (pressione a tecla Control e a tecla C ao mesmo tempo). Isso o levará de volta ao prompt do shell.

Agora, adicione a instrução

```
print 'O valor da função decrescente abs(x) - resp**3 é',\
    abs(x) - resp**3
```

no início do laço, e tente executá-lo novamente. (O \ no final da primeira linha da instrução print é usado para indicar que a instrução continua na linha seguinte).

Desta vez, será impresso

```
O valor da função decrescente abs(x) - resp**3 é 8
```

repetidamente.

O programa não termina nunca porque o laço não está mais reduzindo a distância entre resp**3 e abs(x). Quando encontram um programa que aparentemente não termina, os programadores experientes frequentemente inserem instruções print, como aqui, para testar se a função decrescente está realmente decrescendo.

A técnica algorítmica utilizada neste programa é uma variante da estratégia de **estimativa e verificação** chamada **enumeração exaustiva**. Nós enumeramos todas as possibilidades até chegar à resposta certa ou esgotar o espaço de possibilidades. À primeira vista, isso pode parecer uma forma incrivelmente estúpida de resolver um problema. Surpreendentemente, no entanto, os algoritmos de enumeração exaustiva são muitas vezes a forma mais prática de resolver um problema. Eles são normalmente fáceis de implementar e fáceis de entender. E, em muitos casos, eles terminam rápido o suficiente para todos os fins práticos. Remova ou transforme em comentário a instrução de impressão que você inseriu, reinsira a declaração resp = resp + 1 e tente encontrar a raiz cúbica de 1957816251. O programa terminará de forma quase instantânea. Agora, experimente o número 74069610122363446l6.

Como você pode ver, mesmo quando são necessários milhões de estimativas e testes, isso geralmente não é um problema. Os computadores modernos são incrivelmente rápidos. Eles levam na ordem de um nanossegundo — um bilionésimo de um segundo — para executar uma instrução. É um pouco difícil compreender como isso é rápido. Como parâmetro de comparação, a luz leva um pouco mais de um nanossegundo para viajar 30 cm. Outra maneira de pensar sobre isso é que, no tempo que o som de sua voz leva para viajar uma centena de metros, um computador moderno pode executar milhões de instruções.

Apenas por diversão, experimente executar o código

```
maximo = int(raw_input('Digite um inteiro positivo: '))
i = 0
while i < maximo:
    i = i + 1
print i
```

Veja quanto você precisa aumentar o número inteiro inicial para que haja uma pausa perceptível antes de o resultado ser impresso.

Exercício: Escreva um programa que pede ao usuário para digitar um número inteiro e imprime dois inteiros, raiz e potência, tais que 0 < potência < 6 e raiz**potência é igual ao inteiro digitado pelo usuário. Se não existir nenhum par de inteiros que atenda à condição, o programa deve imprimir uma mensagem informando isso.

3.2 Laços Iterativos For

Os laços while que utilizamos até agora são muito semelhantes. Cada um deles percorre uma sequência de números inteiros. O Python fornece um mecanismo de linguagem, o laço iterativo **for** (para, em português), que pode ser usado para simplificar os programas com esse tipo de iteração.

A forma geral de uma instrução for é (lembre-se de que as palavras em itálico são descrições do que pode aparecer na posição, e não o código real):

```
for variável in sequência:
    bloco de código
```

A variável logo após a instrução for é associada ao primeiro valor da sequência, e o bloco de código é executado. A variável então recebe o segundo valor da sequência, e o bloco de código é executado novamente. O processo se repete até que a sequência chegue ao fim ou uma instrução break (interromper, em português) seja executada dentro do bloco de código.

A sequência de valores atribuídos à variável é mais comumente gerada usando a função interna **range** (faixa, em português), que retorna uma sequência de inteiros. A função range recebe três argumentos inteiros início, parar e passo. Ela produz a progressão aritmética início, início + passo, início + 2*passo, etc. Se o passo for positivo, o último elemento é o maior inteiro início + i*passo menor do que parar. Se o passo for negativo, o último elemento é o menor inteiro início + i*passo maior do que parar. Por exemplo, range(5, 40, 10) produz a sequência [5, 15, 25, 35], e range(40, 5, -10) produz a sequência [40, 30, 20, 10]. Se o primeiro argumento for omitido é usado o valor padrão 0, e se o último argumento (o tamanho do passo) for omitido, é usado o valor padrão 1. Por exemplo, range(0, 3) e range(3) produzem ambos a sequência [0, 1, 2].

Mais raramente, especificamos a sequência que será percorrida em um laço for usando um literal, como [0, 1, 2]. No Python 2.7, range gera toda a sequência inteira quando é invocado. Em razão disso, a expressão range(1000000), por exemplo, usa muita memória. Isso pode ser evitado usando a função interna xrange em vez de range, já que xrange gera os valores somente quando eles são necessários para o laço for.[20]

Considere o código

```
x = 4
for i in range(0, x):
    print i
```

Ele imprime

```
0
1
2
3
```

Agora, considere o código

```
x = 4
for i in range(0, x):
    print i
    x = 5
```

---

[20] No Python 3, range se comporta como xrange se comporta no Python 2.

Ele traz à tona uma questão: alterar o valor de x dentro do laço afeta o número de iterações? Não altera. A função range na mesma linha de for é calculada antes da primeira iteração do laço, e não é calculada novamente nas iterações seguintes. Para ver como isso funciona, considere

```
x = 4
for j in range(x):
    for i in range(x):
        print i
        x = 2
```

O código imprime

```
0
1
2
3
0
1
0
1
0
1
```

porque a função range no laço externo é calculada apenas uma vez, mas a função range no laço interno é calculada cada vez que o programa chega ao for interno.

O código na Figura 3.2 reimplementa o algoritmo de enumeração exaustiva para encontrar raízes cúbicas. A declaração break no laço for faz com que o laço finalize antes de ter sido executado para todos os elementos da sequência. Quando executada, a instrução break abandona o laço mais interno, no qual ela se encontra.

```
# -*- coding: utf-8 -*-
#Encontra a raiz cúbica de um cubo perfeito
x = int(raw_input('Digite um inteiro: '))
for resp in range(0, abs(x)+1):
    if resp**3 >= abs(x):
        break
if resp**3 != abs(x):
    print x, 'não é um cubo perfeito'
else:
    if x < 0:
        resp = -resp
    print 'A raiz cúbica de', x, 'é', resp
```

Figura 3.2 Usando as declarações for e break

A instrução for pode ser usada para percorrer os caracteres de uma string de uma forma conveniente. Por exemplo,

```
total = 0
for c in '123456789':
    total = total + int(c)
print total
```
soma os dígitos na string '123456789' e imprime o total.

Exercício: A variável s é uma string com uma sequência de números decimais separados por vírgulas, por exemplo, s = '1.23,2.4,3.123'. Escreva um programa que imprima a soma dos números em s.

3.3 Soluções Aproximadas e Método da Bissecção

Imagine que alguém pediu para você escrever um programa que encontre a raiz quadrada de qualquer número não negativo. O que você deve fazer?

Você provavelmente deve começar dizendo que precisa de uma definição melhor do problema. Por exemplo, o que o programa deve fazer se pedirem que encontre a raiz quadrada de 2? A raiz quadrada de 2 não é um número racional. Isso significa que não é possível representar precisamente seu valor como uma sequência finita de dígitos (ou como um float), e, assim, o problema como inicialmente formulado não pode ser resolvido.

O certo seria pedir um programa que encontre uma **aproximação** para a raiz quadrada — ou seja, uma resposta que esteja suficientemente perto do valor da verdadeira raiz quadrada. Trataremos dessa questão em mais detalhes mais tarde no livro. Mas, por enquanto, pensaremos em "perto o suficiente" como uma resposta que está a uma distância menor ou igual a uma constante, que chamaremos de epsilon, da resposta real.

O código na Figura 3.3 implementa um algoritmo que encontra uma aproximação de uma raiz quadrada. Ele usa um operador, +=, que não usamos anteriormente. O código resp += passo é equivalente ao código mais extenso resp = resp + passo. Os operadores -= e *= funcionam de modo semelhante.

Capítulo 3. Alguns Programas Numéricos Simples

```
# -*- coding: utf-8 -*-
x = 25
epsilon = 0.01
passo = epsilon**2
numEstimativas = 0
resp = 0.0
while abs(resp**2 - x) >= epsilon and resp <= x:
    resp += passo
    numEstimativas += 1
print 'numEstimativas =', numEstimativas
if abs(resp**2 - x) >= epsilon:
    print 'Falha na raiz quadrada de', x
else:
    print resp, 'está perto da raiz quadrada de', x
```

Figura 3.3 Aproximando a raiz quadrada usando enumeração exaustiva

Mais uma vez, nós estamos usando a enumeração exaustiva. Observe que esse método de encontrar a raiz quadrada não tem nada em comum com a forma de encontrar raízes quadradas usando papel e lápis que você pode ter aprendido no ensino médio. Frequentemente, a melhor maneira de resolver um problema com um computador é bem diferente da maneira usada para resolvê-lo à mão.

Quando o código é executado, ele imprime

```
numEstimativas = 49990
4.999 está perto da raiz quadrada de 25
```

Deveríamos ficar decepcionados que o programa não descobriu que 25 é um quadrado perfeito e não imprimiu 5? Não. O programa funcionou como concebido. Seria correto imprimir 5, mas fazer isso não é em nada melhor do que imprimir qualquer outro valor perto o suficiente de 5.

O que você acha que acontecerá se nós tentarmos achar a raiz quadrada de x = 0,25? Encontraremos uma raiz perto de 0,5? Não. A enumeração exaustiva é uma técnica de busca que funciona somente se o conjunto de valores que está sendo pesquisado incluir a resposta. Neste caso, nós estamos enumerando os valores entre 0 e x. Quando x está entre 0 e 1, a raiz quadrada de x não está nesse intervalo. Uma maneira de corrigir isso é mudar a primeira linha do laço while para

```
while abs(resp**2 - x) >= epsilon and resp*resp <= x:
```

Analisemos agora quanto tempo o programa levará para terminar. O número de iterações depende da distância de zero até a resposta e do tamanho dos passos. Grosseiramente falando, o programa executará o laço while no máximo x/passo vezes.

Executemos o programa com um valor maior, por exemplo, x = 123456. Depois de alguns instantes, ele imprime

```
numEstimativas = 3513631
Falha na raiz quadrada de 123456
```

O que você acha que aconteceu? Com certeza existe um número de ponto flutuante que aproxima a raiz quadrada de 123456 com precisão de 0,01. Por que o nosso programa não o encontrou? O problema é que o tamanho do passo era muito grande, e o programa pulou todas as respostas adequadas. Experimente tornar o `passo` igual a `epsilon**3` e execute o programa. Ele eventualmente encontrará uma resposta adequada, mas talvez você não tenha paciência para esperar até que ele faça isso.

Aproximadamente quantas estimativas serão testadas? O tamanho do passo será 0,000001 e a raiz quadrada de 123456 é cerca de 351,36. Isso significa que o programa terá que fazer cerca de 351.000.000 estimativas para encontrar uma resposta satisfatória. Poderíamos tentar acelerá-lo, começando mais perto da resposta, mas isso pressupõe que nós saibamos algo sobre a resposta.

Chegou a hora de procurar uma maneira diferente de atacar o problema. Temos de escolher um algoritmo melhor em vez de fazer ajustes naquele que estamos usando. Mas, antes de fazer isso, comecemos pensando em um problema que, à primeira vista, parece ser completamente diferente do cálculo de raízes.

Considere o problema de descobrir se uma palavra começando com uma determinada sequência de letras aparece em um dicionário em papel. Poderíamos, a princípio, usar a enumeração exaustiva. Você poderia começar com a primeira palavra e examinar cada palavra até encontrar uma palavra começando com a sequência de letras ou terminar de examinar todas as palavras. Se o dicionário tivesse n palavras, seriam necessárias, em média, n /2 tentativas para localizar a palavra. Se a palavra não estiver no dicionário, seriam necessárias n tentativas. Naturalmente, aqueles que tiveram o prazer de realmente procurar uma palavra em um dicionário físico (e não eletrônico) nunca procederiam dessa forma.

Felizmente, para facilitar nossa vida, as pessoas que publicam dicionários colocam as palavras em ordem alfabética. Isso permite que você abra o livro em uma página na qual você acha que a palavra pode estar (por exemplo, perto do meio para palavras que começam com a letra m). Se a sequência de letras vem antes, alfabeticamente, da primeira palavra na página, sabemos que devemos procurar nas páginas anteriores. Se a sequência de letras vem depois da última palavra da página, sabemos que devemos procurar nas páginas seguintes. Caso contrário, verificamos se a sequência de letras corresponde a uma palavra na página.

Apliquemos essa mesma ideia ao problema de encontrar a raiz quadrada de x. Suponha que sabemos que uma boa aproximação para a raiz quadrada de x está em algum lugar entre 0 e max. Podemos explorar o fato de que os números são **totalmente ordenados**. Isso quer dizer que, para qualquer par de números distintos, n1 e n2, ou n1 < n2 ou n1 > n2. Então, podemos pensar na raiz quadrada de x como um número em algum lugar na linha

0 _____ max

e começar a pesquisar esse intervalo. Como nós não sabemos onde começar a procurar, começaremos no meio.

0 _____ estimativa _____ max

Se essa não for a resposta certa (e não será na maioria das vezes), pergunte se ela é grande demais ou pequena demais. Se for grande demais, sabemos que a resposta deve estar à esquerda. Se for pequena demais, sabemos que a resposta deve estar à direita. Então repetimos o processo nesse intervalo menor. A Figura 3.4 contém uma implementação e teste desse algoritmo.

```
# -*- coding: utf-8 -*-
x = 25
epsilon = 0.01
numEstimativas = 0
baixo = 0.0
alto = max(1.0, x)
resp = (alto + baixo)/2.0
while abs(resp**2 - x) >= epsilon:
    print 'baixo =', baixo, 'alto =', alto, 'resp =', resp
    numEstimativas += 1
    if resp**2 < x:
        baixo = resp
    else:
        alto = resp
    resp = (baixo + alto)/2.0
print 'numEstimativas =', numEstimativas
print resp, 'está perto da raiz quadrada de', x
```

Figura 3.4 Aproximando a raiz quadrada com o método da bissecção

Ao ser executado, ele imprime

```
baixo = 0.0 alto = 25 resp = 12.5
baixo = 0.0 alto = 12.5 resp = 6.25
baixo = 0.0 alto = 6.25 resp = 3.125
baixo = 3.125 alto = 6.25 resp = 4.6875
baixo = 4.6875 alto = 6.25 resp = 5.46875
baixo = 4.6875 alto = 5.46875 resp = 5.078125
baixo = 4.6875 alto = 5.078125 resp = 4.8828125
baixo = 4.8828125 alto = 5.078125 resp = 4.98046875
baixo = 4.98046875 alto = 5.078125 resp = 5.029296875
baixo = 4.98046875 alto = 5.029296875 resp = 5.0048828125
baixo = 4.98046875 alto = 5.0048828125 resp = 4.99267578125
baixo = 4.99267578125 alto = 5.0048828125 resp = 4.99877929688
```

```
baixo = 4.99877929688 alto = 5.0048828125 resp = 5.00183105469
numEstimativas = 13
5.00030517578 está perto da raiz quadrada de 25
```

Observe que ele encontra uma resposta diferente de nosso algoritmo anterior. Não há nada de errado nisso, uma vez que a nova resposta também atende à especificação do problema.

Mais importante, observe que, a cada iteração, o tamanho do espaço a ser pesquisado é reduzido à metade. Como ele divide o espaço de busca pela metade a cada passo, esse algoritmo é chamado **método da bissecção**. O método da bissecção é um enorme avanço sobre nosso algoritmo anterior, que reduzia o tamanho do espaço de busca muito mais lentamente.

Experimente x = 123456 novamente. Desta vez, o programa precisa testar apenas trinta estimativas para encontrar uma resposta aceitável. E com x = 123456789? São necessárias apenas quarenta e cinco estimativas.

Não há nada especial no uso desse algoritmo para encontrar raízes quadradas. Por exemplo, substituindo alguns 2 por 3, nós podemos usá-lo para aproximar a raiz cúbica de um número não negativo. No próximo capítulo apresentaremos um mecanismo do Python que permite generalizar esse código para encontrar qualquer raiz.

Exercício: O que o código na Figura 3.4 faria se a instrução x = 25 fosse substituída por x = -25?

Exercício: O que teria que ser alterado para fazer o código na Figura 3.4 encontrar uma aproximação para a raiz cúbica de números positivos e negativos? (Dica: pense em mudar baixo para garantir que a resposta se encontre dentro da região que está sendo pesquisada.)

3.4 Mais Sobre Números de Ponto Flutuante

Na maior parte das vezes, números do tipo float fornecem uma aproximação razoavelmente boa para os números reais. Mas "quase sempre" não é todo o tempo e, quando isso não ocorre, pode haver consequências surpreendentes. Por exemplo, experimente executar o código

```
# -*- coding: utf-8 -*-
x = 0.0
for i in range(10):
    x = x + 0.1
if x == 1.0:
    print x, '= 1.0'
else:
    print x, 'não é 1.0'
```

Talvez você, como a maioria das pessoas, ache surpreendente que ele imprima

1.0 não é 1.0

Para início de conversa, como ele chega à cláusula else? E se de alguma forma ele chega lá, por que ele está imprimindo uma frase tão absurda?

Para entender por que isso acontece, temos de entender como os números de ponto flutuante são representados no computador durante uma computação. Para entender isso, precisamos entender os números binários.

Quando você encontrou os números decimais, ou seja, os números de base 10, pela primeira vez, você aprendeu que um número decimal é representado por uma sequência dos dígitos 0123456789. O dígito mais à direita é a casa 10^0, o próximo dígito para a esquerda é a casa 10^1, etc. Por exemplo, a sequência de dígitos decimais 302 representa 3*100 + 0*10 + 2*1. Quantos números diferentes podem ser representados por uma sequência de comprimento n? Uma sequência de comprimento um pode representar dez números diferentes (0 - 9). Uma sequência de comprimento dois pode representar cem números diferentes (0 - 99). De forma mais geral, uma sequência de comprimento n pode representar 10^n números diferentes.

Os números binários – números na base 2 – funcionam da mesma forma. Um número binário é representado por uma sequência de dígitos, cada um dos quais é ou 0 ou 1. Esses dígitos são frequentemente chamados de **bits**. O dígito mais à direita é a casa 2^0, o próximo dígito para a esquerda é a casa 2^1, etc. Por exemplo, a sequência de dígitos binários 101 representa 1*4 + 0*2 + 1*1 = 5. Quantos números diferentes podem ser representados por uma sequência de comprimento n? 2^n números.

Exercício: Qual é o equivalente decimal do número binário 10011?

Talvez porque a maioria das pessoas tenha dez dedos, parece que gostamos de usar decimais para representar os números. Por outro lado, todos os sistemas de computador modernos representam os números em binário. Isso não acontece porque os computadores nascem com dois dedos. Isso acontece porque é fácil construir dispositivos que podem estar em apenas um de dois estados, ligado ou desligado. O fato de o computador usar uma representação binária, e nós, uma representação decimal, pode às vezes causar certa dissonância cognitiva.

Em quase todas as linguagens de programação modernas, os números não inteiros são implementados usando uma representação em **ponto flutuante**. Por enquanto, suponha que a representação interna é em forma decimal. Nós podemos representar um número como um par de inteiros — os **dígitos significativos** do número e um **expoente**. Por exemplo, o número 1,949 seria representado pelo par (1949, -3), representando o produto 1949 X 10^{-3}.

O número de dígitos significativos determina a **precisão** com que os números podem ser representados. Se, por exemplo, houvesse apenas dois dígitos significativos, o número 1,949 não poderia ser representado exatamente. Ele teria que ser convertido em uma aproximação de 1,949, nesse caso, 1,9. Essa aproximação é chamada de **valor arredondado**.

Os computadores modernos usam representações binárias, e não decimais. Nós representamos os dígitos significativos e expoentes em binário, em vez de decimal, e elevamos 2, em vez de 10, à potência do expoente. Por exemplo, o número 0.625 (5/8) seria representado pelo par (101, -11) porque 5/8 é 0,101 em binário e -11 é a representação binária de -3, e assim o par (101, -11) representa 5 X 2^{-3} = 5/8 = 0.625.

E quanto à fração decimal 1/10, que escrevemos em Python como 0.1? O melhor que podemos fazer com quatro dígitos significativos binários é (0011, -101). Isso é equivalente a 3/32, ou seja, 0,09375. Se tivéssemos cinco dígitos significativos binários, nós representaríamos 0,1 como (11001, -1000), que é equivalente a 25/256, ou seja, 0,09765625. Quantos dígitos significativos seriam necessários para obter uma representação exata em ponto flutuante de 0.1? Um número infinito de dígitos! Não existem inteiros sig e exp tais que sig * 2^{-exp} seja igual a 0.1. Então, não importa quantos bits o Python (ou qualquer outra linguagem) use para representar números de ponto flutuante, ele será capaz de representar apenas uma aproximação de 0.1. Na maioria das implementações do Python, existem 53 bits de precisão disponível para números de ponto flutuante e, assim, os dígitos significativos armazenados para o número decimal 0.1 serão

11001100110011001100110011001100110011001100110011001

Isso equivale ao número decimal

0,1000000000000000055511151231257827021181583404541015625

Muito perto de 1/10, mas não exatamente 1/10.

Voltando ao mistério original, por que

```
# -*- coding: utf-8 -*-
x = 0.0
for i in range(10):
    x = x + 0.1
if x == 1.0:
    print x, '= 1.0'
else:
    print x, 'não é 1.0'
```

imprime 1.0 não é 1.0?

Agora vemos que o teste x == 1.0 produz o resultado False porque o valor ao qual x está vinculado não é exatamente 1,0. O que é impresso se adicionarmos ao fim da cláusula else o código print x == 10.0 * 0.1? Ele imprime `False` porque pelo menos em uma iteração do laço o Python fez alguns arredondamentos. Não é o que nossos professores nos ensinaram no ensino fundamental, mas adicionar 0,1 dez vezes não produz o mesmo valor que multiplicar 0,1 por 10.

Finalmente, por que o código

```
print x
```

imprime 1.0 e não o valor real da variável x? Porque os criadores do Python acharam que seria conveniente para os usuários se `print` fizesse alguns arredondamentos automaticamente. Essa é provavelmente uma suposição correta na maioria das situações. No entanto, é importante ter em mente que o que está sendo exibido nem sempre coincide exatamente com o valor armazenado na máquina.

A propósito, se você quer arredondar um número de ponto flutuante, use a função round. A expressão `round(x, numDigitos)` retorna o número de ponto flutuante equivalente ao valor de x arredondado para `numDigitos` dígitos decimais após o ponto decimal. Por exemplo, `print round(2**0.5, 3)` imprime 1.414 como aproximação para a raiz quadrada de 2.

A diferença entre números de ponto flutuante e números reais realmente importa? Na maioria das vezes, felizmente não. No entanto, uma coisa com que quase sempre vale a pena se preocupar são os testes de igualdade. Como já vimos, usar == para comparar dois valores em ponto flutuante pode produzir resultados surpreendentes. É quase sempre mais apropriado perguntar se dois valores em ponto flutuante estão perto o suficiente um do outro, e não se eles são idênticos. Assim, por exemplo, é melhor escrever `abs(x - y) < 0.0001` em vez de x == y.

Outra coisa com que devemos nos preocupar é o acúmulo de erros de arredondamento. Na maioria das vezes as coisas funcionam bem porque às vezes o número armazenado no computador é um pouco maior do que esperado e às vezes é um pouco menor. No entanto, em alguns programas, os erros serão todos na mesma direção e se acumularão ao longo do tempo.

3.5 Newton-Raphson

O algoritmo de aproximação mais comumente usado é geralmente atribuído a Isaac Newton. Ele é geralmente chamado método de Newton, mas também é conhecido como método de Newton-Raphson.[21] Ele pode ser usado para encontrar as raízes reais de muitas funções, mas o estudaremos apenas no contexto de encontrar as raízes reais de um polinômio com uma variável. A generalização para polinômios com múltiplas variáveis é simples matemática e algoritmicamente.

Um **polinômio** com uma variável (por convenção, escreveremos x para representar a variável) é zero ou a soma de um número finito de termos diferentes de zero, por exemplo, $3x^2 + 2x + 3$. Cada termo, por exemplo, $3x^2$, consiste em uma constante (o **coeficiente** do termo, 3 neste caso) multiplicada pela variável (x neste caso) elevada a um expoente inteiro não negativo (2 neste caso). O expoente de um termo é chamado de **grau** desse termo. O grau de um polinômio é o maior grau de qualquer termo. Alguns exemplos são 3 (grau 0), 2,5x + 12 (grau 1) e $3x^2$ (grau 2). Em contraste, $2/x$ e $x^{0,5}$ não são polinômios.

Se p é um polinômio e r um número real, nós escreveremos p(r) para representar o valor do polinômio quando x = r. Uma **raiz** do polinômio p é uma solução para a equação p = 0, ou seja, um valor r tal que p(r) = 0. Assim, por exemplo, o problema de encontrar uma aproximação para a raiz quadrada de 24 é o mesmo que encontrar um número x para o qual $x^2 - 24 \approx 0$.

Newton provou um teorema que diz que, se um valor, que chamaremos de aprox, é uma aproximação para uma raiz de um polinômio, então aprox − p(aprox)/p'(aprox), onde p' é a primeira derivada de p, é uma aproximação melhor.[22]

Para qualquer constante k e qualquer coeficiente c, a primeira derivada de $cx^2 + k$ é 2cx. Por exemplo, a primeira derivada de $x^2 - k$ é 2x. Portanto, sabemos que podemos melhorar a estimativa atual, y, escolhendo como nossa próxima estimativa y − $(y^2 - k)/2y$. Isso é chamado de uma **aproximação sucessiva**. A Figura 3.5 mostra como usar essa ideia para encontrar rapidamente uma aproximação para a raiz quadrada.

---

[21] Joseph Raphson publicou um método semelhante ao mesmo tempo em que Newton.

[22] A primeira derivada de uma função f(x) pode ser vista como uma medida de como o valor de f(x) muda conforme x muda. Se você nunca estudou derivadas, não se preocupe. Você não precisa estar familiarizado com derivadas ou, por falar nisso, com polinômios para compreender a implementação do método de Newton.

```
# -*- coding: utf-8 -*-
#Newton-Raphson para raiz quadrada
#Encontra x tal que x**2 - 24 está a menos de epsilon de 0
epsilon = 0.01
k = 24.0
estimativa = k/2.0
while abs(estimativa * estimativa - k) >= epsilon:
    estimativa = estimativa - (((estimativa**2) - k)/(2*estimativa))
print 'A raiz quadrada de', k, 'é aproximadamente', estimativa
```

Figura 3.5 O método de Newton-Raphson

Exercício: Acrescente algum código à implementação de Newton-Raphson para contar o número de iterações até encontrar a raiz. Use esse código como parte de um programa que compara a eficiência dos métodos de Newton-Raphson e da bissecção. (Você deve descobrir que o método de Newton-Raphson é mais eficiente.)

4 FUNÇÕES, ESCOPO E ABSTRAÇÃO

Até aqui, nós já vimos números, atribuições, entrada/saída, comparações e laços iterativos. Quão poderoso é esse subconjunto do Python? Num sentido teórico, não há nada mais poderoso. Ele é o que é chamado **Turing-completo**. Isso significa que, se um problema pode ser resolvido computacionalmente, ele pode ser resolvido usando apenas as instruções que você já viu.

O que não quer dizer que você deve usar somente essas instruções. Até aqui, nós já vimos muitos mecanismos da linguagem, mas o código tem sido uma única sequência de instruções, todas juntas. Por exemplo, no último capítulo, nós examinamos o código na Figura 4.1.

```
# -*- coding: utf-8 -*-
x = 25
epsilon = 0.01
numEstimativas = 0
baixo = 0.0
alto = max(1.0, x)
resp = (alto + baixo)/2.0
while abs(resp**2 - x) >= epsilon:
    numEstimativas += 1
    if resp**2 < x:
        baixo = resp
    else:
        alto = resp
    resp = (alto + baixo)/2.0
print 'numEstimativas =', numEstimativas
print resp, 'está perto da raiz quadrada de', x
```

Figura 4.1 Usando o método da bissecção para procurar uma raiz quadrada aproximada

Esse código tem um bom número de linhas, mas não tem utilidade geral. Ele somente funciona para os valores representados pelas variáveis x e epsilon. Isso significa que, se quisermos reutilizá-lo, precisaremos copiar o código, possivelmente editar os nomes das variáveis e colá-lo onde formos usá-lo. Não podemos usar essa computação facilmente dentro de alguma outra computação, mais complexa.

Além disso, se quisermos calcular raízes cúbicas em vez de raízes quadradas, temos que editar o código. Se quisermos um programa que calcule raízes quadradas e cúbicas (ou, por sinal, raízes quadradas em dois lugares diferentes), o programa deverá conter vários blocos de código quase idênticos. Isso é uma coisa muito ruim. Quanto mais linhas de código há em um programa, maior é a chance de algo dar errado, e mais difícil é a manutenção do programa. Imagine, por exemplo, que houve um erro na implementação inicial da raiz quadrada, e que o erro veio à tona quando o programa estava sendo testado. Seria muito fácil corrigir a implementação da raiz quadrada em um só lugar e esquecer-se de que havia um código semelhante em outro lugar, que também precisava ser corrigido.

A linguagem Python fornece vários recursos que tornam relativamente fácil generalizar e reutilizar o código que você escreve. O mais importante deles é a função.

4.1 Funções e Escopo

Já usamos um número de funções internas, por exemplo, max e abs na Figura 4.1. A possibilidade de os programadores definirem e usarem suas próprias funções, como se fossem internas, é um grande avanço na conveniência do uso de uma linguagem.

4.1.1 Definições de Funções

Em Python cada **definição de função** tem a forma[23]

```
def nome da função (lista de parâmetros formais):
    corpo da função
```

Por exemplo, nós poderíamos definir a função max[24] com o código

```
def max(x, y):
    if x > y:
        return x
    else:
        return y
```

A palavra reservada def diz ao Python que uma função será definida a seguir. O nome da função (max, no exemplo) é simplesmente um nome que é usado para se referir à função.

A sequência de nomes (x, y neste exemplo) dentro de parênteses após o nome da função são os **parâmetros formais** da função. Quando a função é usada, os parâmetros formais são vinculados (como em uma instrução de atribuição) aos **parâmetros reais** (muitas vezes chamados de **argumentos**) da **chamada da função** (também conhecida como **invocação da função**). Por exemplo, a chamada

---

[23] Lembre-se de que o itálico é usado para descrever código Python.

[24] Na prática, você provavelmente usaria a função interna max, em lugar de definir sua própria função.

```
max(3, 4)
```

vincula x a 3 e y a 4.

O corpo da função é qualquer trecho de código Python. Há, no entanto, uma declaração especial, **return**, que pode ser usada somente no corpo de uma função.

Uma chamada de função é uma expressão e, como todas as expressões, tem um valor. Esse valor é o valor retornado pela função. Por exemplo, o valor da expressão max(3,4)*max(3,2) é 12, porque a primeira chamada a max retorna o int 4 e a segunda retorna o int 3. Observe que a execução de uma instrução return encerra a chamada à função.

Para recapitular, quando uma função é chamada

1. As expressões que compõem os parâmetros reais são calculadas e os parâmetros formais da função são associados aos valores resultantes. Por exemplo, a chamada max(3 + 4, z) vincula o parâmetro formal x a 7 e o parâmetro formal y ao valor da variável z quando ocorre a chamada.

2. O **ponto de execução** (a próxima instrução a ser executada) se move do ponto da chamada para a primeira instrução no corpo da função.

3. O código no corpo da função é executado até que uma instrução return seja encontrada, caso em que o resultado da chamada da função é o valor da expressão na mesma linha após o return, ou até que não haja mais instruções a serem executadas, caso em que o resultado é o valor None. (Se não houver nenhuma expressão à direita de return, o resultado também será None.)

4. O valor da chamada da função é o valor que é retornado.

5. O ponto de execução é transferido de volta para o código imediatamente após a chamada.

Os parâmetros fornecem algo chamado de **abstração lambda**[25], permitindo que os programadores escrevam funções capazes de manipular quaisquer objetos que venham a ser usados como seus parâmetros, e não objetos específicos.

Exercício: Escreva uma função estaEm que aceita duas strings como argumentos e retorna True se qualquer uma das strings for parte da outra, e False caso contrário. Dica: você pode querer usar a função interna in, uma das funções do Python para trabalhar com strings.

---

[25] O nome "abstração lambda" é derivado de conceitos matemáticos desenvolvidos por Alonzo Church nas décadas de 1930 e 1940.

4.1.2 Argumentos de Palavra-Chave e Valores Padrão

Em Python, existem duas maneiras de associar os parâmetros formais aos parâmetros usados no caso concreto. O método mais comum, que é o único que usamos até agora, é chamado **posicional** — o primeiro parâmetro formal está vinculado ao primeiro parâmetro real, o segundo parâmetro formal ao segundo parâmetro real, etc. O Python também permite que sejam usados **argumentos de palavra-chave**, isto é, permite que os parâmetros sejam vinculados usando o nome do parâmetro formal. Considere a definição da função na Figura 4.2. A função imprimeNome assume que primeiroNome e ultimoNome são strings e que inverter é um valor booleano. Se inverter == True, ela imprime ultimoNome, primeiroNome, caso contrário, imprime primeiroNome ultimoNome.

```
def imprimeNome(primeiroNome, ultimoNome, inverter):
    if inverter:
        print ultimoNome + ', ' + primeiroNome
    else:
        print primeiroNome, ultimoNome
```

Figura 4.2 Função que imprime um nome

Todas as formas de chamar imprimeNome a seguir são equivalentes:

```
imprimeNome('Olga', 'Puchmajerova', False)
imprimeNome('Olga', 'Puchmajerova', False)
imprimeNome('Olga', 'Puchmajerova', inverter = False)
imprimeNome('Olga', ultimoNome = 'Puchmajerova',
    inverter = False)
imprimeNome(ultimoNome='Puchmajerova', primeiroNome='Olga',
    inverter=False)
```

Embora os argumentos de palavra-chave possam aparecer em qualquer ordem na lista de parâmetros reais, não é possível usar ao mesmo tempo um argumento de palavra-chave e um argumento posicional. Portanto, uma mensagem de erro seria produzida pela chamada

```
imprimeNome('Olga', ultimoNome = 'Puchmajerova', False)
```

Argumentos de palavra-chave são comumente usados em conjunto com **parâmetros com valores padrão**. Podemos, por exemplo, escrever

```
def imprimeNome(primeiroNome, ultimoNome, inverter = False):
    if inverter:
        print ultimoNome + ', ' + primeiroNome
    else:
        print primeiroNome, ultimoNome
```

Os valores padrão permitem que os programadores chamem uma função sem ter que fornecer valores para todos os argumentos especificados. Por exemplo,

```
imprimeNome('Olga', 'Puchmajerova')
imprimeNome('Olga', 'Puchmajerova', True)
imprimeNome('Olga', 'Puchmajerova', inverter = True)
```

imprime

```
Olga Puchmajerova
Puchmajerova, Olga
Puchmajerova, Olga
```

As duas últimas chamadas a imprimeNome são semanticamente equivalentes. A última tem a vantagem de fornecer alguma documentação para o talvez misterioso parâmetro True.

4.1.3 Escopo

Examinemos outro exemplo curto,

```
# -*- coding: utf-8 -*-
def f(x): #nome x usado como parâmetro formal
    y = 1
    x = x + y
    print 'x =', x
    return x

x = 3
y = 2
z = f(x) #valor de x usado como parâmetro real
print 'z =', z
print 'x =', x
print 'y =', y
```

Ao ser executado, esse código imprime

```
x = 4
z = 4
x = 3
y = 2
```

O que está acontecendo aqui? Quando f é chamada, o parâmetro formal x é localmente vinculado ao valor do parâmetro real x. É importante notar que, embora os parâmetros formais e reais tenham o mesmo nome, eles não são a mesma variável. Cada função define um novo **espaço de nomes**, também chamado de **escopo**. O parâmetro formal x e a **variável local** y que são utilizados em f existem apenas no escopo da definição de f. A instrução de atribuição x = x + y no corpo da função vincula o nome local x ao objeto 4. As atribuições em f não têm nenhum efeito sobre as vinculações dos nomes x e y que existem fora do escopo de f.

Aqui está uma maneira de ver isso:

- No nível mais alto, ou seja, no nível do shell, uma **tabela de símbolos** mantém uma lista de todos os nomes definidos nesse nível e suas vinculações atuais.

- Quando uma função é chamada, uma nova tabela de símbolos (às vezes chamada de **quadro de pilha** ou registro de ativação) é criada e adicionada à **pilha de chamadas**. O quadro de pilha mantém uma lista de todos os nomes definidos dentro da função (incluindo os parâmetros formais) e suas vinculações atuais. Se outra função é chamada de dentro do corpo da função, mais um quadro de pilha é criado e adicionado à pilha de chamadas.
- Quando a função termina, seu quadro de pilha é descartado.

Em Python, é sempre possível determinar o escopo de um nome olhando para o texto do programa. Isso é chamado de escopo **estático** ou **léxico**. A Figura 4.3 contém um exemplo um pouco mais elaborado.

```
def f(x):
    def g():
        x = 'abc'
        print 'x =', x

    def h():
        z = x
        print 'z =', z
    x = x + 1
    print 'x =', x
    h()
    g()
    print 'x =', x
    return g

x = 3
z = f(x)
print 'x =', x
print 'z =', z
z()
```

Figura 4.3 Escopos aninhados

A história dos quadros de pilha associados ao código na Figura 4.3 é retratada na Figura 4.4.

A primeira coluna contém o conjunto de nomes conhecidos fora do corpo da função f, ou seja, as variáveis x e z e o nome da função f. A primeira instrução vincula x a 3.

A instrução de atribuição z = f(x) primeiro avalia a expressão f(x) chamando a função f com o valor ao qual x está vinculado. Quando a função f é chamada, um segundo quadro de pilha é criado, como mostrado na coluna 2. Os nomes no quadro de pilha são x (o parâmetro formal, não x no contexto da chamada), g e h. As variáveis g e h são vinculadas a objetos do tipo função. As propriedades de cada uma dessas funções são dadas pelas definições de função dentro de f.

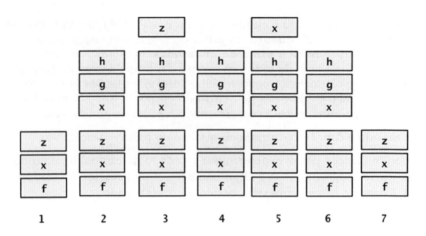

Figura 4.4 Pilha de chamadas

Quando h é chamado de dentro de f, mais um quadro de pilha é criado, como mostrado na coluna 3. Esse quadro contém apenas a variável local z. Por que ele não contém também x? Um nome é adicionado ao escopo associado a uma função apenas se o nome é um parâmetro formal da função ou uma variável que é vinculada a um objeto dentro do corpo da função. No corpo de h, x ocorre apenas no lado direito de uma instrução de atribuição. Ao encontrar um nome (x nesse caso) ao qual não é associado um valor em nenhum lugar no corpo da função (o corpo de h), o interpretador pesquisa o quadro de pilha anterior associado ao escopo no qual a função é definida (o quadro de pilha associado a f). Se o nome for encontrado (e nesse caso ele é), o valor ao qual ele está vinculado (4) é usado. Se não for encontrado, uma mensagem de erro é produzida.

Quando h retorna, o quadro de pilha associado à chamada à função h desaparece (ou seja, é **removido** do topo da pilha), como ilustrado na coluna 4. Note que nós nunca removemos quadros do meio da pilha de chamadas, mas apenas o último quadro adicionado. É devido a esse comportamento de "o último a entrar é o primeiro a sair" que nós nos referimos a ela como uma **pilha** (pense em uma pilha de bandejas em um refeitório).

Em seguida g é chamada e um quadro de pilha com a variável local de g, x, é adicionado (coluna 5). Quando g retorna, esse quadro é removido (coluna 6). Quando f retorna, o quadro da pilha que contém os nomes associados a f é removido, e voltamos ao quadro de pilha original (coluna 7).

Observe que, quando f retorna, embora a variável g não exista mais, o objeto do tipo function ao qual esse nome esteve uma vez vinculado ainda existe. Isso ocorre porque as funções são objetos e podem, como qualquer outro tipo de objeto, ser o resultado de uma função. Dessa forma, z pode ser vinculado ao valor retornado por f, e a chamada de função z() pode ser usada para invocar a função que foi vinculada ao nome g dentro de f — apesar de o nome g não ser conhecido fora do contexto de f.

Então, o que o código da 4.3 imprime? Ele imprime

```
x = 4
z = 4
x = abc
x = 4
x = 3
z = <function g at 0x15b43b0>
x = abc
```

A ordem em que ocorrem as referências a um nome não é importante. Se um objeto é vinculado a um nome em qualquer lugar no corpo da função (mesmo se se ele ocorrer em uma expressão antes de aparecer como o lado esquerdo de uma atribuição), a variável é tratada como uma variável local dessa função.[26]

Considere, por exemplo, o código

```
def f():
    print x

def g():
    print x
    x = 1

x = 3
f()
x = 3
g()
```

Ele imprime 3 quando f é invocada, mas uma mensagem de erro é impressa quando ele encontra a instrução print em g porque a instrução de atribuição após a instrução print faz com que x seja uma variável local de g. E, como x é uma variável local em g, ela ainda não recebeu nenhum valor quando a instrução de impressão é executada.

Já está confuso? Para a maioria das pessoas, é necessário um pouco de tempo para assimilar as regras de escopo. Não deixe que isso lhe incomode. Por enquanto, vá em frente e comece a usar funções. Na maioria das vezes você só usará variáveis locais em uma função, e as sutilezas do uso de escopos serão irrelevantes.

---

[26] A sabedoria dessa decisão é discutível.

4.2 Especificações

A Figura 4.5 define uma função, achaRaiz, que generaliza o método da bissecção, que usamos para encontrar raízes quadradas na Figura 4.1. Ela também contém uma função, testaAchaRaiz, que pode ser usada para testar se achaRaiz funciona ou não como esperado.

A função testaAchaRaiz é quase tão longa quanto achaRaiz. Para programadores inexperientes, escrever **funções de teste**, como essa, muitas vezes parece ser um desperdício de esforço. Programadores experientes sabem, contudo, que um investimento na elaboração de código de testes muitas vezes paga grandes dividendos. É certamente melhor do que digitar testes no shell repetidamente durante a **depuração** (o processo usado para descobrir por que um programa não funciona e então corrigi-lo). Isso também nos força a pensar sobre quais testes são provavelmente mais esclarecedores.

O texto entre as aspas triplas é conhecido como uma **docstring**. Por convenção, os programadores Python usam docstrings para fornecer as especificações de funções. Essas docstrings podem ser acessadas usando a função interna **help**.

Se o código na Figura 4.5 (mais adiante) tiver sido carregado no IDLE, digitar help(achaRaiz) no shell exibirá

```
Help on function achaRaiz in module __main__:

achaRaiz(x, potencia, epsilon)
    Assume x e epsilon do tipo int ou float, potencia int,
        epsilon > 0 & potencia >= 1
    Retorna float y tal que y**potencia esteja a menos de
        epsilon de x
    Se esse valor não existir, retorna None
```

Se digitarmos

```
achaRaiz(
```

no shell ou no editor, a lista de parâmetros formais e a primeira linha da docstring será exibida.

Capítulo 4. Funções, Escopo e Abstração

```
# -*- coding: utf-8 -*-
def achaRaiz(x, potencia, epsilon):
    """Assume x e epsilon do tipo int ou float, potencia int,
         epsilon > 0 & potencia >= 1
       Retorna float y tal que y**potencia esteja a menos de epsilon de x
         Se esse valor não existir, retorna None"""
    if x < 0 and potencia%2 == 0:
        return None
    baixo = min(-1.0, x)
    alto = max(1.0, x)
    resp = (alto + baixo)/2.0
    while abs(resp**potencia - x) >= epsilon:
        if resp**potencia < x:
            baixo = resp
        else:
            alto = resp
        resp = (alto + baixo)/2.0
    return resp

def testarAchaRaiz():
    epsilon = 0.0001
    for x in (0.25, -0.25, 2, -2, 8, -8):
        for potencia in range(1, 4):
            print 'Testando x = ' + str(x) +\
                  ' e potencia = ' + str(potencia)
            resultado = achaRaiz(x, potencia, epsilon)
            if resultado == None:
                print '   Sem raiz'
            else:
                print '   ', resultado**potencia, '~=', x
```

Figura 4.5 Encontrando uma aproximação para uma raiz

A **especificação** de uma função define um contrato entre o implementador da função e aqueles que escreverão programas que usam essa função, que também são chamados de **clientes** da função. Esse contrato pode ser visto como sendo composto por duas partes:

1. **Pressupostos**: descrevem as condições que devem ser atendidas por esses clientes da função. Normalmente, eles descrevem as restrições aos parâmetros que a função recebe. Quase sempre, eles especificam o conjunto aceitável de tipos para cada parâmetro e comumente algumas restrições sobre o valor de um ou mais parâmetros. Por exemplo, as duas primeiras linhas da docstring de achaRaiz descrevem os pressupostos que devem ser satisfeitos por clientes de achaRaiz.

2. **Garantias**: descrevem condições que devem ser atendidas pela função, desde que seja chamada de uma forma que satisfaça os pressupostos. As últimas duas linhas da docstring de achaRaiz descrevem as garantias que a implementação da função deve oferecer.

As funções são uma maneira de criar elementos computacionais primitivos. Da mesma forma que temos as funções internas max e abs, gostaríamos de ter o equivalente a uma função interna para encontrar raízes e para muitas outras operações complexas. As funções facilitam essa tarefa, fornecendo decomposição e abstração.

A **decomposição** cria estrutura. Ela permite dividir um problema em módulos que são razoavelmente autônomos e que podem ser reutilizados em contextos diferentes.

A **abstração** oculta os detalhes. Ela permite que nós usemos um pedaço de código como se fosse uma caixa-preta – isto é, algo cujos detalhes interiores não podemos ver, não precisamos ver e nem ao menos queremos ver.[27] A essência da abstração é preservar informações relevantes em um determinado contexto e esquecer as informações que são irrelevantes nesse contexto. O segredo para fazer uso eficaz da abstração na programação é encontrar uma noção de relevância que seja apropriada para ambos o construtor da abstração e os clientes potenciais da abstração. Isso é a verdadeira arte da programação.

Abstrair é esquecer. Existem muitas maneiras de modelar isso – por exemplo, o aparelho auditivo da maioria dos adolescentes.

O adolescente diz: *Posso pegar o carro emprestado hoje?*

O pai diz: *Sim, mas volte antes da meia-noite e deixe o tanque cheio.*

O adolescente ouve: *Sim.*

O adolescente ignorou todos esses detalhes incômodos que ele considera irrelevantes. A abstração é um processo de muitos-para-um. Se o pai tivesse dito *Sim, mas volte antes das 2 horas da manhã e deixe o carro limpo*, isso também teria sido abstraído para *Sim*.

A título de analogia, imagine que pediram para você produzir um curso de introdução à ciência da computação com vinte e cinco palestras. Uma maneira de fazer isso seria recrutar vinte e cinco professores e pedir a cada um que preparasse uma palestra de cinquenta minutos sobre seu tema favorito. Embora você pudesse obter 25 horas maravilhosas, o todo provavelmente pareceria uma dramatização da peça de Pirandello "Seis personagens em busca de um autor" (ou aquele curso que você assistiu de ciência política com quinze palestrantes convidados). Se cada um dos professores trabalhasse isoladamente, ele não faria ideia sobre como o material em sua palestra se relacionaria com o material tratado nas outras palestras.

---

[27] "Onde a ignorância é felicidade, é loucura ser sábio."— Thomas Gray

De alguma forma, é preciso que todos saibam o que os outros estão fazendo, mas sem gerar tanto trabalho que ninguém esteja disposto a participar. É aqui que a abstração entra em cena. Você poderia escrever vinte e cinco especificações, cada uma dizendo o que os alunos devem aprender em cada aula, mas sem dar detalhes sobre como esse material deve ser ensinado. O resultado pode não ser pedagogicamente maravilhoso, mas pelo menos deve fazer sentido.

Essa é a maneira usada para coordenar equipes de programadores. Dada a especificação de um módulo, um programador pode trabalhar na implementação desse módulo sem se preocupar excessivamente com o que os outros programadores da equipe estão fazendo. Além disso, os outros programadores podem usar a especificação para começar a escrever código que usa o módulo sem se preocupar com a forma como esse módulo será implementado.

A especificação de achaRaiz é uma abstração de todas as implementações possíveis que atendem à especificação. Os clientes de achaRaiz podem assumir que a implementação atende à especificação, mas eles não devem assumir nada além disso. Por exemplo, os clientes podem assumir que a chamada achaRaiz(4.0, 2, 0,01) retorna algum valor cujo quadrado está entre 3,99 e 4,01. O valor retornado pode ser positivo ou negativo e, apesar de 4,0 ser um quadrado perfeito, o valor retornado pode não ser 2,0 ou -2,0.

4.3 Recursão

Você pode ter ouvido falar em **recursão** e provavelmente pensa nela como uma técnica de programação bastante sutil. Isso é uma lenda urbana espalhada pelos cientistas da computação para fazer as pessoas pensarem que somos mais espertos do que realmente somos. A recursão é uma ideia muito importante, mas ela não é tão sutil e é mais do que uma técnica de programação.

Como um método descritivo, a recursão é amplamente utilizada, mesmo por pessoas que nunca sonharam em escrever um programa.

Considere a parte do código legal dos Estados Unidos que define o que é um americano "nato". Grosso modo, a definição é a seguinte

1. Qualquer criança nascida nos Estados Unidos,
2. Qualquer criança nascida fora dos Estados Unidos, se ambos os pais forem cidadãos dos EUA, e um dos pais tiver vivido nos Estados Unidos antes do nascimento da criança, e
3. Qualquer criança nascida fora dos Estados Unidos, se um dos pais for cidadão americano, que viveu por pelo menos cinco anos

nos EUA antes do nascimento da criança, e desde que pelo menos dois desses anos tenham sido depois do décimo quarto aniversário do cidadão.

A primeira parte é simples; se você nasceu nos Estados Unidos, você é um americano nato. Se você não nasceu nos EUA, então temos que determinar se seus pais são cidadãos americanos (natos ou naturalizados). Para determinar se seus pais são cidadãos americanos, você pode ter que olhar para seus avós e assim por diante.

Em geral, uma definição recursiva é composta por duas partes. Há pelo menos um **caso base** que especifica diretamente o resultado para um caso especial (o caso 1 no exemplo) e há pelo menos um **caso recursivo (indutivo)** (os casos 2 e 3 no exemplo) que define a resposta a partir da resposta à pergunta para alguma outra entrada, geralmente uma versão mais simples do mesmo problema.

A definição recursiva mais simples do mundo é provavelmente a função fatorial (geralmente escrita em matemática usando !) para os números naturais.[28] A **definição indutiva** clássica é

```
1! = 1
(n + 1)! = (n + 1) * n!
```

A primeira equação define o caso base. A segunda equação define o fatorial para todos os números naturais, exceto no caso base, em termos do fatorial do número anterior.

```
def fatoI(n):
    """Assume: n é um int > 0
       Retorna n!"""
    resultado = 1
    while n > 1:
        resultado = resultado * n
        n -= 1
    return resultado

def fatoR(n):
    """Assume: n um int > 0
       Retorna n!"""
    if n == 1:
        return n
    else:
        return n*fatoR(n - 1)
```

Figura 4.6 Implementações iterativa e recursiva de fatorial

---

[28] A definição exata de "número natural" é objeto de debate. Alguns os definem como inteiros positivos e outros como inteiros não negativos. É por isso que nós escrevemos expressamente os possíveis valores de n na docstring na Figura 4.6.

Capítulo 4. Funções, Escopo e Abstração   53

A Figura 4.6 contém uma implementação iterativa do fatorial (fatoI) e outra recursiva (fatoR).

Como essa função é simples, é relativamente fácil entender as duas implementações. De toda forma, a segunda é uma tradução mais evidente da definição recursiva original.

Parece que é quase uma trapaça implementar fatoR chamando fatoR de dentro do corpo de fatoR. Isso funciona pela mesma razão que a implementação iterativa funciona. Sabemos que a iteração em fatoI terminará porque n começa positivo e a cada vez que o corpo do laço é executado é reduzido por 1. Isso significa que ele não pode ser maior do que 1 para sempre. Da mesma forma, se a função fatoR é chamada com 1, ela retorna o valor 1 sem fazer nenhuma chamada recursiva. Quando ela faz uma chamada recursiva, ele sempre a faz com um valor um abaixo do valor de n que recebeu. Eventualmente, a recursão termina com uma chamada a fatoR(1).

4.3.1 Números de Fibonacci

A sequência de Fibonacci é outra função matemática comum que é geralmente definida recursivamente. A frase "eles se reproduzem como coelhos" é frequentemente usada para descrever uma população que está crescendo muito rapidamente. No ano de 1202, o matemático italiano Leonardo de Pisa, também conhecido como Fibonacci, desenvolveu uma fórmula para quantificar essa noção, embora com algumas suposições não muito realistas.

Suponha que um par de coelhos recém-nascidos, um macho e uma fêmea, sejam colocados em um cercado (ou, pior, soltos no mato). Suponha também que os coelhos sejam capazes de se acasalar com a idade de um mês (o que, surpreendentemente, algumas raças podem fazer) e tenham um período de gestação de um mês (o que, surpreendentemente, algumas raças têm). Finalmente, suponha que esses coelhos imaginários nunca morrem, e que a fêmea sempre dê à luz um novo par de coelhos (um macho e uma fêmea) a cada mês a partir de seu segundo mês de vida. Quantas coelhas grávidas haverá no final de seis meses?

No último dia do primeiro mês (do mês 0), haverá uma fêmea (pronta para conceber no primeiro dia do mês seguinte). No último dia do segundo mês, haverá ainda apenas uma fêmea (já que ela não dará à luz até o primeiro dia do próximo mês). No último dia do mês seguinte, haverá duas fêmeas (uma grávida e a outra não). No último dia do mês seguinte, haverá três fêmeas (duas grávidas e uma não). E assim por diante. Aqui está essa progressão em forma de tabela.

Observe que, nesta tabela, para o mês n > 1, fêmeas(n) = fêmeas(n - 1) + fêmeas(n - 2). Isto não é um acidente. Cada fêmea que estava viva no mês n-1 ainda estará viva no mês n. Além disso, cada fêmea que estava viva no mês n - 2 produzirá uma nova fêmea no mês n. As novas fêmeas podem ser adicionadas às fêmeas vivas no mês n-1 para obter o número de fêmeas no mês n.

Mês	Fêmeas
0	1
1	1
2	2
3	3
4	5
5	8
6	13

O crescimento da população é descrito naturalmente pela **recorrência**:

```
femeas(0) = 1
femeas(1) = 1
femeas(n + 2) = femeas(n + 1) + femeas(n)
```

Essa definição é um pouco diferente da definição recursiva do fatorial:

- Ela tem dois casos base, e não apenas um. Em geral, você pode ter tantos casos base quantos forem necessários.

- No caso recursivo, existem duas chamadas recursivas, e não apenas uma. Novamente, pode haver tantas quanto forem necessárias.

A Figura 4.7 contém uma implementação simples da recorrência de Fibonacci[29] e também uma função que pode ser usada para testá-la.

```
def fib(n):
    """Assume n um int >= 0
       Retorna Fibonacci de n"""
    if n == 0 or n == 1:
        return 1
    else:
        return fib(n-1) + fib(n-2)

def testarFib(n):
    for i in range(n+1):
        print 'fib de', i, '=', fib(i)
```

Figura 4.7 Implementação recursiva da sequência de Fibonacci

Escrever o código é a parte mais fácil. Depois que transformamos a formulação vaga de um problema sobre coelhos em um conjunto de equações recursivas, o código quase que se escreveu sozinho. Encontrar uma forma abstrata de expressar uma solução para o problema em questão é muitas vezes o passo mais difícil na construção de um programa útil. Falaremos muito mais sobre isso mais tarde no livro.

---

[29] Embora obviamente correta, essa implementação da função de Fibonacci é terrivelmente ineficiente. Há uma implementação iterativa simples que é muito melhor.

Capítulo 4. Funções, Escopo e Abstração 55

Como você pode imaginar, esse não é um modelo perfeito para o crescimento das populações de coelho na selva. Em 1859, Thomas Austin, um fazendeiro australiano, importou 24 coelhos da Inglaterra para usar como alvos em caçadas. Dez anos mais tarde, aproximadamente 2 milhões de coelhos eram abatidos ou capturados a cada ano na Austrália, sem causar nenhum impacto perceptível na população. Isso é um monte de coelhos, mas não está nem perto do 120° número de Fibonacci.[30]

Embora a sequência de Fibonacci[31] não forneça um modelo perfeito do crescimento das populações de coelhos, ela tem muitas propriedades matemáticas interessantes. Os números de Fibonacci também são bastante comuns na natureza.

Exercício: Quando a implementação de fib na Figura 4.7 é usada para calcular fib(5), quantas vezes ela calcula o valor de fib(2)?

4.3.2 Palíndromos

A recursão também é útil para muitos problemas que não envolvam números. A Figura 4.8 contém uma função, ePalindromo, que verifica se uma string é a mesma lida de trás para frente.

A função ePalindromo contém duas funções auxiliares internas. Isso não deveria ser de interesse para os clientes da função, para os quais interessa apenas que ePalindromo atenda à especificação. Mas você deve se importar, porque há coisas que você pode aprender examinando o código.

A função auxiliar paraLetras converte todas as letras em minúsculas e remove todos os caracteres que não são letras. Ela começa usando um método interno para gerar uma string que é idêntica a s, mas com todas as letras maiúsculas convertidas em minúsculas. Falaremos mais sobre a **invocação de métodos** quando tratarmos de classes. Por enquanto, pense nisso como uma sintaxe peculiar para uma chamada de função. Em vez de colocar o primeiro (e único, nesse caso) argumento dentro dos parênteses após o nome da função, usamos a **notação de ponto** para colocar esse argumento antes do nome da função.

---

[30] Os danos causados pelos descendentes daqueles vinte e quatro coelhos foram estimados em 600 milhões de dólares por ano, e muitas plantas nativas de que eles se alimentam estão ameaçadas de extinção.

[31] O que chamamos de sequência de Fibonacci é um exemplo de uma interpretação eurocêntrica da história. A grande contribuição de Fibonacci para a matemática europeia foi seu livro *Liber Abaci*, que apresentou aos matemáticos europeus muitos conceitos já conhecidos por estudiosos indianos e árabes. Esses conceitos incluem os algarismos indo-arábicos e o sistema decimal. O que hoje chamamos de sequência de Fibonacci foi tirada do trabalho do matemático sânscrito Pingala.

```
# -*- coding: utf-8 -*-
def ePalindromo(s):
    """Assume que s é uma str
       Retorna True se as letras em s formam um palíndromo; False caso
       contrário. Símbolos e caracteres acentuados são ignorados."""

    def paraLetras(s):
        s = s.lower()
        letras = ''
        for c in s:
            if c in 'abcdefghijklmnopqrstuvwxyz':
                letras = letras + c
        return letras

    def ePal(s):
        if len(s) <= 1:
            return True
        else:
            return s[0] == s[-1] and ePal(s[1:-1])

    return ePal(paraLetras(s))
```

Figura 4.8 Procurando palíndromos

A função auxiliar ePal usa a recursão para fazer o trabalho de verdade. Os dois casos base são strings de comprimento zero ou um. Isso significa que a parte recursiva da implementação é executada somente para strings com comprimento de pelo menos dois. A conjunção[32] na cláusula else é avaliada da esquerda para a direita. O código primeiro verifica se o primeiro e o último caractere são iguais e, se forem, ele prossegue e verifica se a string menos esses dois caracteres é um palíndromo. A segunda condição só é avaliada se a primeira condição for verdadeira, mas isso não faz diferença neste exemplo. No entanto, em algumas situações esse tipo de avaliação mínima (ou de **curto-circuito**) de expressões booleanas pode alterar o funcionamento de um programa.

Essa implementação de ePalindromo é um exemplo de um princípio de resolução de problemas conhecido como **dividir-para-conquistar**. (Esse princípio está relacionado com os algoritmos de dividir-para-conquistar, que são discutidos no Capítulo 10, mas eles não são a mesma coisa.) A ideia é conquistar um problema difícil dividindo-o em um conjunto de subproblemas com as seguintes propriedades

- os subproblemas são mais fáceis de resolver do que o problema original e

---

[32] Quando duas expressões booleana são ligados por "e", cada expressão é uma **conjunção**. Se são conectadas por "ou", são chamadas **disjunções**.

- as soluções dos subproblemas podem ser combinadas para resolver o problema original.

Neste caso, podemos resolver o problema dividindo o problema original em uma versão mais simples do mesmo problema (verificar se uma string mais curta é um palíndromo), além de algumas coisas simples que sabemos fazer (comparar caracteres isolados). Podemos visualizar como isso funciona no código da Figura 4.9.

```
# -*- coding: utf-8 -*-
def ePalindromo(s):
    """Assume que s é uma str
       Retorna True se as letras em s formam um palíndromo; False caso
       contrário. Símbolos e caracteres acentuados são ignorados."""

    def paraLetras(s):
        s = s.lower()
        letras = ''
        for c in s:
            if c in 'abcdefghijklmnopqrstuvwxyz':
                letras = letras + c
        return letras

    def ePal(s):
        print '   ePal chamado com', s
        if len(s) <= 1:
            print '   Prestes a retornar True do caso base'
            return True
        else:
            resposta = s[0] == s[-1] and ePal(s[1:-1])
            print '   Prestes a retornar', resposta, 'para', s
            return resposta

    return ePal(paraLetras(s))

def testaEPalindromo():
    print ' Testar dogGod'
    print ePalindromo('dogGod')
    print ' Testar doGood'
    print ePalindromo('doGood')
```

Figura 4.9 Código para visualizar testes de palíndromos

Quando o código na Figura 4.9 é executado, ele imprime

```
Testar dogGod
  ePal chamado com doggod
  ePal chamado com oggo
  ePal chamado com gg
  ePal chamado com
  Prestes a retornar True no caso base
  Prestes a retornar True para gg
  Prestes a retornar True para oggo
  Prestes a retornar True para doggod
True
Testar doGood
  ePal chamado com dogood
  ePal chamado com ogoo
  ePal chamado com go
  Prestes a retornar False para go
  Prestes a retornar False para ogoo
  Prestes a retornar False para dogood
False
```

Dividir para conquistar é uma ideia muito antiga. Júlio César praticava o que os romanos chamavam de *divide et impera* (dividir e governar). Os britânicos usaram essa técnica brilhantemente para controlar o subcontinente indiano.

4.4 Variáveis Globais

Se você tentou chamar fib com um número grande, você deve ter notado que demorou muito tempo para a função terminar. Suponha que você queira saber quantas chamadas recursivas são feitas? Você poderia fazer uma análise cuidadosa do código para descobrir esse número, e no Capítulo 9 falaremos sobre como fazer isso. Outra abordagem é adicionar algum código que conta o número de chamadas. Uma das maneiras de fazer isso usa **variáveis globais**.

Até agora, todas as funções que escrevemos se comunicam com seu ambiente unicamente através de seus parâmetros e valores de retorno. De forma geral, isso é exatamente como deveria ser. Normalmente isso ajuda a escrever programas que são relativamente fáceis de ler, testar e depurar. De vez em quando, no entanto, variáveis globais vêm a calhar. Considere o código na Figura 4.10.

```
def fib(x):
    """Assume x um int >= 0
       Retorna Fibonacci de x"""
    global numChamadasFib
    numChamadasFib += 1
    if x == 0 or x == 1:
        return 1
    else:
        return fib(x-1) + fib(x-2)

def testaFib(n):
    for i in range(n+1):
        global numChamadasFib
        numChamadasFib = 0
        print 'fib de', i, '=', fib(i)
        print 'fib chamada', numChamadasFib, 'vezes.'
```

Figura 4.10 Usando uma variável global

Nas duas funções, a linha de código global numChamadasFib diz ao Python que o nome numChamadasFib está definido no escopo mais externo do módulo (veja a Seção 4.5) e não dentro do escopo da função na qual aparece a linha de código – apesar de numChamadasFib ocorrer do lado esquerdo em uma instrução de atribuição em ambos fib e testarFib. (Caso não tivéssemos incluído o código global numChamadasFib, o nome numChamadasFib teria sido local em ambos fib e testarFib.) Ambas as funções fib e testarFib têm acesso ao objeto referenciado pela variável numChamadasFib. A função testarFib associa numChamadasFib a 0 antes de chamar fib, e fib incrementa o valor de numChamadasFib a cada vez que fib é executado.

É com alguma reticência que apresentamos o tópico de variáveis globais. Desde a década de 70 os cientistas de computação criticam seu uso. O uso indiscriminado de variáveis globais pode levar a muitos problemas. O segredo para escrever programas fáceis de entender é a localidade. Como você lê uma parte de um programa de cada vez, quanto menos contexto for necessário para entender cada parte, melhor. Como as variáveis globais podem ser modificadas ou lidas em muitos lugares diferentes, o uso descuidado delas pode destruir a localidade. No entanto, às vezes elas são exatamente do que você precisa.

4.5 Módulos

Em todos os exemplos até agora, nosso programa inteiro é armazenado em um único arquivo. Isso é perfeitamente razoável para programas pequenos. À medida que os programas se tornam maiores, no entanto, normalmente é mais conveniente armazenar diferentes partes do programa em diferentes arquivos. Imagine, por exemplo, que várias pessoas estão trabalhando no mesmo programa. Seria um pesadelo se todas estivessem tentando atualizar o mesmo arquivo. Em Python, os módulos permitem dividir o código do programa em diversos arquivos.

Um **módulo** é um arquivo .py com instruções e definições em Python. Nós poderíamos criar, por exemplo, um arquivo circulo.py contendo

```
pi = 3.14159

def area(raio):
    return pi*(raio**2)

def circunferencia(raio):
    return 2*pi*raio

def esferaSurperficie(raio):
    return 4.0*area(raio)

def esferaVolume(raio):
    return (4.0/3.0)*pi*(raio**3)
```

Um programa acessa um módulo através de uma declaração import. Assim, por exemplo, o código

```
import circulo
print circulo.pi
print circulo.area(3)
print circulo.circunferencia(3)
print circulo.esferaSuperficie(3)
```

imprime

```
3.14159
28.27431
18.84954
113.09724
```

Os módulos geralmente são armazenados em arquivos individuais. Cada módulo possui sua própria tabela de símbolos. Dessa forma, dentro de circulo.py nós acessamos objetos (por exemplo, pi e área) como de costume. Executar import M cria uma vinculação ao módulo M no escopo em que ocorre a importação, e nós usamos a notação de ponto para indicar que estamos nos referindo a um nome definido no módulo impor-

Capítulo 4. Funções, Escopo e Abstração

tado.[33] Por exemplo, fora de circulo.py, pi e circulo.pi podem se referir a objetos diferentes (e em nosso exemplo isso ocorre).

À primeira vista, o uso da notação de ponto pode parecer complicado. Por outro lado, quando você importa um módulo muitas vezes você não tem ideia de quais nomes locais foram usados na implementação do módulo. O uso da notação de ponto para qualificar nomes de forma completa evita que tenhamos problemas em razão de conflitos acidentais de nomes. Por exemplo, a atribuição pi = 3.0 não altera o valor de pi usado no módulo circulo.

Há uma variante da instrução import que permite que você omita o nome do módulo ao acessar nomes definidos no módulo importado. A instrução from M import * cria vinculações no escopo atual para todos os objetos definidos em M, mas não para o próprio módulo M. Por exemplo, o código

```
from circulo import *
print pi
print circulo.pi
```

primeiro imprime 3,14159 e, em seguida, produz a mensagem de erro

```
NameError: nome 'circulo' is not defined
```

Alguns programadores Python desaprovam essa forma de usar import por acreditar que o código se torna mais difícil de ler.

Como vimos, um módulo pode conter instruções executáveis, além de definições de funções. Normalmente, essas instruções são usadas para inicializar o módulo. Por essa razão, as declarações de um módulo são executadas somente quando um módulo é importado por um programa pela primeira vez. Em uma questão relacionada, um módulo é importado somente uma vez por sessão. Se você iniciar o IDLE, importar um módulo e em seguida mudar o conteúdo do módulo, o interpretador continuará usando a versão original do módulo. Isso pode fazer o programa se comportar de forma enigmática durante a depuração. Você pode fazer com que o interpretador recarregue todos os módulos importados executando reload().

Há muitos módulos úteis que fazem parte da biblioteca padrão do Python. Por exemplo, raramente é necessário escrever suas próprias implementações de funções matemáticas ou de string. Você encontra uma descrição dessa biblioteca em http://docs.python.org/2/library/.

---

[33] Superficialmente, isso pode parecer não ter relação com o uso da notação de ponto na invocação de métodos. No entanto, como veremos no Capítulo 8, há uma relação profunda.

4.6 Arquivos

Cada sistema de computador usa **arquivos** para gravar informações. O Python oferece muitos recursos para criar e acessar arquivos. Aqui veremos alguns dos mais importantes.

Cada sistema operacional (por exemplo, o Windows e o MAC OS) usa seu próprio sistema de arquivos para criar e acessar arquivos. Em Python, você acessa arquivos da mesma forma, independentemente do sistema operacional, usando algo chamado de um **identificador de arquivo**. O código

```
nomeHandle = open('criancas', 'w')
```

faz com que o sistema operacional crie um arquivo com o nome criancas e retorna um identificador para esse arquivo. O argumento 'w' de open indica que o arquivo deve ser aberto para escrever (de write, escrever). O código a seguir abre um arquivo, usa o método **write** para escrever duas linhas e, em seguida, fecha o arquivo.[34] É importante lembrar-se de fechar o arquivo quando o programa terminar de usá-lo. Caso contrário, existe o risco de que parte ou tudo que foi escrito não seja gravado.

```
nomeHandle = open('criancas', 'w')
for i in range(2):
    nome = raw_input('Digite o nome: ')
    nomeHandle.write(nome + '\n')
nomeHandle.close()
```

Em uma string, o caractere '\' é um caractere de escape, usado para indicar que o próximo caractere deve ser tratado de forma especial. Neste exemplo, a string '\n' indica um caractere nova linha.

Agora podemos abrir o arquivo para **leitura** (usando o argumento 'r') e imprimir seu conteúdo. Como o Python trata um arquivo como uma sequência de linhas, podemos usar uma instrução for para iterar sobre o conteúdo do arquivo.

```
nomeHandle = open('criancas', 'r')
for linha in nomeHandle:
    print linha
nomeHandle.close()
```

Caso tenhamos digitado os nomes David e Andrea, o código imprimirá

David

Andrea

---

[34] Nota do tradutor: open significa abrir; write, escrever; read, ler; e close, fechar.

Capítulo 4. *Funções, Escopo e Abstração* 63

Há uma linha extra entre David e Andrea porque print inicia uma nova linha sempre que encontra o caractere '\n' no final de cada linha do arquivo. Poderíamos ter evitado a impressão do caractere nova linha escrevendo print linha[:-1]. Agora, examine

```
nomeHandle = open('criancas', 'w')
nomeHandle.write('Michael\n')
nomeHandle.write('Mark\n')
nomeHandle.close()
nomeHandle = open('criancas', 'r')
for linha in nomeHandle:
    print linha[:-1]
nomeHandle.close()
```

isso imprime

```
Michael
Mark
```

Observe que podemos ter sobrescrito o conteúdo anterior do arquivo criancas. Se você não quer fazer isso, podemos abrir o arquivo para **acrescentar** (em vez de sobrescrever) usando o argumento 'a' (de append, acrescentar).

Por exemplo, se nós agora executarmos o código

```
nomeHandle = open('criancas', 'a')
nomeHandle.write('David\n')
nomeHandle.write('Andrea\n')
nomeHandle.close()
nomeHandle = open('kids', 'r')
for linha in nomeHandle:
    print linha[:-1]
nomeHandle.close()
```

Ele imprimirá

```
Michael
Mark
David
Andrea
```

Algumas das operações comuns com arquivos são resumidas na Figura 4.11.

> **open(arqNome, 'w')** Cria um arquivo com nome arqNome para escrever e retorna um identificador de arquivo. arqNome é uma string que representa um nome de arquivo.
>
> **open(arqNome, 'r')** Abre um arquivo existente com nome arqNome para leitura e retorna um identificador de arquivo.
>
> **open(arqNome, 'a')** Abre um arquivo existente com nome arqNome para acrescentar e retorna um identificador de arquivo.
>
> **arqHandle.Read()** Retorna uma string com o conteúdo do arquivo associado ao identificador de arquivo arqHandle.
>
> **arqHandle.ReadLine()** Retorna a próxima linha no arquivo associado ao identificador de arquivo arqHandle.
>
> **arqHandle.ReadLines()** Retorna uma lista com as linhas do arquivo associado ao identificador de arquivo arqHandle.
>
> **arqHandle.Write(s)** Grava a string s no final do arquivo associado ao identificador de arquivo arqHandle.
>
> **arqHandle.writeLines(S)** S é uma sequência de strings. Escreve cada elemento de S no arquivo associado ao identificador de arquivo arqHandle.
>
> **arqHandle.Close()** Fecha o arquivo associado ao identificador de arquivo arqHandle.

Figura 4.11 Funções comuns para acessar arquivos

5 TIPOS ESTRUTURADOS, MUTABILIDADE E FUNÇÕES DE ORDEM SUPERIOR

Os programas que vimos até agora usaram três tipos de objetos: int, float e str. Os tipos numéricos int e float são tipos escalares. Isso quer dizer que não temos acesso à estrutura interna desses objetos. Em contraste, str pode ser visto como um tipo estruturado, ou não escalar. Você pode usar índices para extrair caracteres individuais ou substrings de uma string.

Neste capítulo apresentamos três tipos estruturados. Um, a tupla, é uma generalização bastante simples do tipo str. Os outros dois, a lista e o dicionário, são mais interessantes — em parte porque eles são mutáveis (isto é, podem ser modificados). Também voltamos ao tema das funções com alguns exemplos que ilustram a utilidade de podermos tratar as funções da mesma forma como tratamos outros tipos de objetos.

5.1 Tuplas

Assim como as strings, as **tuplas** são sequências de elementos. A diferença é que os elementos de uma tupla não precisam ser caracteres. Os elementos individuais podem ser de qualquer tipo e nem sequer precisam ser do mesmo tipo.

Valores literais do tipo tupla são escritos colocando-se uma lista de elementos separada por vírgulas entre parênteses. Por exemplo, podemos escrever

```
t1 = ()
t2 = (1, 'dois', 3)
print t1
print t2
```

Sem surpresa, as instruções print produzem a saída

```
()
(1, 'dois', 3)
```

Vendo esse exemplo, você poderia ser levado a acreditar que a tupla contendo apenas o valor 1 seria escrita (1). Mas isso estaria errado. Como os parênteses são usados para agrupar expressões, (1) é meramente outra maneira de escrever o inteiro 1. Para representar a tupla que contém um único elemento com valor 1, escrevemos (1,). Quase todo mundo que usa o Python em um momento ou outro acidentalmente se esqueceu de usar essa vírgula irritante.

Assim como as strings, as tuplas podem ser concatenadas, indexadas e fatiadas. Considere

```
t1 = (1, 'dois', 3)
t2 = (t1, 3.25)
print t2
print (t1 + t2)
print (t1 + t2)[3]
print (t1 + t2)[2:5]
```

A segunda instrução de atribuição vincula o nome t2 a uma tupla que contém a tupla à qual o nome t1 está vinculado e o número de ponto flutuante 3.25. Isso é possível porque uma tupla, como tudo o mais em Python, é um objeto, então tuplas podem conter tuplas. Portanto, a primeira instrução print produz a saída,

((1, 'dois', 3), 3.25)

A segunda instrução print imprime o valor gerado concatenando os valores vinculados a t1 e t2, que é uma tupla com cinco elementos. Ela produz a saída

(1, 'dois', 3, (1, 'dois', 3), 3.25)

A próxima instrução seleciona e imprime o quarto elemento da tupla concatenada (como sempre, lembre-se de que em Python a indexação começa em 0) e a instrução seguinte cria e imprime uma fatia daquela tupla, produzindo a saída

(1, 'dois', 3)
(3, (1, 'dois', 3), 3.25)

Uma instrução for pode ser usada para iterar sobre os elementos de uma tupla. Por exemplo, o código abaixo imprime os divisores comuns de 20 e 100 e, em seguida, a soma de todos os divisores.

```
# -*- coding: utf-8 -*-
def encontraDivisores (n1, n2):
    """Assume que que n1 e n2 são ints positivos
       Retorna tupla com todos divisores comuns de n1 & n2"""
    divisores = () #uma tupla vazia
    for i in range(1, min (n1, n2) + 1):
        if n1%i == 0 and n2%i == 0:
            divisores = divisores + (i,)
    return divisores

divisores = encontraDivisores(20, 100)
print divisores
total = 0
for d in divisores:
    total += d
print total
```

5.1.1 Sequências e Atribuição Múltipla

Se você souber o comprimento de uma sequência (por exemplo, de uma tupla ou de uma string), pode ser conveniente usar a instrução de atribuição múltipla do Python para extrair os elementos individuais. Por exemplo, depois de executar a instrução x, y = (3, 4), x estará vinculado a 3 e y a 4. Da mesma forma, a instrução a, b, c = 'xyz' vinculará a a 'x', b a 'y' e c a 'z'.

Esse mecanismo é especialmente conveniente quando usado em conjunto com as funções que retornam sequências de tamanho fixo.

Considere, por exemplo, a função

```
# -*- coding: utf-8 -*-
def encontraDivisoresExtremos(n1, n2):
    """Assume que n1 e n2 são ints positivos
       Retorna uma tupla com o menor divisor comum > 1
       e o maior divisor comum de n1 e n2"""
    divisores = () #uma tupla vazia
    minVal, maxVal = None, None
    for i in range(2, min(n1, n2) + 1):
        if n1%i == 0 and n2%i == 0:
            if minVal == None or i < minVal:
                minVal = i
            if maxVal == None or i > maxVal:
                maxVal = i
    return (minVal, maxVal)
```

A instrução de atribuição múltipla

```
minDivisor, maxDivisor = encontraDivisoresExtremos(100, 200)
```

associará minDivisor a 2 e maxDivisor a 100.

5.2 Listas e Mutabilidade

Assim como uma tupla, uma **lista** é uma sequência de valores, na qual cada valor é identificado por um índice. A forma de representar o tipo lista é semelhante à usada para tuplas; a diferença é que usamos colchetes em vez de parênteses. A lista vazia é escrita como [], e uma lista com um único elemento é escrita sem aquela vírgula antes do colchete de fechamento (que é tão fácil de esquecer). Assim, por exemplo, o código

```
L = ['Beatles', 4, 'ever']
for i in range(len(L)):
    print L[i]
```

produz a saída,

```
Beatles
4
ever
```

Ocasionalmente, como os colchetes são usados para escrever literais do tipo lista, para indicar um elemento de uma lista pelo índice e também para fatiar listas, pode haver alguma confusão visual. Por exemplo, a expressão [1, 2, 3, 4][1:3][1], que tem como resultado 3, usa os colchetes das três maneiras diferentes. Isso raramente é um problema na prática, porque na maior parte do tempo as listas são construídas acrescentando-se elementos, e não escritas como literais.

As listas são diferentes das tuplas sob um aspecto extremamente importante: as listas são **mutáveis**, isto é, podem ser modificadas. Em contraste, as tuplas e as strings são **imutáveis**. Há muitos operadores que podem ser usados para criar objetos imutáveis, e variáveis podem ser vinculadas a esses objetos. Mas objetos de tipos imutáveis não podem ser modificados. Por outro lado, objetos do tipo lista podem ser modificados depois de serem criados.

A distinção entre modificar um objeto e atribuir um objeto a uma variável pode, a princípio, parecer sutil. No entanto, se você ficar repetindo o mantra "em Python, uma variável é apenas um nome, ou seja, um rótulo que pode ser associado a um objeto", isso tornará a situação mais clara.

Quando as instruções

```
Techs = ['MIT', 'Caltech']
Ivys = ['Harvard', 'Yale', 'Brown']
```

são executadas, o interpretador cria duas novas listas e vincula as variáveis apropriadas a elas, como mostra a figura abaixo.

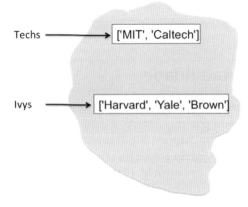

Figura 5.1 Duas listas

Capítulo 5. Tipos Estruturados, Mutabilidade e Funções de Ordem Superior

As atribuições

```
Univs = [Techs, Ivys]
Univs1 = [['MIT', 'Caltech'], ['Harvard', 'Yale', 'Brown']]
```

também criam novas listas e vinculam variáveis a elas. Os elementos dessas listas também são listas. As três instruções print

```
print 'Univs =', Univs
print 'Univs1 =', Univs1
print Univs == Univs1
```

produzem a saída

```
Univs = [['MIT', 'Caltech'], ['Harvard', 'Yale', 'Brown']]
Univs1 = [['MIT', 'Caltech'], ['Harvard', 'Yale', 'Brown']]
True
```

Parece que Univs e Univs1 estão vinculadas ao mesmo valor. Mas as aparências podem enganar. Como a figura a seguir mostra, Univs e Univs1 estão vinculadas a valores bastante diferentes.

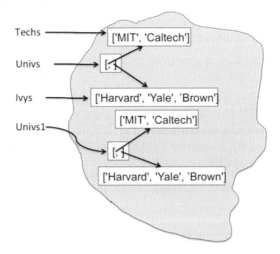

Figura 5.2 Duas listas que parecem ter o mesmo valor, mas não têm

Para verificar que as variáveis Univs e Univs1 estão associadas a objetos diferentes, podemos usar a função interna do Python **id**, que retorna um identificador inteiro único para um objeto. Com essa função, podemos testar a **igualdade de objetos**. Quando executamos o código

```
print Univs == Univs1 #testa igualdade de valores
print id(Univs) == id(Univs1) #testa igualdade de objetos
print 'Id de Univs =', id(Univs)
print 'Id de Univs1 =', id(Univs1)
```

ele imprime

```
True
False
Id de Univs = 24499264
Id de Univs1 = 24500504
```

(Não espere ver os mesmos identificadores únicos, se você executar esse código. A semântica do Python não diz nada sobre qual identificador está associado a cada objeto; ela apenas exige que não haja dois objetos com o mesmo identificador.)

Observe que, na Figura 5.2, os elementos de Univs não são cópias das listas às quais Techs e Ivys estão associadas, mas são as próprias listas. Os elementos de Univs1 são listas que contêm os mesmos elementos das listas em Univs, mas eles não são as mesmas listas. Podemos ver isto executando o código

```
print 'Ids de Univs[0] e Univs[1]', id(Univs[0]), id(Univs[1])
print 'Ids de Univs1[0] e Univs1[1]', id(Univs1[0]), id(Univs1[1])
```

que imprime

```
Ids de Univs[0] e Univs[1] 22287944 22286464
Ids de Univs1[0] e Univs1[1] 22184184 22287984
```

Por que isso importa? Isso importa porque listas são mutáveis.

Considere o código

```
Techs.append('RPI')
```

O método **append** tem um **efeito colateral**. Em vez de criar uma nova lista, ele modifica a lista existente Techs, adicionando um novo elemento, a string 'RPI', no fim da lista.

Após append ser executado, o estado da computação é semelhante a

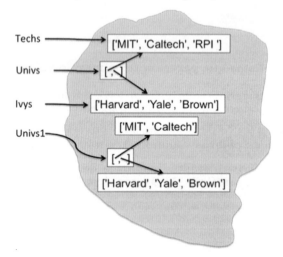

Figura 5.3 Demonstração da mutabilidade

Capítulo 5. Tipos Estruturados, Mutabilidade e Funções de Ordem Superior   71

Univs ainda contém as mesmas duas listas, mas o conteúdo de uma dessas listas foi alterado. Consequentemente, as instruções print

```
print 'Univs =', Univs
print 'Univs1 =', Univs1
```

agora produzem a saída

```
Univs = [['MIT', 'Caltech', 'RPI'], ['Harvard', 'Yale', 'Brown']]
Univs1 = [['MIT', 'Caltech'], ['Harvard', 'Yale', 'Brown']]
```

O que temos aqui é algo chamado de **alias**. Existem dois caminhos distintos para o mesmo objeto da lista. Um caminho é através da variável Techs, e o outro, através do primeiro elemento do objeto lista ao qual Univs está vinculado. Você pode modificar o objeto acessando-o através de qualquer um desses caminhos, e o efeito da modificação será visível através dos dois caminhos. Isso pode ser conveniente, mas também pode ser traiçoeiro. O uso não intencional de diversas variáveis associadas a um mesmo tipo mutável pode causar erros de programação que muitas vezes são extremamente difíceis de rastrear.

Assim como acontece com as tuplas, você pode usar uma instrução for para iterar sobre os elementos de uma lista. Por exemplo,

```
for e in Univs:
    print 'Univs contém', e
    print '   que contém'
    for u in e:
        print '      ', u
```

imprime

```
Univs contém ['MIT', 'Caltech', 'RPI']
   que contém
      MIT
      Caltech
      RPI
Univs contém ['Harvard', 'Yale', 'Brown']
   que contém
      Harvard
      Yale
      Brown
```

Quando acrescentamos uma lista a outra, por exemplo, escrevendo Techs.append(Ivys), a estrutura original é mantida. Ou seja, o resultado é uma lista que contém uma lista. Suponha que você não quer manter essa estrutura, mas, em lugar disso, quer adicionar os elementos de uma lista a outra lista. Nós podemos fazer isso usando a concatenação de listas ou o método extend, por exemplo,

```
L1 = [1,2,3]
L2 = [4,5,6]
L3 = L1 + L2
print 'L3 =', L3
L1.extend(L2)
print 'L1 =', L1
L1.append(L2)
print 'L1 =', L1
```

imprime

```
L3 = [1, 2, 3, 4, 5, 6]
L1 = [1, 2, 3, 4, 5, 6]
L1 = [1, 2, 3, 4, 5, 6, [4, 5, 6]]
```

Observe que o operador + não tem efeito colateral. Ele cria uma nova lista e retorna essa lista como resultado. Em contraste, extend e append alteram a lista L1.

A Figura 5.4 contém descrições curtas de alguns métodos associados a listas. Observe que todos eles, exceto count e index, modificam a lista.

L.append(e) adiciona o objeto e no final de L.

L.count(e) retorna o número de vezes que e ocorre em L.

L.insert(i, e) insere o objeto e em L na posição (índice) i.

L.extend(L1) adiciona os itens da lista L1 no final de L.

L.remove(e) exclui a primeira ocorrência de e em L.

L.index(e) retorna o índice da primeira ocorrência de e em L. Gera uma exceção (consulte o Capítulo 7) se e não estiver em L.

L.pop(i) remove e retorna o item no índice i na lista L. Se i for omitido, o valor padrão é -1, que remove e retorna o último elemento de L.

L.sort() ordena os elementos de L em ordem crescente.

L.reverse() inverte a ordem dos elementos de L.

Figura 5.4 Métodos associados a listas

5.2.1 Clonagem

Embora não seja proibido, é geralmente prudente evitar alterar uma lista que está sendo percorrida em uma iteração. Considere, por exemplo, o código

```
# -*- coding: utf-8 -*-
def removeDuplicados(L1, L2):
    """Pressupõe que L1 e L2 são listas.
       Remove todos elementos de L1 que também ocorrem em L2"""
    for e1 in L1:
        if e1 in L2:
            L1.remove(e1)

L1 = [1,2,3,4]
L2 = [1,2,5,6]
removeDuplicados(L1, L2)
print 'L1 =', L1
```

Você pode ficar surpreso ao ver que a instrução print produz a saída

L1 = [2, 3, 4]

Durante um laço for, o Python guarda a posição atual na lista usando um contador interno que é incrementado no final de cada iteração. Quando o valor do contador atinge o comprimento atual da lista, o laço é encerrado. Isso funciona como você espera se a lista não for alterada dentro do laço, mas pode ter consequências surpreendentes se a lista for alterada. Nesse caso, o contador oculto começa com o valor 0, descobre que L1[0] está em L2 e o remove — reduzindo o comprimento de L1 para 3. Em seguida, o contador é incrementado para 1, e o código verifica se o valor de L1[1] está em L2. Observe que esse não é o valor original de L1[1] (L1[1] era inicialmente 2), mas é o valor de L1[1] após o primeiro elemento da lista ser removido. Como você pode ver, é possível descobrir o que acontece quando a lista é modificada dentro do laço. No entanto, isso não é fácil. E o que acontece provavelmente não é intencional, como nesse exemplo.

Uma maneira de evitar este tipo de problema é usar a técnica de fatiamento para **clonar** (ou seja, copiar) uma lista e escrever for e1 in L1[:]. Observe que escrever novoL1 = L1 seguido por for e1 in novoL1 não teria resolvido o problema. Isso não criaria uma cópia de L1, mas apenas introduziria um novo nome para a lista existente.

O fatiamento não é a única forma de clonar listas em Python. A expressão list(l) retorna uma cópia da lista l. Se a lista copiada contém objetos mutáveis que você também quer copiar, importe o módulo copy, que faz parte da biblioteca padrão, e use a função copy.deepcopy.

5.2.2 Compreensão de Listas

A **compreensão de listas** oferece uma forma concisa de aplicar uma operação aos valores em uma sequência. Ela cria uma nova lista em que cada elemento é o resultado da aplicação de um determinado operador a um valor de uma sequência (por exemplo, os elementos de outra lista). Por exemplo,

```
L = [x**2 for x in range(1,7)]
print L
```

imprime a lista

[1, 4, 9, 16, 25, 36]

A cláusula for pode ser seguida por uma ou mais declarações if e for que são aplicadas aos valores produzidos pela cláusula. Essas cláusulas adicionais modificam a sequência de valores gerados pela primeira cláusula for e produzem uma nova sequência de valores, à qual é aplicada a operação associada à compreensão.

Por exemplo, o código

```
mista = [1, 2, 'a', 3, 4.0]
print [x**2 for x in mista if type(x) == int]
```

eleva ao quadrado os inteiros em mista e em seguida imprime [1, 4, 9].

Alguns programadores usam compreensões de lista de maneiras maravilhosas e sutis. Isso nem sempre é uma boa ideia. Lembre-se de que outra pessoa pode precisar ler seu código, e "sutil" não é geralmente uma propriedade desejável nessa situação.

5.3 Funções como Objetos

Em Python, as funções são **objetos** de **primeira classe**. Isso significa que elas podem ser tratadas como quaisquer outros objetos, por exemplo, como objetos dos tipos int ou lista. Elas têm tipos, por exemplo, a expressão type(fib) possui o valor <type 'function'>; elas podem aparecer em expressões, por exemplo, como o lado direito de uma instrução de atribuição ou como um argumento para uma função; elas podem ser elementos de listas; etc.

Pode ser particularmente conveniente usar funções como argumentos em combinação com listas em um estilo de codificação chamado de **programação de ordem superior**. Considere o código na Figura 5.5.

Capítulo 5. Tipos Estruturados, Mutabilidade e Funções de Ordem Superior   75

```
# -*- coding: utf-8 -*-
def aplicarParaCada(L, f):
    """Assume que L é uma lista, f uma função
       Modifica L substituindo cada elemento, e, de L por f(e)"""
    for i in range(len(L)):
        L[i] = f(L[i])

L = [1, -2, 3.33]
print 'L =', L
print 'Aplica abs a cada elemento de L.'
aplicarParaCada(L, abs)
print 'L =', L
print 'Aplica int a cada elemento de', L
aplicarParaCada(L, int)
print 'L =', L
print 'Aplica fatorial a cada elemento de', L
aplicarParaCada(L, fatoR)
print 'L =', L
print 'Aplica Fibonnaci a cada elemento de', L
aplicarParaCada(L, fib)
print 'L =', L
```

Figura 5.5 Aplicando uma função a elementos de uma lista

Dizemos que a função aplicarParaCada é de **ordem superior** porque um de seus argumentos é também uma função. Na primeira chamada, ela modifica L aplicando a função interna abs a cada elemento de L. Na segunda chamada, ela aplica uma conversão de tipo a cada elemento. Na terceira chamada, ela substitui cada elemento pelo resultado da aplicação da função fatoR (definida na Figura 4.6). E, na quarta chamada, ela substitui cada elemento pelo resultado da aplicação da função fib (definida na Figura 4.7). Ela imprime

```
L = [1, -2, 3.3300000000000001]
Aplica abs a cada elemento de L.
L = [1, 2, 3.3300000000000001]
Aplica int a cada elemento de [1, 2, 3.3300000000000001]
L = [1, 2, 3]
Aplica fatorial a cada elemento de [1, 2, 3]
L = [1, 2, 6]
Aplica Fibonnaci a cada elemento de [1, 2, 6]
L = [1, 2, 13]
```

O Python tem uma função de ordem superior interna, map, que é semelhante à função aplicarParaCada definida na Figura 5.5. Em sua forma mais simples, o primeiro argumento de map é uma função unária (isto é, uma função que tem apenas um parâmetro) e o segundo argumento é qualquer coleção ordenada de valores que podem ser argumentos da função. Ela retorna a lista que é gerada aplicando a função (o primeiro argumento) a cada elemento da coleção (o segundo argumento). Por exemplo, a expressão map(fact, [1, 2, 3]) retorna o valor [1, 2, 6].

De forma mais geral, o primeiro argumento de map pode ser uma função de n argumentos, caso em que deve ser seguido por n coleções ordenadas.
Por exemplo, o código

```
L1 = [1, 28, 36]
L2 = [2, 57, 9]
print map(min, L1, L2)
```

imprime a lista

```
[1, 28, 9]
```

5.4 Strings, Tuplas e Listas

Nós vimos três tipos diferentes de sequências: str, tupla e lista. Eles são semelhantes no sentido de que objetos de todos esses tipos podem ser manipulados como descrito na Figura 5.6.

---
seq[i] retorna o i-ésimo elemento da sequência.
len(seq) retorna o comprimento da sequência.
seq1 + seq2 retorna a concatenação de duas sequências.
n * seq retorna uma sequência que repete a sequência seq n vezes.
seq[inicio:fim] retorna uma fatia da sequência.
e in seq é verdadeiro se e está na sequência e falso caso contrário.
e not in seq é verdadeiro se e não está na sequência e falso caso contrário.
for e in seq itera sobre os elementos da sequência.

Figura 5.6 Operações comuns em sequências

Algumas das outras semelhanças e diferenças são resumidas na Figura 5.7.

Tipo	Tipo de elementos	Exemplos de literais	Mutável
str	caracteres	'', 'a', 'abc'	Não
tupla	qualquer tipo	(), (3,), ('abc', 4)	Não
lista	qualquer tipo	[], [3], ['abc', 4]	Sim

Figura 5.7 Comparação entre tipos de sequências

Em Python, os programadores usam listas muito mais frequentemente do que tuplas. Como as listas podem ser modificadas, elas podem ser construídas incrementalmente, ou seja, acrescentando um elemento de cada vez.

Por exemplo, o código a seguir constrói incrementalmente uma lista contendo todos os números pares em outra lista.

```
elemPares = []
for e in L:
    if e%2 == 0:
        elemPares.append(e)
```

Uma vantagem das tuplas é que, como elas são imutáveis, não precisamos nos preocupar com a possibilidade de outra referência à tupla alterar seu valor. Outra vantagem de ser imutável é que as tuplas, ao contrário das listas, podem ser usadas como chaves em dicionários, como veremos na próxima seção.

Como as strings podem conter somente caracteres, elas são consideravelmente menos versáteis do que as tuplas ou listas. Por outro lado, quando você estiver trabalhando com uma string, há muitos métodos internos que tornam sua vida mais fácil. A Figura 5.8 contém descrições curtas de alguns deles. Tenha em mente que, como as strings são imutáveis, todas elas retornam valores e não têm efeitos colaterais.

---

s.count(s1) conta quantas vezes a string s1 ocorre em s.

s.find(s1) retorna o índice da primeira ocorrência da substring s1 em s, e -1 se s1 não for parte de s.

s.rfind(s1) o mesmo que find, mas começa a partir do final de s (o "r" em rfind corresponde a reverso).

s.index(s1) o mesmo que find, mas gera uma exceção (ver Capítulo 7) se s1 não for parte de s.

s.rindex(s1) o mesmo que index, mas começa a partir do final de s.

s.lower() converte todas as letras maiúsculas de s para minúsculas.

s.replace(antiga,nova) substitui todas as ocorrências em s da string antiga pela string nova.

s.rstrip() remove os espaços em branco à direita de s.

s.split(d) divide s usando d como delimitador. Retorna uma lista de substrings de s. Por exemplo, o valor de 'David Guttag joga basquete'.split(' ') é ['David', 'Guttag', 'joga', 'basquete']. Se d é omitido, as strings associadas a espaços em branco (espaço, tabulação, nova linha, retorno e alimentação de formulário) são usadas como delimitadores.

Figura 5.8 Alguns métodos do tipo string

5.5 Dicionários

Os objetos do tipo **dict** (abreviação de dicionário) são como listas exceto que os "índices" não precisam ser inteiros – podem ser valores de qualquer tipo imutável. Como eles não são ordenados, nós os chamamos de **chaves**, e não de índices. Pense em um dicionário como um conjunto de pares chave/valor. Valores literais do tipo dict são colocados entre os símbolos { e }, e cada elemento é escrito como uma chave seguida por dois pontos seguidos por um valor.

Por exemplo, o código,

```
# -*- coding: utf-8 -*-
mesNumeros = {'Jan': 1, 'Fev': 2, 'Mar': 3, 'Abr': 4, 'Mai': 5,
              1: 'Jan', 2: 'Fev', 3: 'Mar', 4: 'Abr', 5: 'Mai'}
print 'O terceiro mês é ' + mesNumeros[3]
dist = mesNumeros['Abr'] - mesNumeros['Jan']
print 'Abr e Jan estão distantes', dist, 'meses'
```

imprime

```
O terceiro mês é Mar
Abr e Jan estão distantes 3 meses
```

As entradas em um dict não são ordenadas e não podem ser acessadas através de um índice. É por isso que mesNumeros[1] se refere inequivocamente à entrada com a chave 1, e não à segunda entrada.

O método keys (chaves, em português) retorna uma lista com as chaves de um dicionário. A ordem em que as chaves aparecem não está definida. Assim, por exemplo, o código print mesNumeros.keys() pode imprimir

```
[1, 2, 'Mar', 'Fev', 5, 'Abr', 'Jan', 'Mai', 3, 4]
```

Quando uma instrução for é usada para iterar sobre um dicionário, o valor atribuído à variável de iteração é uma chave, não um par chave/valor. Por exemplo, o código

```
chaves = []
for e in mesNumeros:
    chaves.append(e)
chaves.sort()
print chaves
```

imprime [1, 2, 3, 4, 5, 'Abr', 'Fev', 'Jan', 'Mar', 'Mai'].

Os dicionários são um dos grandes recursos do Python. Eles reduzem muito a dificuldade de escrever uma variedade de programas. Por exemplo, na Figura 5.9 nós usamos dicionários para escrever um programa (bem horrível) de tradução.

```
# -*- coding: utf-8 -*-
PparaF = {'queijo':'fromage', 'vinho':'vin', 'com':'avec', 'Eu':'Je',
          'como':'mange', 'bebo':'bois', 'Maria':'Marie',
          'amigos':'amis', 'e': 'et', 'de':'du','vermelho':'rouge'}
FparaP = {'fromage':'queijo', 'vin':'vinho', 'avec':'com', 'Je':'Eu',
          'mange':'como', 'bois':'bebo', 'Marie':'Maria',
          'amis':'amigos', 'et':'e', 'du':'de', 'rouge':'vermelho'}
dics = {'Port para Fr':PparaF, 'Fr para Port':FparaP}

def traduzPalavra (palavra, dicionario):
    if palavra in dicionario.keys():
        return dicionario[palavra]
    elif palavra != '':
        return '"' + palavra + '"'
    return palavra

def traduz(frase, dics, direcao):
    maiusculas = 'ABCDEFGHIJKLMNOPQRSTUVWXYZ'
    minusculas = 'abcdefghijklmnopqrstuvwxyz'
    letras = maiusculas + minusculas
    dicionario = dics[direcao]
    traducao = ''
    palavra = ''
    for c in frase:
        if c in letras:
            palavra = palavra + c
        else:
            traducao = traducao\
                       + traduzPalavra(palavra, dicionario) + c
            palavra = ''
    return traducao + ' ' + traduzPalavra(palavra, dicionario)

print traduz('Eu bebo bom vinho vermelho, e como queijo.',
             dics,'Port para Fr')
print traduz('Je bois du vin rouge.', dics, 'Fr para Port')
```

Figura 5.9 Traduzindo (bem mal)

O código na figura imprime,

```
Je bois "bom" vin rouge, et mange fromage.
Eu bebo de vinho vermelho.
```

Como as listas, os dicionários são mutáveis. Assim, é preciso ter cuidado com os efeitos colaterais. Por exemplo,

```
FparaP['bois'] = 'madeira'
print traduz('Je bois du vin rouge.', dics, 'Fr para Port')
```

imprime

```
Eu madeira de vinho vermelho.
```

Nós adicionamos elementos a um dicionário atribuindo um valor para uma chave não utilizada, por exemplo,

```
FparaP['blanc'] = 'branco'
```

Como acontece com as listas, existem muitos métodos úteis, incluindo alguns para remover elementos, associados a dicionários. Nós não os enumeraremos todos aqui, mas veremos como são usados mais tarde no livro, nos exemplos. A Figura 5.10 contém algumas das operações mais úteis com dicionários.

---

len(d) retorna o número de itens em d.

d.keys() retorna uma lista contendo as chaves em d.

d.values() retorna uma lista contendo os valores em d.

k in d retorna True (verdadeiro) se a chave k estiver em d.

d[k] retorna o item em d com chave k.

d.get(k,v) retorna d[k] se k estiver em d, e v caso contrário.

d[k] = v associa o valor v à chave k em d. Se já existe um valor associado a k, esse valor é substituído.

del d[k] remove a chave k de d.

for k in d itera sobre as chaves em d.

Figura 5.10 Algumas operações comuns com dicionários

Objetos imutáveis de qualquer tipo, por exemplo, tuplas, podem ser usados como chaves de dicionário. Imagine, por exemplo, usar uma tupla da forma (vooNumero, dia) para representar voos de companhias aéreas. Seria fácil usar essas tuplas como chaves em um dicionário e implementar um mapeamento de voos para horários de chegada.

A maioria das linguagens de programação não contém um tipo interno que fornece um mapeamento de chaves para valores. Em vez disso, os programadores usam outros tipos que fornecem funcionalidade semelhante. É, por exemplo, relativamente fácil implementar um dicionário usando uma lista em que cada elemento é um par chave/valor. É possível escrever uma função simples que acessa os valores associados às chaves, por exemplo,

```
def chaveBusca(L, k):
    for elem in L:
        if elem[0] == k:
            return elem[1]
    return None
```

O problema com essa implementação é que ela é ineficiente. No pior caso, o código pode ter que examinar todos os elemento da lista. Em contraste, a implementação interna do Python é bastante rápida. Ela usa uma técnica chamada de hash, descrita no Capítulo 10, para acessar o valor com uma velocidade que é quase independente do tamanho do dicionário.

6 TESTES E DEPURAÇÃO

Nós odiamos tocar neste assunto, mas o Dr. Pangloss estava errado. Nós não vivemos "no melhor dos mundos possíveis". Há alguns lugares onde chove muito pouco e outros onde chove demais. Alguns lugares são frios demais, outros quentes demais e alguns quentes demais no verão e frios demais no inverno. Às vezes, o mercado de ações cai – muito. E, talvez o pior de tudo, nossos programas nem sempre funcionam corretamente quando os executamos pela primeira vez.

Vários livros foram escritos sobre como lidar com esse último problema, e há muito a ser aprendido lendo esses livros. No entanto, para que você conheça algumas dicas que podem ajudá-lo a terminar de escrever seus programas no prazo previsto, este capítulo apresenta uma discussão altamente condensada do tópico. Embora todos os exemplos de programação sejam em Python, os princípios gerais são aplicáveis ao diagnóstico de qualquer sistema complexo.

Na fase de **testes**, você executa o programa para tentar determinar se ele funciona como esperado. A **depuração** é o processo usado para tentar corrigir um programa quando você já sabe que ele não funciona como previsto.

Os testes e a depuração não são processos em que você deve começar a pensar somente depois que terminou de escrever um programa. Bons programadores criam seus programas de forma a tornar mais fácil testá-los e depurá-los. O segredo para fazer isto é dividir o programa em componentes separados que podem ser implementados, testados e depurados independentemente dos outros componentes. Até este ponto do livro, nós discutimos apenas um mecanismo para escrever programas modularizados, a função. Então, por enquanto, todos nossos exemplos serão baseados em funções. Quando chegarmos a outros mecanismos, em particular quando falarmos de classes, nós retornaremos a alguns dos temas abordados neste capítulo.

O primeiro passo para chegar a um programa que funcione é fazer o sistema da linguagem concordar em executá-lo — isto é, eliminar os erros de sintaxe e aqueles erros de semântica estática que são detectados antes de o programa ser executado. Se você ainda não chegou a esse ponto, você não está pronto para este capítulo. Passe um pouco mais de tempo trabalhando em pequenos programas e volte depois.

6.1 Testes

A coisa mais importante a ser dita sobre testes é que seu propósito é mostrar que existem bugs (erros de programação), e não mostrar que um programa não tem bugs. Para citar Edsger Dijkstra, "o teste de um programa pode ser usado para mostrar a presença de bugs, mas nunca para mostrar sua ausência!"[35] Ou, como Albert Einstein teria supostamente dito, "nenhuma quantidade de experimentos nunca será capaz de provar que estou certo; um único experimento pode provar que estou errado".

Por que isso acontece? Mesmo o mais simples dos programas tem bilhões de possíveis entradas. Considere, por exemplo, um programa que tem o objetivo de cumprir as especificações:

```
def eMaior(x, y):
    """Assume que x e y são ints
       Retorna True se x é menor do que y e False se não."""
```

Executá-lo com todos os pares de inteiros seria, no mínimo, entediante. O melhor que podemos fazer é executá-lo com pares de inteiros que têm uma probabilidade razoável de produzir uma resposta errada, se houver um bug no programa.

Uma entrada, juntamente com a saída esperada, é um **caso de teste**. Ao elaborar os testes, o objetivo é encontrar uma coleção de casos de teste, chamada de **suite de testes**, que tenha uma alta probabilidade de revelar erros, mas que, no entanto, não leve tempo demais para ser executada. O segredo para fazer isto é particionar o espaço de todas as entradas possíveis em subconjuntos que forneçam informações equivalentes sobre o funcionamento correto ou não do programa e então construir uma suite de testes contendo uma entrada de cada partição. (Construir uma suite de testes como essa não é geralmente possível na prática. Pense nisso como um ideal inatingível.)

A **partição** de um conjunto divide o conjunto em uma coleção de subconjuntos de forma que cada elemento do conjunto original pertença a exatamente um dos subconjuntos. Considere, por exemplo, eMaior(x, y). O conjunto de possíveis entradas são todas as combinações de pares de inteiros. Podemos particionar esse conjunto, por exemplo, em sete subconjuntos:

- x positivo, y positivo
- x negativo, y negativo
- x positivo, y negativo

---

[35] "Notes On Structured Programming", Technical University Eindhoven, T.H. Report 70-WSK-03, abril de 1970.

- x negativo, y positivo
- x = 0, y = 0
- x = 0, y ≠ 0
- x ≠ 0, y = 0

Se você testar a implementação para pelo menos um valor de cada um desses subconjuntos, haverá uma probabilidade razoável (mas nenhuma garantia) de ser revelada a existência de um bug, se existir algum.

Para a maior parte dos programas, é mais fácil falar do que encontrar uma boa partição das entradas. Tipicamente, as pessoas usam estratégias baseadas na exploração de diferentes caminhos através de alguma combinação do código e das especificações. As estratégias baseadas na exploração de caminhos através do código pertencem à classe chamada de **testes de caixa-branca**. As estratégias baseadas na exploração de caminhos através da especificação pertencem à classe chamada de **testes de caixa-preta**.

6.1.1 Testes de Caixa-Preta

Em princípio, os testes de caixa-preta são construídos sem olhar para o código que será testado. Os testes de caixa-preta permitem que os testadores e implementadores sejam grupos diferentes de pessoas. Quando aqueles que ensinam cursos de programação criam testes para os conjuntos de problemas distribuídos para os alunos, eles estão desenvolvendo testes de caixa-preta. Muitas vezes, os desenvolvedores de programas comerciais têm equipes de garantia de qualidade que são em grande parte independentes das equipes de desenvolvimento.

Essa independência reduz a probabilidade de as suites de teste exibirem erros correlacionados com os erros no código. Suponha, por exemplo, que o autor de um programa tenha assumido implicitamente, mas de forma incorreta, que uma função nunca seria chamada com um número negativo. Se a mesma pessoa construir uma suite de testes para o programa, ela provavelmente repetirá o erro e não testará a função com um argumento negativo.

Outra característica positiva dos testes de caixa-preta é que eles são robustos com relação a alterações da implementação. Como os testes são criados sem conhecimento da implementação, eles não precisam ser alterados quando a implementação é alterada.

Como dissemos anteriormente, uma boa maneira de gerar dados para testes de caixa-preta é explorar caminhos através das especificações. Considere a especificação para uma função que calcula a raiz quadrada aproximada de um número

```
def raiz(x, epsilon):
    """Assume x, epsilon do tipo float
        x >= 0
        epsilon > 0
    Retorna um resultado tal que
        x-epsilon <= resultado*resultado <= x+epsilon"""
```

Parece que há apenas dois caminhos distintos através dessa especificação: um para x = 0 e o outro para x > 0. No entanto, o senso comum nos diz que, embora seja necessário testar esses dois casos, isso está longe de ser suficiente.

As condições de fronteira também devem ser testadas. Ao trabalhar com listas, isso muitas vezes significa ver o que acontece para uma lista vazia, uma lista com exatamente um elemento e uma lista contendo listas. Ao trabalhar com números, devemos realizar testes para valores muito pequenos e muito grandes, e também para "valores típicos". Para raiz, pode fazer sentido usar valores de x e epsilon semelhantes aos da seguinte tabela.

As quatro primeiras linhas se destinam a representar casos típicos. Observe que os valores de x incluem um quadrado perfeito, um número menor do que 1 e um número com uma raiz quadrada irracional. Se algum desses testes falhar, há um bug no programa que precisa ser corrigido.

x	epsilon
0.0	0.0001
25.0	0.0001
0.5	0.0001
2.0	0.0001
2.0	1.0/2.0**64.0
1.0/2.0**64	1.0/2.0**64.0
2.0**64.0	1.0/2.0**64.0
1.0/2.0**64.0	2.0**64.0
2.0**64.0	2.0**64.0

As linhas restantes testam valores extremamente grandes e pequenos de x e epsilon. Se qualquer um desses testes falhar, algo precisa ser corrigido. Talvez haja um erro no código, ou talvez a especificação precise ser alterada para que seja mais fácil atendê-la. Por exemplo, não seria razoável esperar encontrar uma aproximação de uma raiz quadrada quando epsilon for ridiculamente pequeno.

Outra importante condição limite a ser considerada é a possibilidade de variáveis diferentes estarem vinculadas ao mesmo objeto. Considere, por exemplo, o código

```
def copia(L1, L2):
    """Assume que L1, L2 são listas
        Modifica L2 para corresponder a uma cópia de L1"""
    while len(L2) > 0: #remove todos os elementos de L2
        L2.pop() #remove o último elemento de L2
    for e in L1: #acrescenta os elementos de L1 a L2
        L2.append(e)
```

Ele funcionará na maioria das vezes, mas não quando L1 e L2 se referirem à mesma lista. Qualquer suite de testes que não inclua um caso de teste com uma chamada com a forma copia(L, L) não revelará o bug.

6.1.2 Testes Estruturais ou de Caixa-Branca

Os testes de caixa-preta devem sempre ser feitos, mas eles raramente são suficientes. Sem olhar para a estrutura interna do código, é impossível saber quais casos de teste têm maior probabilidade de fornecer novas informações. Considere o exemplo trivial a seguir:

```
def ePrimo(x):
    """Assume que x é um int não negativo
       Retorna True se x for primo; False caso contrário"""
    if x <= 2:
        return False
    for i in range(2, x):
        if x%i == 0:
            return False
    return True
```

Olhando para o código, podemos ver que por causa do teste if x < = 2, os valores 0, 1 e 2 são tratados como casos especiais e, portanto, precisam ser testados. Sem olhar para o código, você talvez não teste ePrimo(2) e, portanto, não descubra que ePrimo(2) retorna False, indicando erroneamente que 2 não é primo.

Conjuntos de testes estruturais ou de caixa-branca são geralmente muito mais fáceis de construir do que conjuntos de testes de caixa-preta. As especificações são geralmente incompletas e frequentemente pouco precisas, o que torna muito difícil saber quanto um teste de caixa-preta explora o espaço das entradas interessantes. Em contraste, a noção de um caminho de código é bem definida e é relativamente fácil saber se o teste está explorando o espaço detalhadamente. Há, de fato, ferramentas comerciais que podem ser usadas para medir objetivamente a cobertura dos testes de caixa-branca.

A suite de testes de caixa-branca é **exaustiva** se examina todos os caminhos possíveis através do programa. Normalmente é impossível conseguir obter uma suíte exaustiva porque os caminhos dependem do número de vezes que cada laço é executado e da profundidade de cada recursão. Por exemplo, uma implementação recursiva do fatorial segue um caminho diferente para cada possível entrada (porque os níveis de recursão são diferentes).

Além disso, até mesmo uma suite de testes exaustiva não garante que todos os erros serão expostos. Considere

```
def abs(x):
    """Assume que x é um int
       Retorna x se x>=0 e -x caso contrário"""
    if x < -1:
        return -x
    else:
        return x
```

A especificação sugere que há dois casos possíveis, x é negativo ou não. Isso sugere que o conjunto de entradas {2, -2} é suficiente para explorar todos os caminhos na especificação. Essa suite de testes tem a desejável propriedade adicional de fazer o programa passar por todos os caminhos, então ela também parece ser uma suite de testes de caixa-branca exaustiva. O único problema é que essa suite de testes não revela que abs(-1) retorna -1.

Apesar das limitações dos testes de caixa-branca, existem algumas regras práticas que geralmente vale a pena seguir:

- Percorra ambos os caminhos de todas as declarações if.
- Certifique-se de que todas as cláusulas except (veja o Capítulo 7) estão sendo executadas.
- Para cada laço for, tenha casos de teste nos quais
    - O corpo do laço não é executado (por exemplo, se o laço itera sobre os elementos de uma lista, certifique-se de que ele é testado com uma lista vazia),
    - O corpo do laço é executado exatamente uma vez e
    - O corpo do laço é executado mais de uma vez.
- Para cada laço while,
    - Examine os mesmos tipos de casos selecionados para laços for e
    - Inclua casos de teste correspondentes a todas as possíveis maneiras de sair do laço. Por exemplo, para um laço começando com
        ```
        while len(L) > 0 and not L[i] == e
        ```
        encontre casos para os quais o laço termina porque len(L) é maior do que zero e outros em que termina porque L[i] == e.
- Para funções recursivas, inclua casos de teste que fazem a função retornar sem executar nenhuma chamada recursiva, com exatamente uma chamada recursiva e com mais do que uma chamada recursiva.

6.1.3 Realizando Testes

Os testes muitas vezes são vistos como ocorrendo em duas fases. Você deve sempre começar com **testes de unidade**. Durante essa fase os testadores constroem e executam testes projetados para verificar se cada unidade individual de código (por exemplo, funções) funcionam corretamente. Depois disso são feitos os **testes de integração**, que são projetados para verificar se o programa como um todo se comporta como esperado. Na prática, os testadores alternam entre essas duas fases, já que falhas durante testes de integração fazem com que as unidades individuais sejam modificadas.

Os testes de integração são quase sempre mais desafiadores do que os testes de unidade. Uma razão para isso é que muitas vezes é consideravelmente mais difícil caracterizar o comportamento esperado de um programa inteiro do que o de cada uma das suas partes. Por exemplo, é consideravelmente mais difícil caracterizar o comportamento esperado de um processador de texto do que o de uma função que conta o número de caracteres em um documento. Problemas de escala também podem dificultar os testes de integração. Não é raro que os testes de integração levem horas ou mesmo dias para correr.

Muitas organizações de desenvolvimento de software industrial têm um grupo de **garantia de qualidade de software**, que é separado do grupo encarregado da implementação do programa. A missão desse grupo é assegurar, antes de o software ser distribuído, que ele é apropriado para a finalidade prevista. Em algumas organizações, o grupo de desenvolvimento é responsável pelos testes de unidade e o grupo de controle de qualidade pelos testes de integração.

O processo de teste é muitas vezes altamente automatizado. Os testadores[36] não se sentam em terminais digitando entradas e verificando as saídas. Em lugar disso, eles usam **drivers de teste** que autonomamente

- Configuram o ambiente necessário para executar o programa (ou a unidade) a ser testado,
- Executam o programa (ou a unidade) a ser testado com uma sequência de entradas predefinidas ou geradas automaticamente,
- Salvam os resultados dessas execuções,
- Verificam se os resultados dos testes são aceitáveis e
- Preparam um relatório dos resultados.

---

[36] Ou, por falar nisso, aqueles que corrigem os exercícios e provas em cursos de programação com muitos alunos.

Durante os testes de unidade, muitas vezes precisamos construir **stubs**, além dos drivers. Os drivers simulam partes do programa que usam a unidade que está sendo testada, ao passo que os stubs simulam partes do programa usadas pela unidade que está sendo testada. Os stubs são úteis porque permitem que as pessoas testem as unidades que dependem de software ou, algumas vezes, até mesmo de hardware que ainda não existe. Isso permite que as equipes de programadores desenvolvam e testem simultaneamente várias partes de um sistema.

De modo ideal, um stub deve

- Verificar os argumentos que recebe e o ambiente em que é executado (chamar uma função com argumentos inadequados é um erro comum),
- Modificar os argumentos e as variáveis globais de uma maneira consistente com a especificação e
- Retornar valores consistentes com a especificação.

Construir stubs adequados é muitas vezes um desafio. Se a unidade que o stub está substituindo destina-se a executar alguma tarefa complexa, construir um stub que executa ações consistentes com a especificação pode ser equivalente a escrever o programa que o stub foi projetado para substituir. Uma maneira de superar esse problema é limitar o conjunto de argumentos que o stub aceita e criar uma tabela que contém os valores a serem retornados para cada combinação de argumentos que serão usados na suíte de teste.

Uma vantagem de automatizar o processo de testes é que isso torna mais fácil fazer **testes de regressão**, que verificam se alguma parte do programa deixou de funcionar. À medida que tentam depurar um programa, é muito comum os programadores instalarem uma "correção" que cria problemas em outras partes do programa. Sempre que houver uma alteração, por menor que seja, você deve verificar se o programa ainda passa por todos os testes pelos quais passava antes.

6.2 Depuração

Há uma encantadora lenda urbana sobre o processo de correção de falhas em programas que são conhecidas como bugs (insetos, em inglês). A foto a seguir é de uma página de um livro de laboratório, de 9 de setembro de 1947, do grupo que trabalhava com o Mark II Aiken Relay Calculator, na Universidade de Harvard.

Capítulo 6. Testes e Depuração

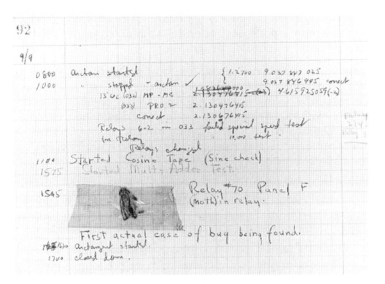

Algumas pessoas dizem que a descoberta da infeliz mariposa presa no Mark II levou ao uso da palavra bug. No entanto, a frase "primeiro caso de um bug concreto encontrado" sugere que uma interpretação menos literal da frase já era comum. Grace Murray Hopper, uma dos líderes do projeto Mark II, deixou claro que o termo "bug" já era comumente usado para descrever problemas com sistemas eletrônicos durante a Segunda Guerra Mundial. E, bem antes disso, o *Hawkins' New Catechism of Electricity*, um manual sobre eletricidade de 1896, já incluía a entrada, "o termo 'bug' é usado de forma limitada para designar qualquer falha ou problema no funcionamento de aparelhos elétricos ou de conexões". Em inglês, a palavra "bugbear" significa "alguma coisa que causa ansiedade ou medo aparentemente desnecessário ou excessivo".[37]

O uso da palavra "bug" às vezes leva as pessoas a ignorar o fato fundamental de que, se você escreveu um programa que tem um "bug", foi você que errou. Os bugs não saem rastejando sem serem convidados e invadem programas sem falhas. Se há um bug em seu programa, é porque você o colocou lá. Os bugs não se reproduzem em programas. Se há vários bugs em seu programa, é porque você cometeu vários erros.

Os erros de tempo de execução podem ser classificados de duas formas:

1. **Aparente → oculto**: um **bug** aparente tem uma manifestação evidente, por exemplo, o programa trava ou leva muito mais tempo (talvez para sempre) para fazer o que deveria. Um **bug** oculto não tem nenhuma manifestação evidente. O programa pode ser executado até o final sem nenhum problema — além de fornecer uma

---

[37] *Webster's New World Collegiate Dictionary*

resposta incorreta. Muitos bugs ficam entre os dois extremos, e se o bug é evidente pode depender do cuidado com que você examinou o comportamento do programa.

2. **Persistente → intermitente**: Um bug **persistente** ocorre sempre que o programa é executado com as mesmas entradas. Um bug **intermitente** ocorre apenas algumas vezes, mesmo quando o programa é executado com as mesmas entradas e, aparentemente, sob as mesmas condições. Quando chegarmos ao Capítulo 12, começaremos a escrever programas do tipo em que erros intermitentes são comuns.

Os bugs evidentes e persistentes são os menos perigosos. Os desenvolvedores não correm o risco de acreditar erroneamente que o programa está pronto para ser distribuído. E se alguém for tolo o suficiente para tentar usá-lo, ele descobrirá rapidamente sua insensatez. Talvez o programa faça algo horrível antes de falhar, por exemplo, apagar arquivos, mas pelo menos o usuário saberá que tem motivos para se preocupar (se não para entrar em pânico). Bons programadores tentam escrever seus programas de modo que os erros de programação causem bugs que sejam evidentes e persistentes. Isso é muitas vezes chamado de **programação defensiva**.

Os próximos bugs menos indesejáveis são aqueles que são evidentes, mas intermitentes. Um sistema de controle de tráfego aéreo que calcula a localização correta dos aviões quase o tempo todo seria muito mais perigoso do que um que comete erros óbvios o tempo todo. Você pode acreditar que está tudo certo por algum tempo e talvez chegar até a implantar um sistema falho, mas mais cedo ou mais tarde o bug se manifestará. Se as condições que fazem o bug se manifestar são facilmente reproduzíveis, muitas vezes é relativamente fácil localizar e corrigir o problema. Se as condições que provocam o bug não são claras, a vida se torna muito mais difícil.

Os programas que falham de forma oculta são muitas vezes altamente perigosos. Como eles não são aparentemente problemáticos, as pessoas os usam e confiam que eles funcionarão corretamente. A sociedade depende cada vez mais de programas para realizar computações críticas. A execução ou mesmo a verificação dessas computações está frequentemente além da capacidade dos seres humanos. Assim, um programa pode fornecer respostas erradas que permanecem sem ser detectadas por longos períodos. Esses programas podem causar (e efetivamente causam) muitos danos.[38] Um programa que avalia o risco de uma carteira de

---

[38] Em 1º de agosto de 2012, a empresa Knight Rider Capital Group implantou um novo programa de negociação de ações. Em um intervalo de quarenta e cinco minutos, um bug no programa fez a empresa perder 440 milhões de dólares. No dia seguinte, o presidente da empresa comentou que o bug fez o programa "dar uma tonelada de ordens de compra, todas erradas".

títulos hipotecários e confiantemente dá a resposta errada pode causar muitos problemas para um banco (e talvez para toda a sociedade). Uma máquina de terapia de radiação que emite um pouco mais ou um pouco menos de radiação do que o esperado pode ser a diferença entre a vida e a morte para uma pessoa com câncer. Um programa que comete um erro oculto apenas ocasionalmente pode causar mais ou menos estragos do que um que sempre comete esse erro. Os bugs ocultos e intermitentes são quase sempre os mais difíceis de encontrar e corrigir.

6.2.1 Aprendendo a Depurar

A depuração é uma habilidade que precisa ser aprendida. Ninguém faz isso bem instintivamente. A boa notícia é que é uma habilidade que não é difícil de aprender e que é transferível para outras áreas. As mesmas habilidades usadas para depurar programas podem ser usadas para descobrir o que há de errado em outros sistemas complexos, por exemplo, em experiências laboratoriais ou em humanos doentes.

Pelo menos por quatro décadas as pessoas vêm construindo ferramentas chamadas depuradores, e existem ferramentas de depuração construídas para o IDLE. Elas servem para ajudar as pessoas a encontrar bugs em seus programas. Elas podem ajudar, mas só um pouco. O que é muito mais importante é como você aborda o problema. Muitos programadores experientes nem mesmo usam ferramentas de depuração. A maioria dos programadores dizem que a ferramenta de depuração mais importante é a instrução `print`.

A depuração começa quando os testes mostram que o programa não se comporta como esperado. A depuração é o processo de busca de uma explicação para esse comportamento. O segredo para ser consistentemente bom em depuração é ser sistemático ao conduzir essa pesquisa.

Comece estudando os dados disponíveis. Isso inclui os resultados dos testes e o texto do programa. Estude todos os resultados dos testes. Examine não apenas os testes que revelaram a presença de um problema, mas também aqueles testes que parecem funcionar perfeitamente. Tentar entender por que o programa passou em um teste, mas não em outro, costuma ser esclarecedor. Ao examinar o texto do programa, tenha em mente que você não o entende completamente. Se entendesse, provavelmente não haveria um bug.

Em seguida, formule uma hipótese que você acredita que é consistente com todos os dados. A hipótese poderia ser tão específica quanto "se eu mudar a linha 403 de x < y para x <= y, o problema desaparecerá" ou tão ampla quanto "meu programa não está sendo encerrado porque a condição de saída está errada em algum laço `while`".

Em seguida, projete e execute uma experiência repetível com potencial para refutar a hipótese. Por exemplo, você pode colocar uma instrução de impressão antes e depois de cada laço while. Se as impressões sempre estão emparelhadas, então a hipótese de que um laço while está fazendo com que o programa não termine foi refutada. Decida, antes de executar o experimento, como os vários resultados possíveis devem ser interpretados. Se você esperar até depois de executar o experimento, aumenta o risco de que você interprete os resultados de acordo com o que espera que o programa faça.

Finalmente, é importante manter um registro de seus experimentos. Quando você passa muitas horas mudando seu código em busca de um bug elusivo, é fácil esquecer o que você já tentou. Se você não for cuidadoso, é fácil perder muitas horas repetindo o mesmo experimento (ou, mais provavelmente, um experimento que parece diferente, mas que fornece as mesmas informações). Lembre-se, como muitos disseram, de que "a definição de insanidade é fazer a mesma coisa várias vezes, mas esperando resultados diferentes".[39]

6.2.2 Projetando o Experimento

Pense na depuração como um processo de busca, e em cada experimento como uma tentativa de reduzir o tamanho do espaço de busca. Uma maneira de reduzir o tamanho do espaço de busca é com experimentos que revelam se uma determinada região do código é responsável por um problema descoberto durante os testes de integração. Outra forma de reduzir o espaço de busca é reduzir a quantidade de dados de teste necessária para fazer um bug se manifestar.

Examinaremos a aplicação dessa técnica usando um exemplo artificial. Imagine que você escreveu o código de verificação de palíndromos (sequências que são iguais lidas de trás para a frente) da Figura 6.1 e que você tem tanta confiança em sua habilidade como programador que você colocou o programa na Web — sem testá-lo. Suponha ainda que você recebeu um e-mail dizendo, "Eu testei seu programa de !!**! com a entrada de 1000 strings a seguir, e ele imprimiu Sim. No entanto, qualquer idiota pode ver que ela não é um palíndromo. Corrija-o!".

---

[39] Esta frase aparece em Sudden Death, de Rita Mae Brown. No entanto, ela é atribuída a muitas outras fontes — incluindo Albert Einstein.

Capítulo 6. Testes e Depuração

```python
# -*- coding: utf-8 -*-
def verificaPal(x):
    """Assume que x é uma lista
       Retorna True se a lista é um palíndromo; False se não"""
    temp = x
    temp.reverse
    if temp == x:
        return True
    else:
        return False

def bobo(n):
    """Assume que n é um int > 0
       Pede para que o usuário digite n entradas
       Imprime 'Sim' se a sequência formar um palíndromo;
          'Não' caso contrário"""
    for i in range(n):
        resultado = []
        elem = raw_input('Digite um elemento: ')
        resultado.append(elem)
    if verificaPal(resultado):
        print 'Sim'
    else:
        print 'Não'
```

Figura 6.1 Programa com bugs

Você pode testá-lo com as 1000 strings fornecidas. Mas talvez seja mais sensato começar testando-o em algo menor. Na verdade, faria sentido testá-lo com um não palíndromo mínimo, por exemplo,

```
>>> bobo(2)
Digite um elemento: a
Digite um elemento: b
Sim
```

A boa notícia é que ele falhou mesmo com esse teste simples, então você não precisa digitar mil strings. A má notícia é que você ainda não sabe por que ele falhou.

Nesse caso, o código é tão curto que você provavelmente pode olhar para ele e encontrar o bug (ou bugs). No entanto, fingiremos que ele é grande demais para conseguirmos fazer isso e começaremos a reduzir sistematicamente o espaço de busca.

Muitas vezes a melhor maneira de fazer isso é realizar uma busca binária. Encontre algum ponto mais ou menos na metade do código e crie um teste que permite decidir se há, antes desse ponto, um problema relacionado com o sintoma. (Claro, pode também haver problemas depois desse ponto, mas é geralmente melhor procurar um problema de cada vez.) Na escolha de um ponto, procure um lugar onde existam alguns valores intermediários que possam ser examinados facilmente e que forneçam informações úteis. Se um valor intermediário não for o que você esperava, há provavelmente um problema antes desse ponto no código. Se os valores intermediários parecerem corretos, o erro provavelmente está em algum lugar mais adiante no código. Esse processo pode ser repetido até que você tenha reduzido a região onde está o problema a algumas linhas.

Examinado bobo, vemos que a metade do caminho é em torno da linha if verificaPal(resultado). A coisa mais óbvia é verificar se resultado tem o valor esperado, ['a', 'b']. Nós verificamos isso inserindo a instrução print resultado antes da instrução if em bobo. Quando o teste é executado, o programa imprime ['b'], sugerindo que algo já deu errado. O próximo passo é imprimir resultado mais ou menos no meio do laço. Isso rapidamente revela que resultado nunca tem mais do que um elemento de comprimento, sugerindo que a inicialização de resultado precisa ser movida para fora do laço for. O código corrigido para bobo é

```
def bobo(n):
    """Assume que n é um int > 0
       Obtém n entradas do usuário
       Imprime 'Sim' se a sequência formar um palíndromo;
          'Não' caso contrário"""
    resultado = []
    for i in range(n):
        elem = raw_input('Digite um elemento: ')
        resultado.append(elem)
    print resultado
    if verificaPal(resultado):
        print 'Sim'
    else:
        print 'Não'
```

Executemos o programa para ver se resultado tem o valor correto após o laço for. Ele tem, mas infelizmente o programa ainda imprime Sim. Agora temos razões para acreditar que há também um bug após a instrução print. Então, examinemos verificaPal. A linha if temp == x: está aproximadamente na metade dessa função e, então, inserimos a linha print temp, x antes dessa linha. Quando nós executamos o código, vemos que temp tem o valor esperado, mas x não. Na primeira parte do código, inserimos uma instrução print após a linha temp = x e descobrimos que ambos temp e x têm o valor ['a', 'b']. Uma rápida inspeção do código revela que em verificaPal nós escrevemos temp.reverse em vez de temp.reverse() — e temp.reverse retorna o método interno reverse para listas, mas não o executa.[40]

Executamos o teste novamente, e agora parece que ambos temp e x têm o valor ['b', 'a']. Agora nós restringimos o erro a uma linha. Parece que

---

[40] Você poderia se perguntar por que o Python não detecta que a linha de código temp.reverse não faz nada na prática e, portanto, é provavelmente um erro.

temp.reverse() também alterou o valor de x. O uso descuidado de tipos mutáveis causou um resultado inesperado: temp e x são nomes associados à mesma lista, antes e depois de a lista ser invertida. Uma maneira de corrigir o bug é substituir a primeira instrução de atribuição em verificaPal por temp = x[:], que faz com que seja feita uma cópia de x. A versão corrigida de verificaPal é

```
def verificaPal(x):
    """Assume que x é uma lista
       Retorna True se a lista é um palíndromo; False se não"""
    temp = x[:]
    temp.reverse()
    if temp == x:
        return True
    else:
        return False
```

6.2.3 Quando Você Empaca

Esta subseção contém algumas sugestões práticas sobre o que fazer quando se torna difícil localizar um bug.

- *Investigue os suspeitos de costume.* Por exemplo, verifique se você
    - Passou argumentos para uma função na ordem errada,
    - Escreveu um nome errado, por exemplo, usou minúsculas quando deveria ter usado maiúsculas,
    - Deixou de reinicializar uma variável,
    - Testou se dois números de ponto flutuante são iguais (==) em vez de quase iguais – lembre-se de que a aritmética de ponto flutuante não é igual à aritmética que você aprendeu na escola,
    - Testou a igualdade de valores (por exemplo, em relação a duas listas, escrevendo a expressão L1 == L2) quando você queria usar a igualdade de objetos (por exemplo, id(L1) == id(L2)),
    - Esqueceu-se de que alguma função interna tem um efeito colateral,
    - Deixou de escrever o () que transforma uma referência a um objeto do tipo função em uma chamada à função,
    - Alterou um tipo mutável que está associado a mais de uma variável, ou
    - Cometeu qualquer outro erro que você costuma cometer.
- *Pare de se perguntar por que o programa não está fazendo o que você quer. Em vez disso, pergunte por que ele está fazendo o que ele*

faz. Isso deve ser uma pergunta mais fácil de responder e, provavelmente, ajudará a descobrir como corrigir o programa.

- *Tenha em mente que o bug provavelmente não está onde você pensa que ele está.* Se estivesse, você provavelmente o teria encontrado há muito tempo. Uma maneira prática de decidir onde procurar é perguntando onde o bug não pode estar. Como Sherlock Holmes disse, "Elimine todas as outras possibilidades, e aquilo que resta deve ser a verdade".[41]

- *Experimente explicar o problema para outra pessoa.* Nós todos temos pontos cegos. Muitas vezes simplesmente tentar explicar o problema para alguém fará você ver coisas que não havia percebido. É uma boa ideia tentar explicar por que o bug não pode estar em certos lugares.

- *Não acredite em tudo o que lê.* Em particular, não acredite na documentação. O código pode não fazer o que os comentários sugerem.

- *Interrompa a depuração e comece a escrever a documentação.* Isso o ajudará a abordar o problema de uma perspectiva diferente.

- *Vá embora e tente de novo amanhã.* Isso pode significar que o bug será corrigido mais tarde do que se você tivesse ficado trabalhando nele, mas provavelmente você gastará muito menos tempo para encontrá-lo. Isto é, é possível trocar velocidade por eficiência. (Estudantes, esse é um excelente motivo para começar a trabalhar nas tarefas de programação mais cedo, ao invés de mais tarde!)

6.2.4 E Quando Você Tiver Encontrado o Bug

Quando você acredita que encontrou um bug em seu código, a tentação de começar a escrever e testar uma correção é quase irresistível. É muitas vezes melhor, no entanto, ir um pouco mais devagar. Lembre-se de que o objetivo não é corrigir um bug, mas chegar rápida e eficientemente a um programa livre de bugs.

Pergunte-se se esse bug explica todos os sintomas observados, ou se ele é apenas a ponta do iceberg. No segundo caso, talvez seja melhor pensar sobre como cuidar desse bug em conjunto com outras alterações. Suponha, por exemplo, que você descobriu que o bug é o resultado da modificação acidental de uma lista. Você pode contornar o problema localmente (talvez fazendo uma cópia da lista), ou você pode considerar usar uma tupla em vez de uma lista (uma vez que tuplas são imutáveis), talvez eliminando erros semelhantes em outros lugares no código.

---

[41] Arthur Conan Doyle, "O Signo dos Quatro".

Antes de fazer qualquer mudança, tente entender as consequências da "correção" proposta. Ela pode criar problemas em outras partes do código? Ela aumenta excessivamente a complexidade do programa? Ela oferece uma oportunidade de organizar outras partes do código?

Sempre se certifique de que você pode voltar para onde você está. Não há nada mais frustrante do que perceber que uma longa série de mudanças o deixou mais longe do objetivo e não ter nenhuma maneira de voltar para onde você estava quando começou. O espaço em disco é geralmente abundante. Use-o para armazenar versões antigas de seu programa.

Finalmente, se houver muitos erros inexplicáveis, decida se encontrar e corrigir um bug de cada vez é mesmo a abordagem correta. Talvez seja melhor pensar se há alguma maneira melhor de organizar seu programa ou algum algoritmo mais simples, que seja mais fácil implementar corretamente.

7 EXCEÇÕES E ASSERÇÕES

Uma "exceção" é geralmente definida como "algo que não obedece à regra" e que, portanto, é relativamente raro. As **exceções** em Python não têm nada de raro. Elas estão por toda parte. Virtualmente todos os módulos da biblioteca padrão do Python as usam, e o próprio Python as gera em muitas circunstâncias diferentes. Você já viu algumas delas.

Abra um shell do Python e digite,

```
teste = [1,2,3]
teste[3]
```

e o interpretador responderá com algo como

```
Traceback (most recent call last):
  File "<pyshell#1>", linha 1, in <module>
    teste[3]
IndexError: list index out of range
```

IndexError é o tipo de exceção que o Python gera quando um programa tenta acessar um elemento usando um valor de índice que não é válido. O texto após IndexError fornece informações adicionais sobre o que causou a exceção. No exemplo, ele informa que o índice está fora de faixa.

A maioria das exceções internas do Python lidam com situações em que um programa tentou executar uma instrução com semântica incorreta. Os leitores (todos vocês, esperamos) que tentaram escrever e executar programas em Python já encontraram muitas delas. (Nós trataremos de outros tipos de exceções, que não estão relacionadas com erros, mais tarde neste capítulo.) Entre os tipos de exceções que ocorrem mais comumente estão TypeError, NameError e ValueError.

7.1 Tratamento de Exceções

Até agora, vimos as exceções como eventos fatais. Quando uma exceção é gerada, o programa é encerrado com um erro, e voltamos a nosso código para tentar descobrir o que deu errado. Quando uma exceção que faz com que o programa termine é gerada, dizemos que ocorreu uma exceção **não tratada**.

Uma exceção não faz necessariamente um programa terminar. As exceções, quando geradas, podem e devem ser **tratadas** pelo programa. Às vezes uma exceção é gerada porque há um bug no programa (como uma tentativa de acessar uma variável que não existe), mas muitas vezes uma exceção é algo que o programador pode e deve antecipar. Um programa

Capítulo 7. Exceções e Asserções

pode tentar abrir um arquivo que não existe. Se um programa interativo solicita que o usuário forneça dados, o usuário pode digitar algo inapropriado.

Se você sabe que uma linha do código pode gerar uma exceção ao ser executada, você deve tratar a exceção. Em um programa bem escrito, exceções sem tratamento devem ser raras.

Considere o código

```
sucessoFracassoTaxa = numSucessos/float(numFracassos)
print 'Taxa sucesso/fracasso:', sucessoFracassoTaxa
print 'Agora aqui'
```

Na maioria das vezes, esse código funcionará corretamente, mas falhará se numFracassos for zero. A tentativa de divisão por zero fará com que o Python gere uma exceção ZeroDivision, e as instruções print nunca serão alcançadas.

Teria sido melhor escrever algo como as linhas abaixo

```
try:
    sucessoFracassoTaxa = numSucessos/float(numFracassos)
    print 'Taxa sucesso/fracasso: ', sucessoFracassoTaxa
except ZeroDivisionError:
    print 'Zero fracassos - taxa indefinida.'
print 'Agora aqui'
```

Ao entrar no bloco **try**, o interpretador tenta avaliar a expressão numSucessos/float(numFracassos). Se a avaliação da expressão for bem sucedida, o programa atribui à variável sucessoFracassoTaxa o valor da expressão, executa a instrução print no final do bloco try e prossegue para a instrução print após o try-except. Se, no entanto, uma exceção ZeroDivisionError for gerada durante a avaliação da expressão, o controle salta imediatamente para o bloco **except** (ignorando a atribuição e a instrução print no bloco try), a instrução print no bloco except é executada, e então a execução continua na instrução print após o bloco try-except.

Exercício: Implemente uma função que atende à especificação abaixo. Use um bloco try-except.

```
def somaDigitos(s):
    """Assume que s é uma string
       Retorna a soma dos dígitos decimais em s
       Por exemplo, se s é 'a2b3c', retorna 5"""
```

Vejamos outro exemplo. Considere o código

```
val = int(raw_input('Digite um inteiro: '))
print 'O quadrado do número digitado é', val**2
```

Se o usuário digita, como solicitado, uma string que pode ser convertida em um inteiro, tudo dará certo. Mas suponha que o usuário digite abc? Executar a linha de código fará com que o Python gere uma exceção ValueError, e a instrução print nunca será alcançada.

O que o programador deveria ter escrito era algo parecido com

```
while True:
    val = raw_input('Digite um inteiro: ')
    try:
        val = int(val)
        print 'O quadrado do número digitado é', val**2
        break #para sair do laço while
    except ValueError:
        print val, 'não é um inteiro'
```

Depois de entrar no laço, o programa pedirá ao usuário que digite um número inteiro. Depois de o usuário digitar algo, o programa executa o bloco try-except. Se nenhuma das duas primeiras instruções no bloco try fizer com que uma exceção ValueError seja gerada, a instrução break será executada e o laço while será encerrado. No entanto, se o código no bloco try gerar uma exceção ValueError, o controle será imediatamente transferido para o código no bloco except. Portanto, se o usuário digitar uma string que não represente um inteiro, o programa pedirá ao usuário para tentar de novo. Não importa o que o usuário digite, ele não causará uma exceção não tratada.

A desvantagem dessa mudança é que o texto do programa aumentou de duas linhas para oito. Se há muitos lugares onde o usuário deve digitar um inteiro, isso pode ser problemático. Naturalmente, esse problema pode ser resolvido com a introdução de uma função:

```
def leInt():
    while True:
        val = raw_input('Digite um inteiro: ')
        try:
            val = int(val)
            return val
        except ValueError:
            print val, 'não é um inteiro'
```

Melhor ainda, essa função pode ser generalizada para solicitar qualquer tipo de entrada

Capítulo 7. Exceções e Asserções

```
def leVal(valTipo, solicitacaoMsg, erroMsg):
    while True:
        val = raw_input(solicitacaoMsg + ' ')
        try:
            val = valTipo(val)
            return val
        except ValueError:
            print val, erroMsg
```

A função leVal é **polimórfica**, ou seja, ela funciona com argumentos de muitos tipos diferentes. É fácil escrever funções como essa em Python, uma vez que os tipos podem ser usados como argumentos de funções. Podemos agora solicitar um inteiro usando o código

```
val = leVal(int, 'Digite um inteiro:', 'não é um inteiro')
```

As exceções podem parecer pouco amigáveis (afinal de contas, se não for tratada, uma exceção fará com que o programa termine com um erro), mas considere a alternativa. O que a conversão de tipo int deve fazer, por exemplo, quando receber a string 'abc' para converter em um objeto do tipo int? Ela pode retornar o inteiro que corresponde aos bits utilizados para codificar a string, mas é improvável que isso tenha qualquer relação com a intenção do programador. Alternativamente, ela pode retornar o valor especial None. Se fizer isso, o código precisa verificar se a conversão de tipo retornou None. Um programador que se esquecesse de fazer essa verificação correria o risco de que algum erro estranho ocorresse durante a execução do programa.

Como regra, o programador ainda precisa incluir algum código para lidar com a exceção. No entanto, se o programador se esquecer de incluir esse código, e a exceção for gerada, o programa será interrompido imediatamente. Isso é uma coisa boa. Isso deixa claro para o usuário do programa que algo problemático aconteceu. (E, como vimos no último capítulo, bugs evidentes são muito melhores do que bugs ocultos.) Além disso, a exceção dá uma indicação clara de onde as coisas deram errado.

Se um bloco de código puder gerar mais de um tipo de exceção, a palavra reservada except pode ser seguida por uma tupla de exceções, por exemplo,

```
except (ValueError, TypeError):
```

Nesse caso o bloco except será executado se qualquer uma das exceções listadas for gerada dentro do bloco try. Como alternativa, podemos escrever um bloco except separado para cada tipo de exceção, o que permite que o programa escolha uma ação com base na exceção que foi gerada. Se o programador escrever

```
except:
```

o bloco except será executado se qualquer tipo de exceção for gerada dentro do bloco try. Esses recursos são mostrados na Figura 7.1.

7.2 Exceções e Fluxo de Controle

Não pense em exceções apenas como uma forma de lidar com erros. Elas também são um conveniente mecanismo de fluxo de controle que você pode usar para simplificar seus programas.

Em muitas linguagens de programação, a abordagem padrão para lidar com erros é fazer as funções retornarem um valor (muitas vezes algo análogo a None em Python) indicando que algo deu errado. Cada chamada à função tem que verificar se esse valor foi retornado. Em Python, é mais usual fazer uma função gerar uma exceção quando ela não puder produzir um resultado consistente com a especificação da função.

A instrução **raise** faz com que a exceção especificada seja gerada. A forma de uma declaração raise é

```
raise excecaoNome(argumentos)
```

A exceção, *excecaoNome*, é geralmente uma das exceções internas, por exemplo, ValueError. No entanto, os programadores podem definir novas exceções criando uma subclasse (ver Capítulo 8) da classe interna Exception. Diferentes tipos de exceções podem ter diferentes tipos de argumentos, mas, na maioria das vezes, o argumento é uma única string, que é usada para descrever o que causou a exceção.

Exercício: Implemente uma função que satisfaça a especificação

```
def encontraUmPar(l):
    """Assume que l é uma lista de inteiros
       Retorna o primeiro número par em l
       Gera ValueError se l não contiver um número par"""
```

Considere a definição de função na Figura 7.1.

```
# -*- coding: utf-8 -*-
def calcRazoes(vet1, vet2):
    """Assume que vet1 e vet2 são listas com igual número de números
    Retorna uma lista com os valores, se definidos, de
           vet1[i]/vet2[i]"""
    razoes = []
    for index in range(len(vet1)):
        try:
            razoes.append(vet1[index]/float(vet2[index]))
        except ZeroDivisionError:
            razoes.append(float('NaN')) #NaN = Not a Number
        except:
            raise ValueError('Erro nos argumentos de calcRazoes')
    return razoes
```

Figura 7.1 Exceções e o fluxo de controle

Há dois blocos except associados ao bloco try. Se uma exceção for gerada dentro do bloco try, o Python primeiro verifica se ela é um erro ZeroDivisionError. Em caso afirmativo, ele acrescenta um valor especial, nan, do tipo float à lista razoes. (O valor nan significá "not a number", "não é um número". Não há nenhum símbolo para esse valor, mas você pode obtê-lo convertendo a string 'nan' ou 'NaN' para o tipo float. Quando nan é usado como operando em uma expressão do tipo float, o valor dessa expressão é também nan.) Se a exceção não for um erro ZeroDivisionError, o código executa o segundo bloco except, que gera uma exceção ValueError com uma string associada.

A princípio, o segundo bloco except nunca deveria ser executado porque o código invocando calcRazoes deve respeitar os pressupostos na especificação de calcRazoes. No entanto, como podemos verificar esses pressupostos muito facilmente, vale a pena praticar programação defensiva e verificá-los de qualquer maneira.

O código a seguir mostra como um programa pode usar calcRazoes. O nome msg na linha except ValueError, msg: recebe o argumento (uma string nesse caso) que foi associado à exceção ValueError quando ela foi gerada. Quando executamos

```
try:
    print calcRazoes([1.0,2.0,7.0,6.0], [1.0,2.0,0.0,3.0])
    print calcRazoes([], [])
    print calcRazoes([1.0, 2.0], [3.0])
except ValueError, msg:
    print msg
```

o código imprime

```
[1.0, 1.0, nan, 2.0]
[]
Erro nos argumentos de calcRazoes
```

A Figura 7.2 contém uma implementação da mesma especificação, mas sem usar um bloco try-except.

```
# -*- coding: utf-8 -*-
def calcRazoes(vet1, vet2):
    """Assume: vet1 e vet2 listas de números com mesmo comprimento
       Retorna lista com os valores de vet1[i]/vet2[i], se definidos"""
    razoes = []
    if len(vet1) != len(vet2):
        raise ValueError('Erro nos argumentos de calcRazoes')
    for index in range(len(vet1)):
        vet1Elem = vet1[index]
        vet2Elem = vet2[index]
        if (type(vet1Elem) not in (int, float))\
           or (type(vet2Elem) not in (int, float)):
            raise ValueError('Erro nos argumentos de calcRazoes')
        if vet2Elem == 0.0:
            razoes.append(float('NaN'))  #NaN = Not a Number
        else:
            razoes.append(vet1Elem/vet2Elem)
    return razoes
```

Figura 7.2 Fluxo de controle sem um bloco try-except

O código na Figura 7.2 é mais longo e mais difícil de ler do que o código na Figura 7.1. Ele também é menos eficiente. (Poderíamos eliminar as variáveis locais vet1Elem e vet2Elem, mas isso aumentaria ainda mais a ineficiência, com repetidos acessos a cada elemento.)

Examinemos mais um exemplo.

```
def carregaNotas(arqNome):
    try:
        notasArq = open(arqNome, 'r') #abre arquivo para leitura
    except IOError:
        raise ValueError('Erro ao abrir ' + arqNome)
    notas = []
    for linha in notasArq:
        try:
            notas.append(float(linha))
        except:
            raise ValueError('Erro ao converter linha para float')
    return notas

try:
    notas = carregaNotas('prova1notas.txt')
    notas.sort()
    mediana = notas[len(notas)//2]
    print 'Nota mediana:', mediana
except ValueError, erroMsg:
    print 'Epa.', erroMsg
```

Figura 7.3 Recuperando as notas

A função `carregaNotas` ou retorna um valor ou gera uma exceção com uma mensagem associada. Ela gera uma exceção `ValueError` se a chamada a `open` gerar um erro `IOError`. Ela poderia ter ignorado o erro `IOError` e deixar a parte do programa que chama `carregaNotas` lidar com ele, mas isso teria fornecido menos informações ao código que usa a função sobre o que deu errado. O código que chama `carregaNotas` usa o resultado para computar outro valor ou lida com a exceção e imprime uma mensagem útil de erro.

7.3 Asserções

A instrução `assert` permite que os programadores confirmem de uma maneira simples se o estado da computação é aquele que esperam. Uma instrução `assert` pode assumir duas formas:

    assert expressão booleana

ou

    assert expressão booleana, argumento

Quando uma instrução `assert` é encontrada, a expressão booleana é calculada. Se seu valor for `True`, a execução prosseguirá como se nada tivesse acontecido. Se seu valor for `False`, uma exceção `AssertionError` será gerada.

As asserções são uma ferramenta de programação defensiva muito útil. Elas podem ser usadas para confirmar que os argumentos de uma função são dos tipos apropriados. Elas também são uma ferramenta de depuração útil. Elas podem ser usadas, por exemplo, para confirmar que os valores intermediários da computação são aqueles esperados, ou que uma função retorna um valor aceitável.

8 CLASSES E PROGRAMAÇÃO ORIENTADA A OBJETO

Voltemos agora nossa atenção para o último grande tópico relacionado com a programação em Python neste livro: o uso de classes para organizar programas a partir de módulos e de abstrações de dados.

As classes podem ser usadas de muitas maneiras diferentes. Neste livro nós enfatizamos seu uso no contexto da **programação orientada a objeto**. O segredo da programação orientada a objeto é ver os objetos como um conjunto composto por dados mais os métodos associados a esses dados.

As ideias que servem de base para a programação orientada a objeto surgiram há mais de quarenta anos e têm sido amplamente aceitas e praticadas nos últimos vinte anos ou mais. Em meados da década de 70 as pessoas começaram a escrever artigos explicando os benefícios dessa abordagem de programação. Quase ao mesmo tempo, as linguagens de programação SmallTalk (desenvolvida pelo Xerox PARC) e CLU (desenvolvida pelo MIT) colocaram essas ideias em prática. Mas foi com a chegada das linguagens C++ e Java que elas se tornaram realmente populares.

Estamos usando a programação orientada a objeto na maior parte deste livro. Na Seção 2.1.1 dissemos que "Os elementos básicos que os programas em Python manipulam são chamados objetos. Cada objeto tem um tipo que determina como os programas podem usá-lo". Desde o Capítulo 5 nós estamos usando os tipos predefinidos do Python, como list e dict, e os métodos associados a esses tipos. Mas, da mesma forma como os criadores de uma linguagem podem deixar predefinida apenas uma pequena fração das funções úteis, eles também podem deixar predefinida apenas uma pequena fração dos tipos úteis. Nós já vimos um mecanismo que permite que os programadores definam novas funções; agora veremos um mecanismo que permite que os programadores definam novos tipos.

8.1 Classes e Tipos de Dados Abstratos

A noção de um tipo de dados abstrato é bastante simples. Um **tipo de dados abstrato** é um conjunto de objetos e das operações que podem ser feitas com esses objetos. Os objetos e as operações são acoplados para que você possa passar um objeto de uma parte de um programa para outra e, ao fazer isso, permita que ela acesse não apenas os atributos de dados do objeto, mas também as operações que tornam mais fácil manipular esses dados.

A especificação dessas operações define uma **interface** entre o tipo de dados abstrato e o resto do programa. A interface define o comportamento das operações — o que elas fazem, mas não a maneira como elas executam essas operações. Dessa forma, a interface fornece uma **barreira de abstração** que isola o resto do programa das estruturas de dados, algoritmos e código usados para implementar a abstração do tipo.

A programação consiste em gerenciar a complexidade de uma forma que facilite futuras mudanças. Existem dois poderosos mecanismos para realizar isso: a decomposição e a abstração. A decomposição cria a estrutura de um programa, e a abstração esconde seus detalhes. O segredo é saber quais detalhes você deve esconder. E a abstração de dados pode tornar isso muito mais fácil. Você pode criar tipos específicos para obter uma abstração adequada do problema a sua frente. De modo ideal, esses tipos devem capturar os conceitos que serão relevantes durante a vida de um programa. Se você iniciar o processo de programação concebendo tipos que serão relevantes meses e mesmo décadas mais tarde, será muito mais fácil fazer a manutenção desse programa.

Nós estamos utilizando tipos de dados abstratos (sem usar esse nome) por todo este livro. Escrevemos programas usando inteiros, listas, números de ponto flutuante, strings e dicionários sem parar para pensar como esses tipos seriam implementados. Parafraseando *Bourgeois Gentilhomme* de Molière, *"Par ma foi, il y a plus de quatre-vingt pages que nous avons utilisé TDAs, sans que nous le sachions"*.[42]

Em Python, você implementa abstrações de dados usando **classes**. A Figura 8.1 contém a definição de uma **classe** que implementa uma abstração de um set (conjunto) de inteiros chamada IntSet.

Uma definição de classe cria um objeto do tipo type e associa a esse objeto um conjunto de objetos do tipo instancemethod. Por exemplo, a expressão IntSet.insere é uma referência ao método insere encontrado na definição da classe IntSet. O código

```
    print type(IntSet), type(IntSet.insere)
```

imprime

```
    <type 'type'> <type 'instancemethod'>
```

Observe que a docstring (o comentário delimitado por """) na parte superior da definição da classe descreve a abstração fornecida pela classe, mas não diz como a classe é implementada. O comentário abaixo da docstring contém informações sobre a implementação. Essas informações

---

[42] "Meu Deus, por mais de oitenta páginas estamos utilizando tipos de dados abstratos sem nos dar conta disso."

se destinam a programadores que podem querer modificar a implementação ou construir subclasses da classe (ver Seção 8.2), e não a programadores que querem apenas usar a abstração.

```python
# -*- coding: utf-8 -*-
class IntSet(object):
    """um intSet é um set de inteiros"""
    #Informação sobre a aplicação (não a abstração)
    #O valor do set é representado por uma lista de ints, self.vals
    #Cada int no set ocorre exatamente uma vez em self.vals

    def __init__(self):
        """Cria um conjunto vazio de inteiros"""
        self.vals = []

    def insere(self, e):
        """Assume que e é um integer e o insere no conjunto"""
        if not e in self.vals:
            self.vals.append(e)

    def membro(self, e):
        """Assume que e é um inteiro
            Retorna True se e está no conjunto, False se não"""
        return e in self.vals

    def remove(self, e):
        """Assume que e é um inteiro e o remove do conjunto
            Gera ValueError se e não estiver no conjunto"""
        try:
            self.vals.remove(e)
        except:
            raise ValueError(str(e) + ' não encontrado')

    def getMembros(self):
        """Retorna uma lista com os elementos do conjunto.
            Os elementos podem estar em qualquer ordem"""
        return self.vals[:]

    def __str__(self):
        """Retorna uma string representando o conjunto"""
        self.vals.sort()
        resultado = ''
        for e in self.vals:
            resultado = resultado + str(e) + ','
        return '{' + resultado[:-1] + '}' #-1 omite a última vírgula
```

Figura 8.1 A classe IntSet

Quando uma definição de função ocorre dentro de uma definição de classe, essa função é chamada de **método** e está associada à classe. Esses métodos são muitas vezes chamados de **atributos de método** da classe. Se isto parece confuso no momento, não se preocupe. Teremos muito mais a dizer sobre esse tópico mais à frente neste capítulo.

Você pode executar dois tipos de operações com classes:

- A **instanciação** é usada para criar instâncias da classe. Por exemplo, a instrução s = intSet() cria um novo objeto do tipo IntSet. Esse objeto é chamado de uma **instância** de IntSet.
- As **referências de atributo** usam a notação de ponto para acessar atributos associados à classe. Por exemplo, s.membro se refere ao método membro associado à instância s do tipo IntSet.

Cada definição de classe começa com a palavra reservada class seguida pelo nome da classe e algumas informações sobre como ela se relaciona com outras classes. Em nosso exemplo, a primeira linha indica que IntSet é uma subclasse de object. Por enquanto, ignore o que significa ser uma subclasse. Logo chegaremos a isso.

Como veremos, em Python há alguns métodos especiais com nomes que começam e terminam com dois sublinhados. O primeiro que examinaremos é __init__. Sempre que uma classe é instanciada, o método __init__ definido naquela classe é executado. Quando a linha de código

    s = IntSet()

é executada, o interpretador cria uma nova instância do tipo IntSet e, em seguida, executa IntSet.__init__, passando o recém-criado objeto como valor do parâmetro self. O método IntSet.__init__ cria vals, um objeto do tipo list, que se torna parte da recém-criada instância do tipo IntSet. (A lista é criada usando a já familiar notação [], que é simplesmente uma abreviatura de list().) Essa lista é um **atributo de dados** da instância de IntSet. Observe que cada objeto do tipo IntSet terá uma lista vals diferente, como seria de se esperar.

Como já vimos, métodos associados a uma instância de uma classe podem ser chamados usando a notação de ponto. Por exemplo, o código

    s = IntSet()
    s.insere(3)
    print s.membro(3)

cria uma nova instância de IntSet, insere o inteiro 3 nesse IntSet e, em seguida, imprime True.

À primeira vista parece que há algo errado aqui. Parece que cada método está sendo chamado com um argumento a menos do que deveria. Por exemplo, o método membro tem dois parâmetros formais, mas nós o chamamos com apenas um parâmetro real. Isso é uma consequência da notação de ponto. O próprio objeto é implicitamente passado como primeiro parâmetro do método. Neste livro, usaremos self como nome do parâmetro formal ao qual está vinculada a instância da classe. Os programadores Python observam essa convenção quase universalmente, e sugerimos com veemência que você a adote também.

A classe não deve ser confundida com instâncias dessa classe, da mesma forma como um objeto do tipo list não deve ser confundido com o tipo list. Os atributos podem ser associados a uma classe ou a instâncias de uma classe:

- Os atributos de método são definidos na definição da classe, por exemplo, IntSet.membro é um atributo da classe IntSet. Quando a classe é instanciada, por exemplo, através de s = IntSet(), os atributos da instância, como s.membro, são criados. Tenha em mente que IntSet.membro e s.membro são objetos diferentes. Embora s.membro esteja inicialmente vinculado ao método membro definido na classe IntSet, essa vinculação pode ser alterada durante a execução do programa. Por exemplo, você poderia (mas não deve!) escrever s.membro = IntSet.insere.

- Quando os atributos de dados estão associados a uma classe nós os chamamos de **variáveis de classe**. Quando eles estão associados a uma instância, nós os chamamos de **variáveis de instância**. Por exemplo, vals é uma variável de instância porque, para cada instância da classe IntSet, vals está vinculada a uma lista diferente. Até agora, não vimos nenhuma variável de classe. Nós usaremos uma na Figura 8.3.

A abstração de dados faz com que o uso de um tipo abstrato seja independente do modo como ele é representado internamente, ou seja, que tenha **independência de representação**. A implementação de um tipo abstrato pode ser dividida em vários componentes:

- As implementações dos métodos do tipo,
- As estruturas de dados que, em conjunto, representam internamente o valor do tipo, e
- As convenções sobre como as implementações dos métodos utilizarão as estruturas de dados. Uma convenção-chave é capturada pela invariante de representação.

A **invariante da representação** define quais valores dos atributos de dados correspondem a representações válidas de instâncias da classe. A invariante de representação para IntSet é que vals não deve conter números em duplicidade. A implementação de __init__ é responsável por estabelecer a invariante (que é válida para uma lista vazia), e os outros métodos são responsáveis por manter essa invariante. É por isso que insere acrescenta e somente se ele não fizer parte de self.vals.

A implementação de remove pressupõe que a invariante de representação seja satisfeita quando o método remove é chamado. Ele chama list.remove apenas uma vez, já que a invariante de representação garante que há no máximo uma ocorrência de e em self.vals.

O último método definido na classe, __str__, é mais um daqueles métodos especiais __. Quando a instrução print é usada, a função __str__ associada ao objeto a ser impresso é invocada automaticamente. Por exemplo, o código

```
s = IntSet()
s.insere(3)
s.insere(4)
print s
```

imprime

{3,4}

(Se não for definido nenhum método __str__, print s imprimirá algo parecido com <__main__.IntSet object at 0x1663510>.) Nós também poderíamos imprimir o valor de s escrevendo print s.__str__() ou mesmo print IntSet.__str__(s), mas usar essas formas é menos conveniente. O método __str__ de uma classe também é chamado quando um programa converte uma instância dessa classe em uma string chamando str.

8.1.1 Escrevendo Programas com Tipos de Dados Abstratos

Os tipos de dados abstratos são muito importantes. Eles fazem com que pensemos de uma forma diferente sobre a organização de programas extensos. Quando pensamos sobre o mundo, nós usamos abstrações. No mundo das finanças, as pessoas falam sobre ações e títulos. No mundo da biologia, as pessoas falam sobre proteínas e resíduos. Quando tentamos entender esses conceitos, nós reunimos mentalmente alguns dos dados relevantes e características desses tipos de objetos em um pacote intelectual. Por exemplo, pensamos em títulos como tendo uma taxa de juros e uma data de vencimento como atributos de dados. Também pensamos em títulos como tendo operações como "preço" e "calcular o rendimento até o vencimento". Os tipos abstratos de dados permitem que incorporemos esse tipo de organização na elaboração de programas.

A abstração de dados nos incentiva a ver os objetos, e não as funções, como a parte central dos programas. Quando você pensa em um programa como um conjunto de tipos, e não apenas como um conjunto de funções, você começa a vê-lo de uma forma profundamente diferente. Entre outras coisas, isso nos incentiva a ver a programação como um processo de combinar elementos relativamente grandes, já que as abstrações de dados costumam abranger mais funcionalidade do que as funções individuais. Isso, por sua vez, faz com que vejamos a essência da programação como um processo de criar e usar abstrações, e não de escrever linhas individuais de código.

A existência de abstrações reutilizáveis não só reduz o tempo de desenvolvimento, mas também geralmente leva a programas mais robustos, porque programas já em uso geralmente são mais confiáveis do que programas recém-escritos. Por muitos anos, as únicas bibliotecas de programação em uso comum eram estatísticas ou científicas. Hoje, no entanto, há uma grande variedade de bibliotecas disponíveis (especialmente para o Python), muitas vezes com base em um rico conjunto de abstrações de dados, como veremos no final deste livro.

8.1.2 Representando os Alunos e o Corpo Docente

Como exemplo do uso de classes, imagine que você está projetando um programa para ajudar a manter o controle de todos os alunos e do corpo docente de uma universidade. É certamente possível escrever um programa sem o uso de abstrações de dados. Cada aluno teria um sobrenome, um nome, um endereço, uma turma, algumas notas, etc. Você pode guardar essas informações em alguma combinação de listas e dicionários. Para os dados dos professores e dos funcionários, você precisaria de algumas estruturas de dados semelhantes e algumas estruturas de dados diferentes, por exemplo, estruturas de dados para armazenar coisas como o histórico de salário.

Antes de sair projetando um monte de estruturas de dados, comecemos pensando em algumas abstrações que possam ser úteis. Há uma abstração que reúna os atributos comuns de alunos, professores e funcionários? Alguns argumentariam que eles são todos humanos. A Figura 8.2 contém uma classe que incorpora alguns dos atributos comuns (nome e data de nascimento) dos seres humanos.[43] Ela faz uso do módulo `datetime`, da biblioteca padrão do Python, que fornece muitos métodos convenientes para criar e manipular datas.

---

[43] Nota do Tradutor: Por convenção, os métodos que recuperam valores têm o prefixo `get` (obter, em inglês) e os métodos que modificam valores têm o prefixo `set` (atribuir ou ajustar).

Capítulo 8. Classes e Programação Orientada a Objeto 113

```
# -*- coding: utf-8 -*-
import datetime

class Pessoa(object):

    def __init__(self, nome):
        """Cria uma Pessoa"""
        self.nome = nome
        try:
            ultimoEspaco = nome.rindex(' ')
            self.sobrenome = nome[ultimoEspaco+1:]
        except:
            self.sobrenome = nome
        self.nascimento = None

    def getNome(self):
        """Retorna o nome completo """
        return self.nome

    def getSobrenome(self):
        """Retorna o sobrenome"""
        return self.sobrenome

    def setNascimento(self, nascimento):
        """Assume que o nascimento é do tipo datetime.date
            Atualiza a data de nascimento"""
        self.nascimento = nascimento

    def getIdade(self):
        """Retorna a idade em dias"""
        if self.nascimento == None:
            raise ValueError
        return (datetime.date.today() - self.nascimento).days

    def __lt__(self, outro):
        """Retorna True se o nome é lexicograficamente menor que
            o nome de outro, e False caso contrário"""
        if self.sobrenome == outro.sobrenome:
            return self.nome < outro.nome
        return self.sobrenome < outro.sobrenome

    def __str__(self):
        """Retorna o nome"""
        return self.nome
```

Figura 8.2 A classe Pessoa

O código a seguir usa o tipo Pessoa

```
eu = Pessoa('Michael Guttag')
ele = Pessoa('Barack Hussein Obama')
ela = Pessoa('Madonna')
print ele.getSobrenome()
ele.setNascimento(datetime.date(1961, 8, 4))
ela.setNascimento(datetime.date(1958, 8, 16))
print ele.getNome(),'nasceu há', ele.getIdade(),'dias'
```

Observe que, sempre que um objeto Pessoa é criado, um argumento é fornecido para a função __init__. Em geral, para saber quais argumentos devemos usar para instanciar uma classe, precisamos examinar a especificação de sua função __init__.

Após este código ser executado, haverá três instâncias da classe Pessoa. Você pode acessar as informações dessas instâncias usando os métodos associados a elas. Por exemplo, ele.getSobrenome() retornará 'Obama'. A expressão ele.sobrenome também retornará 'Obama'; entretanto, por razões que discutiremos mais adiante neste capítulo, escrever expressões que acessam diretamente variáveis da instância é considerado má prática e deve ser evitado. Da mesma forma, não há nenhuma maneira apropriada para um usuário da abstração Pessoa obter a data de nascimento de uma pessoa, apesar de a implementação conter um atributo com esse valor. Há, no entanto, uma maneira de extrair informações que dependem da data de nascimento da pessoa, como ilustrado pela última instrução print no código acima.

A classe Pessoa define mais um método especial, chamado __lt__. Esse método sobrecarrega o operador <, definindo o seu resultado quando aplicado a objetos do tipo Pessoa. O método Pessoa.__lt__ é chamado sempre que o primeiro argumento do operador < é do tipo Pessoa. O método __lt__ na classe Pessoa é implementado usando o operador < do tipo str. A expressão self.nome < outro.nome é uma abreviação para self.nome.__lt__(outro.nome). Como self.nome é do tipo str, o método __lt__ associado ao tipo str é chamado.

Além de permitir que os objetos sejam comparados usando <, qualquer método polimórfico que use __lt__ também usará o método com esse nome definido no objeto. O método predefinido sort é um desses métodos. Assim, por exemplo, se pLista é uma lista composta por elementos do tipo Pessoa, a chamada pLista.sort() ordenará essa lista usando o método __lt__ definido na classe Pessoa. O código

```
pLista = [eu, ele, ela]
for p in pLista:
    print p
pLista.sort()
for p in pLista:
    print p
```

primeiro imprime

> Michael Guttag
> Barack Hussein Obama
> Madonna

e depois imprime

> Michael Guttag
> Madonna
> Barack Hussein Obama

8.2 Herança

Muitos tipos têm propriedades em comum com outros tipos. Por exemplo, ambos os tipos list e str têm funções len que significam a mesma coisa. A **herança** é um mecanismo conveniente para criar grupos de abstrações relacionadas. Ela permite que os programadores criem uma hierarquia de tipos na qual cada tipo herda atributos dos tipos acima dele na hierarquia.

A classe object está no topo da hierarquia. Isso faz sentido, porque, em Python, tudo o que existe em tempo de execução é um objeto. Como Pessoa herda todas as propriedades dos objetos, os programas podem associar uma variável a um objeto Pessoa, acrescentar uma Pessoa a uma lista, etc.

A classe MITPessoa na Figura 8.3 herda os atributos de sua classe pai, Pessoa, incluindo todos os atributos que Pessoa herdou de sua classe pai, object.

```
class MITPessoa(Pessoa):

    proxNumId = 0 #número de identificação

    def __init__(self, nome):
        Pessoa.__init__(self, nome)
        self.numId = MITPessoa.proxNumId
        MITPessoa.proxNumId += 1

    def getNumId(self):
        return self.numId

    def __lt__(self, outro):
        return self.numId < outro.numId
```

Figura 8.3 A classe MITPessoa

No jargão da programação orientada a objeto, MITPessoa é uma **subclasse** de Pessoa e, portanto, **herda** os atributos de sua **superclasse**. Além dos atributos que herda, a subclasse pode:

- Adicionar novos atributos. Por exemplo, MITPessoa adicionou a variável de classe proxNumId, a variável de instância numId e o método getNumId.
- **Substituir** atributos da superclasse. Por exemplo, MITPessoa sobrescreveu os métodos __init__ e __lt__.

O método MITPessoa.__init__ primeiro chama Pessoa.__init__ para inicializar a variável herdada self.nome. Ele então inicializa self.numId, uma variável definida em MITPessoa que não está presente nas instâncias de Pessoa.

A variável self.numId é inicializada usando uma variável de **classe**, proxIdNum, que pertence à própria classe MITPessoa, e não a uma instância da classe. Quando uma instância de MITPessoa é criada, não é criada uma nova instância de proxIdNum. Isto permite que __init__ garanta que cada instância de MITPessoa tenha um número numId único.

Considere o código

```
p1 = MITPessoa('Barbara Beaver')
print '\'A id de '+str(p1) + ' é ' + str(p1.getNumId())+ '\''
```

A primeira linha cria uma nova MITPessoa. A segunda linha é um pouco mais complicada. Ao calcular a expressão str(p1), o Python primeiro verifica se há um método __str__ definido na classe MITPessoa. Como não há, ele em seguida verifica se há um método __str__ definido na superclasse de MITPessoa, ou seja, na classe Pessoa. E, nesse caso, há, e ele é usado. Ao calcular a expressão P1.getNumId(), o Python primeiro verifica se há um método getNumId associado à classe MITPessoa. E há, e assim ele chama esse método e imprime

'A id de Barbara Beaver é 0'

(Lembre-se de que, em uma string, "\" é um caractere de escape usado para indicar que o próximo caractere deve ser tratado de forma especial. Na string

'\'A id de '

o caractere "\" indica que o símbolo de aspas é parte da string, não um delimitador que encerra a string.)

Agora, considere o código

```
p1 = MITPessoa('Mark Guttag')
p2 = MITPessoa('Billy Bob Beaver')
p3 = MITPessoa('Billy Bob Beaver')
p4 = Pessoa('Billy Bob Beaver')
```

Nós criamos quatro pessoas virtuais, e três delas são chamadas Billy Bob Beaver. Dois dos Billy Bobs são do tipo MITPessoa, e um deles é apenas uma Pessoa. Se executarmos as linhas de código

```
print 'p1 < p2 =', p1 < p2
print 'p3 < p2 =', p3 < p2
print 'p4 < p1 =', p4 < p1
```

o interpretador imprimirá

```
p1 < p2 = True
p3 < p2 = False
p4 < p1 = True
```

Como p1, p2 e p3 são todos do tipo MITPessoa, o Python usará o método __lt__ definido na classe MITPessoa ao fazer as duas primeiras comparações e, por isso, a ordem será baseada nos números de identificação. Na terceira comparação, o operador < é aplicado a operandos de tipos diferentes. Como o primeiro argumento da expressão é usado para determinar qual método __lt__ será invocado, p4 < p1 é uma forma abreviada de p4.__lt__(p1). Portanto, o Python usará o método __lt__ associado ao tipo de p4, Pessoa, e as "pessoas" serão ordenadas pelo nome.

O que acontece se tentarmos executar print 'p1 < p4 =', p1 < p4?

O interpretador chamará o operador __lt__ associado ao tipo de p1, ou seja, aquele definido na classe MITPessoa. Isso produzirá a exceção

```
AttributeError: 'Pessoa' object has no attribute 'numId'
```

porque o objeto ao qual p4 está associado não tem um atributo numId.

8.2.1 Vários Níveis de Herança

A Figura 8.4 adiciona mais níveis de herança à hierarquia das classes.

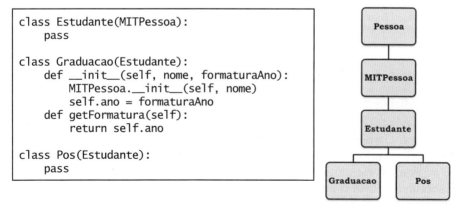

Figura 8.4 Dois tipos de estudantes

Parece lógico adicionar Graduacao porque queremos associar um ano da formatura (ou talvez de previsão de formatura) a cada estudante. Mas e quanto às classes Estudante e Pos? Usando a palavra reservada pass como corpo da classe, indicamos que todos os atributos da classe são herdados de sua superclasse. Por que criaríamos uma classe sem atributos novos?

Introduzindo a classe Pos, podemos criar dois tipos diferentes de alunos e usar seus tipos para distinguir um tipo de objeto do outro. Por exemplo, o código

```
p5 = Pos('Buzz Aldrin')
p6 = Graduacao('Billy Beaver', 1984)
print p5, 'é estudante de pós-graduação é', type(p5) == Pos
print p5, 'é estudante de graduação é', type(p5) == Graduacao
```

imprime

```
Buzz Aldrin é estudante de pós-graduação é True
Buzz Aldrin é estudante de graduação é False
```

A utilidade do tipo intermediário Estudante é um pouco mais sutil. Volte à classe MITPessoa e adicione a ela o método

```
def eEstudante (self):
    return isinstance(self, Estudante)
```

A função isinstance (é instância, em português) está predefinida no ambiente Python. O primeiro argumento de isinstance pode ser qualquer objeto, mas o segundo argumento deve ser um objeto do tipo type. A função retorna True se e somente se o primeiro argumento é uma instância do segundo argumento. Por exemplo, o valor de isinstance([1,2], list) é True, porque [1,2] é uma lista.

Voltando ao nosso exemplo, o código

```
print p5, 'é um estudante é', p5.eEstudante()
print p6, 'é um estudante é', p6.eEstudante()
print p3, 'é um estudante é', p3.eEstudante()
```

imprime

```
Buzz Aldrin é um estudante é True
Billy Beaver é um estudante é True
Billy Bob Beaver é um estudante é False
```

Observe que isinstance(p6, estudante) é bastante diferente de type(p6) == Estudante. O objeto ao qual p6 está associado é do tipo Graduacao, e não Estudante, mas como Graduacao é uma subclasse de Estudante, o objeto ao qual p6 está associado é considerado uma instância da classe Estudante (e também uma instância de MITPessoa e de Pessoa).

Como existem apenas dois tipos de alunos, nós poderíamos ter implementado o método eEstudante como

```
def eEstudante(self):
    return type(self) == Graduacao or type(self) == Pos
```

No entanto, se um novo tipo de estudante for introduzido em algum momento posterior, será necessário voltar e editar o código que implementa eEstudante. Introduzindo a classe intermediária Estudante e usando isinstance, evitamos esse problema. Por exemplo, se adicionássemos

```
class EstudanteTransferido(Estudante):

    def __init__(self, nome, daFaculdade):
        MITPessoa.__init__(self, nome)
        self.daFaculdade = daFaculdade

    def getDaFaculdade(self):
        return self.daFaculdade
```

não seria necessário fazer nenhuma mudança em eEstudante.

Não é raro, na criação e depois durante a manutenção de um programa, voltar e adicionar novas classes ou novos atributos a classes antigas. Bons programadores projetam seus programas de modo a minimizar a quantidade de código que precisa ser alterado quando isso ocorre.

8.2.2 O Princípio da Substituição

Ao definirmos uma hierarquia de tipos usando subclasses, as subclasses devem estender o comportamento de suas superclasses. Fazemos isso adicionando novos atributos ou substituindo atributos herdados de uma superclasse. Por exemplo, EstudanteTransferido estende Estudante com um novo atributo, para guardar a antiga faculdade.

Às vezes a subclasse substitui métodos da superclasse, mas isso deve ser feito com cuidado. Em particular, comportamentos importantes de um supertipo devem ser respeitados por todos seus subtipos. Se determinado código que usa uma instância do supertipo funciona corretamente, ele também deve funcionar corretamente com uma instância do subtipo. Por exemplo, o código que usa a especificação de Estudante deve funcionar corretamente com um EstudanteTransferido.[44]

Por outro lado, não há nenhuma razão para esperar que o código escrito com EstudanteTransferido em mente funcione com outros tipos de Estudante.

---

[44] Esse **princípio da substituição** foi claramente enunciado pela primeira vez por Barbara Liskov e Jeannette Wing em seu artigo de 1994, "A behavioural notion of subtyping".

8.3 Encapsulamento e Ocultação de Informação

Já que estamos trabalhando com alunos, seria uma pena não fazê-los sofrer com aulas e provas.

```
class Notas(object):
    """Um mapeamento dos estudantes para uma lista de notas """
    def __init__(self):
        """Cria relação de notas em branco"""
        self.estudantes = []
        self.notas = {}
        self.estaOrdenada = True

    def incluiEstudante (self, estudante):
        """Assume que que estudante é do tipo Estudante
           Inclui o estudante na relação de notas"""
        if estudante in self.estudantes:
            raise ValueError('Estudante duplicado')
        self.estudantes.append(estudante)
        self.notas[estudante.getNumId ()] = []
        self.estaOrdenada = False

    def incluiNota (self, estudante, nota):
        """Assume que nota é do tipo float
           Inclui a nota na lista de notas do estudante"""
        try:
            self.notas[estudante.getNumId ()].append(nota)
        except:
            raise ValueError('Estudante não encontrado')

    def getNotas(self, estudante):
        """Retorna a lista de notas de um estudante"""
        try: #retorna uma cópia das notas do estudante
            return self.notas[estudante.getNumId ()][:]
        except:
            raise ValueError('Estudante não encontrado')

    def getEstudantes(self):
        """Retorna a lista de estudantes na relação de notas"""
        if not self.estaOrdenada:
            self.estudantes.sort()
            self.estaOrdenada = True
        return self.estudantes[:] #retorna uma cópia da lista
```

Figura 8.5 A classe Notas

A Figura 8.5 contém uma classe que pode ser usada para controlar as notas de um conjunto de estudantes. As instâncias da classe Notas são implementadas usando uma lista e um dicionário. A lista guarda os alunos da turma. O dicionário associa o número de identificação dos alunos a uma lista de notas.

Observe que getNotas retorna uma cópia da lista de notas de um estudante, e getEstudantes retorna uma cópia da lista de alunos. O custo computacional de copiar as listas poderia ter sido evitado se simplesmente retornássemos as próprias variáveis de instância. No entanto, fazer isso pode criar problemas. Considere o código

```
todosEstudantes = curso1.getEstudantes()
todosEstudantes.extend(curso2.getEstudantes())
```

Se getEstudantes retornasse self.estudantes, a segunda linha do código teria o efeito (provavelmente indesejado) de alterar o conjunto de alunos no curso1.

A variável estaOrdenada é usada para verificar se a lista de alunos foi ordenada ou não desde a última vez que um estudante foi adicionado a ela. Isso permite que getEstudantes não tenha que ordenar uma lista que já está em ordem.

A Figura 8.6 contém uma função que usa a classe Notas para produzir um relatório com as notas de alguns alunos do curso MIT 6.00, para o qual este livro foi desenvolvido.

Ao ser executado, o código na figura imprime

```
A nota média de Jane Doe é 75.0
A nota média de John Doe é 75.0
David Henry não tem notas
A nota média de Billy Buckner é 50.0
A nota média de Bucky F. Dent é 87.5
```

```
def notaRelatorio(curso):
    """Assume que curso é do tipo Notas"""
    relatorio = ''
    for s in curso.getEstudantes():
        tot = 0.0
        numNotas = 0
        for g in curso.getNotas(s):
            tot += g
            numNotas += 1
        try:
            media = tot/numNotas
            relatorio = relatorio + '\n' + 'A nota média de '\
                    + str(s) + 'e ' + str(media)
        except ZeroDivisionError:
            relatorio = relatorio + '\n'\
                    + str(s) + ' não tem notas'
    return relatorio

ug1 = Graduacao('Jane Doe', 2014)
ug2 = Graduacao('John Doe', 2015)
ug3 = Graduacao('David Henry', 2003)
g1 = Pos('Billy Buckner')
g2 = Pos('Bucky F. Dent')
seisZeroZero = Notas()
seisZeroZero.incluiEstudante(ug1)
seisZeroZero.incluiEstudante(ug2)
seisZeroZero.incluiEstudante(g1)
seisZeroZero.incluiEstudante(g2)
for s in seisZeroZero.getEstudantes():
    seisZeroZero.incluiNota(s, 75)
seisZeroZero.incluiNota(g1, 25)
seisZeroZero.incluiNota(g2, 100)
seisZeroZero.incluiEstudante(ug3)
print notaRelatorio(seisZeroZero)
```

Figura 8.6 Gerando um relatório de notas

A programação orientada a objeto tem dois conceitos centrais. O primeiro é a ideia de **encapsulamento**. Ele diz respeito ao agrupamento dos dados e dos métodos que são aplicados aos dados. Por exemplo, se escrevermos

```
Rafael = MITPessoa()
```

Podemos usar a notação de ponto para acessar atributos como a idade de Rafael e seu número de identificação.

O segundo conceito importante é a **ocultação de informações**. Ele é um dos fundamentos da arquitetura modular. Se as partes do programa que usam uma classe (ou seja, os clientes da classe) se basearem apenas nas especificações dos métodos na classe, o programador da classe pode alterar sua implementação (por exemplo, para melhorar sua eficiência) sem medo de que as mudanças façam parar de funcionar o código que usa a classe.

Algumas linguagens de programação (Java e C++, por exemplo) fornecem mecanismos para esconder informações. Os programadores podem tornar certos atributos de dados de uma classe invisíveis para os clientes da classe e, assim, fazer com que os dados sejam acessados somente através dos métodos do objeto. Por exemplo, poderíamos obter o numId associado a Rafael executando Rafael.getNumId(), mas não escrevendo Rafael.numId.

O Python, infelizmente, não fornece mecanismos para esconder informações. É impossível restringir o acesso aos atributos de instâncias da classe. Por exemplo, um cliente de Pessoa pode escrever a expressão Rafael.sobrenome em lugar de Rafael.getSobrenome().

Por que isso é ruim? Porque o código do cliente está usando algo que não é parte da especificação de Pessoa e que, portanto, está sujeito a mudanças. Se a implementação de Pessoa fosse alterada para, por exemplo, extrair o sobrenome sempre que for solicitado, em vez de armazená-lo em uma variável, o código do cliente deixaria de funcionar.

O Python não apenas permite que os programas leiam as variáveis de instância e de classe de fora da definição da classe, mas também permite que eles alterem essas variáveis. Assim, por exemplo, o código Rafael.nascimento = '8/9/1950' é perfeitamente legal. Mas ele causará um erro de tempo de execução se o método Rafael.getNascimento for chamado mais tarde na computação. É possível até mesmo criar variáveis de instância fora da definição da classe. Por exemplo, o Python não reclamará se a instrução de atribuição eu.idade=Rafael.getIdade() ocorrer fora da definição da classe.

Embora essa verificação semântica estática fraca seja um problema do Python, ela não é um problema fatal. Um programador disciplinado pode simplesmente seguir a regra sensata de não acessar diretamente atributos de dados fora da classe em que são definidos, como fazemos neste livro.

8.3.1 Geradores

Uma possível preocupação seria que, ao escondermos informações, impedimos que programas clientes acessem diretamente estruturas críticas de dados, o que poderia levar a uma perda inaceitável de eficiência. Nos primeiros dias da abstração de dados, muitas pessoas, preocupadas com seu custo computacional, evitavam as chamadas a métodos que não fossem estritamente necessárias. A tecnologia moderna de compilação torna essa preocupação irrelevante. Um problema mais sério é que os programas clientes podem ser obrigados a usar algoritmos ineficientes.

Considere a implementação de notaRelatorio na Figura 8.6. A chamada a curso.getEstudantes cria e retorna uma lista de tamanho n, onde n é o número de alunos. Isso provavelmente não é um problema para as notas de uma única classe, mas imagine manter o controle das notas de 1,7 milhões estudantes do ensino médio fazendo o SAT, o exame usado para ingresso nas faculdades americanas. Criar uma nova lista desse tamanho quando uma lista já existe é uma ineficiência significativa. Uma solução é abandonar a abstração e permitir que notaRelatorio acesse diretamente a variável de instância curso.estudantes, mas isso violaria a ocultação de informações. Felizmente, há uma solução melhor.

O código na Figura 8.7 substitui a função getEstudantes na classe Notas por uma função que usa um tipo de instrução que nós ainda não usamos: uma instrução **yield**.

```
def getEstudantes(self):
    """Retorna um a um os estudantes no relatório de notas"""
    if not self.estaOrdenada:
        self.estudantes.sort()
        self.estaOrdenada = True
    for s in self.estudantes:
        yield s
```

Figura 8.7 Nova versão de getEstudantes

Qualquer função que contenha uma instrução yield é tratada de forma especial. A presença de yield informa ao Python que a função é um **gerador**. Os geradores são usados tipicamente em conjunto com uma declaração for.[45]

No início da primeira iteração de um laço for, o interpretador começa a executar o código no corpo do gerador. Ele prossegue até a primeira vez que uma instrução yield é executada e, neste ponto, retorna o valor da expressão na instrução yield. Na próxima iteração, o gerador continua a execução imediatamente após o yield, com todas as variáveis locais com os valores que tinham quando a instrução yield foi executada e novamente prossegue até uma instrução yield ser executada. Ele continua a fazer isso até que o código termine de executar ou encontre uma instrução return, quando o laço é encerrado.

A versão de getEstudantes na Figura 8.7 permite que os programadores usem um laço for para iterar sobre os alunos em objetos do tipo Notas da mesma forma que poderiam usar um laço for para iterar sobre os elementos de uma lista, por exemplo. Dessa forma, o código

---

[45] Essa explicação de geradores é um pouco simplista. Para entender completamente os geradores, você precisa entender a forma como os iteradores são implementados internamente pelo Python, o que não será abordado neste livro.

```
notas = Notas()
notas.incluiEstudante(Pos('Julie'))
notas.incluiEstudante(Pos('Charlie'))
for s in notas.getEstudantes():
    print s
```

imprime

```
Julie
Charlie
```

Assim, o laço na Figura 8.6 que começa com

```
for s in curso.getEstudantes():
```

não tem que ser alterado para usar a classe Notas que contém a nova implementação de getEstudantes. O mesmo laço for pode iterar sobre os valores fornecidos por getEstudantes, não importando se getEstudantes retorna uma lista de valores ou gera um valor por vez. Gerar um valor por vez é mais eficiente porque não será criada uma nova lista contendo os alunos.

8.4 Hipotecas, um Exemplo Estendido

Um colapso nos preços dos imóveis nos EUA ajudou a desencadear uma crise financeira grave no outono de 2008. Um dos fatores que contribuíram para isso foi que as hipotecas feitas por muitos proprietários tiveram consequências inesperadas.

No início, as hipotecas americanas eram criaturas relativamente dóceis. Você emprestava dinheiro de um banco e fazia a cada mês um pagamento fixo durante a duração da hipoteca, que tipicamente variava de quinze a trinta anos. No final desse período, o banco teria recebido o empréstimo inicial (o principal) mais juros, e o proprietário seria dono da casa "livre de dívidas".

No final do século XX, as hipotecas começaram a ficar muito mais complicadas. As pessoas passaram a poder obter taxas menores de juros mediante o pagamento de "pontos" ao fazerem a hipoteca. Um ponto é o pagamento de 1% do valor do empréstimo. Em algumas hipotecas eram pagos apenas os juros durante alguns meses no início do empréstimo, ou seja, não era paga nenhuma parcela do principal durante esse período. Outras hipotecas envolviam várias taxas de juros. Tipicamente, a taxa inicial era baixa e subia ao longo do tempo. Muitos desses empréstimos tinham taxas variáveis — a taxa, após o período inicial, acompanhava algum índice que refletia o custo do dinheiro para o credor no mercado de crédito por atacado.[46]

Em princípio, dar aos consumidores várias opções é uma coisa boa. No entanto, os agentes financeiros nem sempre explicavam as possíveis implicações no longo prazo das várias opções, e alguns devedores fizeram escolhas que tiveram consequências terríveis.

Construiremos um programa que analisa os custos de três tipos de empréstimos:

- Uma hipoteca com taxa fixa de juros sem pontos,
- Uma hipoteca com taxa fixa com pontos e
- Uma hipoteca com uma taxa inicial seguida de uma taxa mais elevada durante o restante de sua duração.

O objetivo deste exercício é oferecer alguma experiência no desenvolvimento incremental de um conjunto de classes relacionadas entre si, e não torná-lo um especialista em hipotecas.

Nós estruturaremos nosso código a partir de uma classe `Hipoteca` e criaremos subclasses para cada um dos três tipos de hipotecas listados acima.

A Figura 8.8 contém a **classe abstrata** `Hipoteca`. Essa classe contém métodos que são compartilhados por cada uma das subclasses, mas ela não se destina a ser usada diretamente.

A função `calcPagamento`, na parte superior da figura, calcula o valor do pagamento mensal fixo necessário para pagar o empréstimo, incluindo os juros, até ao final de sua duração. Ela faz isso usando uma fórmula financeira bem conhecida. Não é dificil chegar a essa expressão, mas é muito mais fácil procurá-la em um livro de finanças, e não corremos o risco de cometer algum erro ao deduzi-la.

Quando seu código incorpora fórmulas que você consultou, certifique-se de que:

- Você obtem a fórmula de uma fonte respeitável. Nós examinamos várias fontes respeitáveis, que apresentavam fórmulas equivalentes.
- Você compreende o significado de todas as variáveis na fórmula.
- Você testou sua aplicação usando exemplos extraídos de fontes confiáveis. Depois de implementar essa função, nós a testamos

---

[46] O índice mais comumente usado é provavelmente a taxa de juros interbancária do mercado de Londres (LIBOR).

comparando nossos resultados com os resultados fornecidos por uma calculadora disponível na Web.

```
# -*- coding: utf-8 -*-
def calcPagamento(emprestimo, r, m):
    """Assume que emprestimo e r são floats, m é um int
       Retorna o pagamento mensal para uma hipoteca com valor
       emprestimo a uma taxa mensal de r por m meses"""
    return emprestimo*((r*(1+r)**m)/((1+r)**m - 1))

class Hipoteca(object):
    """Classe abstrata para construir diferentes tipos de hipoteca"""
    def __init__(self, emprestimo, taxaAnual, meses):
        """Cria uma nova hipoteca"""
        self.emprestimo = emprestimo
        self.taxa = taxaAnual/12.0
        self.meses = meses
        self.pago = [0.0]
        self.devido = [emprestimo]
        self.pagamento = calcPagamento(emprestimo, self.taxa, meses)
        self.legenda = None #descrição da hipoteca
    def fazerPagamento(self):
        """Faz um pagamento"""
        self.pago.append(self.pagamento)
        reducao = self.pagamento - self.devido[-1]*self.taxa
        self.devido.append(self.devido[-1] - reducao)
    def getTotalPago(self):
        """Retorna o total pago até o momento"""
        return sum(self.pago)
    def __str__(self):
        return self.legenda
```

Figura 8.8 A classe base Hipoteca

Examinando __init__, vemos que todas as instâncias de Hipoteca terão variáveis de instância para guardar o montante do empréstimo inicial, a taxa de juros mensal, a duração do empréstimo em meses, a lista dos pagamentos feitos no início de cada mês (a lista começa com 0.0, uma vez que não foi feito nenhum pagamento no início do primeiro mês), uma lista com os saldos do empréstimo no início de cada mês, o valor a ser pago em cada mês (inicializado usando o valor retornado por calcPagamento) e uma descrição da hipoteca (inicialmente com valor None). A operação __init__ de cada subclasse de Hipoteca deve começar chamando Hipoteca.__init__ e, em seguida, inicializar self.legenda com uma descrição adequada da subclasse.

O método fazerPagamento é usado para registrar os pagamentos das parcelas da hipoteca. Uma parte de cada pagamento cobre o montante de juros devidos sobre o saldo do empréstimo em aberto, e o restante do pagamento é usado para reduzir o saldo do empréstimo. É por isso que fazerPagamento atualiza ambos self.pago e self.devido.

O método getTotalPago usa a função interna do Python sum, que retorna a soma de uma sequência de números. Se a sequência contém um valor não numérico, uma exceção é gerada.

A Figura 8.9 contém classes que implementam dois tipos de hipoteca. Cada uma dessas classes sobrescreve __init__ e herda os outros três métodos de Hipoteca.

```
class Fixa(Hipoteca):
    def __init__(self, emprestimo, r, meses):
        Hipoteca.__init__(self, emprestimo, r, meses)
        self.legenda = 'Fixa, ' + str(r*100) + '%'

class FixaComPontos(Hipoteca):
    def __init__(self, emprestimo, r, meses, pts):
        Hipoteca.__init__(self, emprestimo, r, meses)
        self.pts = pts
        self.pago = [emprestimo*(pts/100.0)]
        self.legenda = 'Fixa, ' + str(r*100) + '%, '\
                    + str(pts) + ' pontos'
```

Figura 8.9 Classes de hipoteca com taxa fixa

A Figura 8.10 contém uma terceira subclasse de Hipoteca. A classe DuasTaxas trata a hipoteca como a concatenação de dois empréstimos, cada um deles com uma taxa de juros diferente. (Como self.pago é inicializado com 0.0, a lista contém um elemento a mais do que o número de pagamentos que foram feitos. É por isso que fazerPagamento compara len(self.pago) com self.promoMeses + 1.)

```
class DuasTaxas(Hipoteca):
    def __init__(self, emprestimo, r, meses, promoTaxa, promoMeses):
        Hipoteca.__init__(self, emprestimo, promoTaxa, meses)
        self.promoMeses = promoMeses
        self.promoTaxa = promoTaxa
        self.proxTaxa = r/12.0
        self.legenda = str(promoTaxa*100)\
                    + '% por ' + str(self.promoMeses)\
                    + ' meses, então ' + str(r*100) + '%'
    def fazerPagamento(self):
        if len(self.pago) == self.promoMeses + 1:
            self.taxa = self.proxTaxa
            self.pagamento = calcPagamento(self.devido[-1], self.taxa,
                                    self.meses - self.promoMeses)
        Hipoteca.fazerPagamento(self)
```

Figura 8.10 Hipoteca com taxa promocional

A Figura 8.11 contém uma função que calcula e imprime o custo total de cada tipo de hipoteca para os parâmetros fornecidos. Ela começa criando uma hipoteca de cada tipo. Em seguida, ela faz pagamentos mensais para cada hipoteca durante um determinado número de anos. Finalmente, ela imprime o valor total dos pagamentos efetuados para cada empréstimo.

```
def compararHipotecas(valor, anos, fixaTaxa, pts, ptsTaxa,
                     varTaxa1, varTaxa2, varMeses):
    totMeses = anos*12
    fixa1 = Fixa(valor, fixaTaxa, totMeses)
    fixa2 = FixaComPontos(valor, ptsTaxa, totMeses, pts)
    duasTaxas = DuasTaxas(valor, varTaxa2, totMeses, varTaxa1, varMeses)
    hipotecas = [fixa1, fixa2, duasTaxas]
    for m in range(totMeses):
        for hipoteca in hipotecas:
            hipoteca.fazerPagamento()
    for m in hipotecas:
        print m
        print ' Total de pagamentos  = $' + str(int(m.getTotalPago()))

compararHipotecas(valor=200000, anos=30, fixaTaxa=0.07,
                  pts = 3.25, ptsTaxa=0.05, varTaxa1=0.045,
                  varTaxa2=0.095, varMeses=48)
```

Figura 8.11 Comparando hipotecas

Observe que usamos os nomes dos argumentos, e não sua ordem, para chamar compararHipotecas. Fizemos isso porque compararHipotecas tem um grande número de parâmetros formais e, usando argumentos de palavra-chave, temos certeza que estamos fornecendo o valor correto para cada um deles.

Quando o código na Figura 8.11 é executado, ele imprime

```
Fixo, 7,0%
 Total de pagamentos = $479017
Fixo, 5,0%, 3.25 pontos
 Total de pagamentos  = $393011
4.5% por 48 meses, então 9.5%
 Total de pagamentos  = $551444
```

Os resultados parecem ser bastante conclusivos. À primeira vista o empréstimo com taxa variável é uma má ideia (para o mutuário, não para o banco) e o empréstimo com taxa fixa e pontos é o que custa menos. É importante observar, no entanto, que o custo total não é a única medida pela qual as hipotecas devem ser julgadas. Por exemplo, um mutuário que espera ter uma renda maior no futuro pode preferir fazer pagamentos maiores nos últimos anos para diminuir o fardo dos pagamentos no início.

Isso sugere que, em vez de olhar para um único número, devemos olhar para os pagamentos ao longo do tempo. Isso, por sua vez, sugere que nosso programa deve produzir gráficos que mostrem como a hipoteca se comporta ao longo do tempo. Faremos isso na Seção 11.2.

9 UMA INTRODUÇÃO SIMPLISTA À COMPLEXIDADE ALGORÍTMICA

A principal preocupação quando você projeta e implementa um programa é que ele deve produzir resultados confiáveis. Queremos que nossos saldos bancários sejam calculados corretamente. Queremos que os injetores de combustível em nossos automóveis injetem a quantidade adequada de combustível. Queremos que não haja acidentes nem com aviões nem com sistemas operacionais.

Às vezes, o desempenho é um aspecto importante. Isso é mais óbvio para programas que precisam ser executados em tempo real. Um programa que detecta obstáculos na rota de aviões precisa emitir alertas antes de os obstáculos serem atingidos. O desempenho pode também afetar a utilidade de muitos programas que não correm em tempo real. O número de transações concluídas por minuto é uma medida importante ao comparar sistemas de banco de dados. Os usuários se importam com o tempo necessário para iniciar um aplicativo em seu telefone. Os biólogos se importam com o tempo necessário para executar seus cálculos de inferência filogenética.

Não é fácil escrever programas eficientes. A solução mais simples muitas vezes não é a mais eficiente. Os algoritmos computacionalmente eficientes muitas vezes empregam truques sutis que podem torná-los difíceis de entender. Em consequência, os programadores muitas vezes aumentam a complexidade **conceitual** de um programa em um esforço para reduzir sua complexidade **computacional**. Para fazer isso de uma forma sensata, precisamos entender como podemos estimar a complexidade computacional de um programa. Esse é o assunto deste capítulo.

9.1 Pensando Sobre a Complexidade Computacional

Como podemos responder à pergunta "Quanto tempo será necessário para executar a seguinte função?"

```
def f(i):
    """Assume que i é um int and i >= 0"""
    resposta = 1
    while i >= 1:
        resposta *= i
        i -= 1
    return resposta
```

Nós podemos executar o programa com algumas entradas e cronometrá-lo. Mas isso não seria particularmente informativo porque o resultado dependeria

1. da velocidade do computador no qual ele é executado,
2. da eficiência da implementação do Python naquele computador e
3. do valor da entrada.

Podemos contornar as duas primeiras questões usando uma medida mais abstrata de tempo. Em vez de medir o tempo em milissegundos, medimos o tempo em termos do número de etapas básicas executadas pelo programa.

Para simplificar, usaremos uma **máquina de acesso aleatório** como nosso modelo de computação. Em uma máquina de acesso aleatório, os passos são executados sequencialmente, um de cada vez.[47] Um **passo** é uma operação que é executada em uma quantidade fixa de tempo. Associar um objeto a uma variável, fazer uma comparação, executar uma operação aritmética ou acessar um objeto na memória são exemplos de passos.

Agora que temos uma forma mais abstrata de pensar sobre o tempo de execução, é hora de tratarmos de sua dependência com o valor da entrada. Nós fazemos isso deixando de expressar o tempo de execução como um único número, e passando a expressá-lo como uma função do tamanho da entrada. Dessa forma podemos comparar a eficiência de dois algoritmos examinando como o tempo de execução de cada um cresce com o tamanho das entradas.

Claro, o tempo real de execução de um algoritmo depende não só dos tamanhos das entradas, mas também de seus valores. Considere, por exemplo, o algoritmo de busca linear implementado por

```
def buscaLinear(L, x):
    for e in L:
        if e == x:
            return True
    return False
```

Suponha que L tem 1 milhão de elementos e considere a chamada buscaLinear(L, 3). Se o primeiro elemento de L for 3, buscaLinear retornará True quase que imediatamente. Por outro lado, se 3 não estiver em L,

---

[47] Uma máquina de acesso aleatório paralelo talvez seja um modelo mais exato para os computadores de hoje. No entanto, o acesso paralelo aumenta consideravelmente a complexidade da análise de algoritmos e muitas vezes não faz uma diferença qualitativa significativa na resposta.

buscaLinear terá que examinar todos os 1 milhão de elementos antes de retornar False.

Em geral, podemos analisar três casos:

- O tempo de execução no melhor caso é o tempo de execução do algoritmo quando as entradas são as mais favoráveis possíveis. Ou seja, o tempo de execução no melhor caso é o tempo mínimo de execução para todas as possíveis entradas de um determinado tamanho. Para buscaLinear, o tempo de execução no melhor caso é independente do tamanho de L.

- Da mesma forma, o tempo de execução no pior caso é o tempo máximo de execução para todas as entradas possíveis de um determinado tamanho. Para buscaLinear, o tempo de execução no pior caso é uma função linear do tamanho da lista.

- Por analogia com as definições do tempo de execução no melhor e no pior caso, o tempo de execução no **caso médio** (também chamado de **caso esperado**) é a média do tempo de execução de todas as possíveis entradas de um determinado tamanho. Alternativamente, se temos algumas informações *a priori* sobre a distribuição dos valores da entrada (por exemplo, que em 90% das vezes x está em L), podemos levá-las em consideração.

As pessoas costumam se concentrar no pior caso. Todos os engenheiros têm o mesmo artigo de fé, a lei de Murphy: se algo pode dar errado, dará. O pior caso nos dá o tempo máximo de execução. Isso é crítico em situações em que a computação precisa terminar em determinado tempo. Não adianta saber que "na maior parte das vezes" o sistema de controle de tráfego aéreo emite um alerta de colisão iminente antes de ela ocorrer.

Examinemos agora o pior tempo de execução de uma implementação iterativa da função fatorial

```
def fat(n):
    """Assume que n é um número natural
       Retorna n!"""
    resposta = 1
    while n > 1:
        resposta *= n
        n -= 1
    return resposta
```

O número de passos necessários para executar esse programa é algo como 2 (1 para a instrução de atribuição inicial e 1 para a instrução return) + 5n (contando 1 passo para o teste no while, 2 passos para a primeira instrução, de multiplicação e atribuição, no laço while e 2 passos para a segunda instrução, de subtração e atribuição, no laço). Assim, por exemplo, se n é 1000, a função executará aproximadamente 5002 passos.

É óbvio que, conforme n aumenta, não faz sentido preocupar-nos com a diferença entre 5n e 5n + 2. Por essa razão, normalmente ignoramos constantes aditivas ao pensar no tempo de execução. Constantes multiplicativas são mais problemáticas. Deveríamos nos importar se a computação termina em 1000 passos ou em 5000 passos? Os fatores multiplicativos podem ser importantes. Se um mecanismo de busca leva meio segundo ou 2,5 segundos para responder a uma consulta pode ser a diferença entre as pessoas usarem um determinado site de busca ou irem para um concorrente.

Por outro lado, na comparação de dois algoritmos diferentes, frequentemente mesmo as constantes multiplicativas são irrelevantes. Lembre-se de que no Capítulo 3 nós vimos dois algoritmos, a enumeração exaustiva e o método da bissecção, para encontrar uma aproximação para a raiz quadrada de um número de ponto flutuante. Duas funções que implementam esses algoritmos são mostradas nas Figuras 9.1 e 9.2.

```
def raizQuadradaExaustiva(x, epsilon):
    """Assume que x e epsilon são positivos do tipo float & epsilon < 1
       Retorna um y para o qual a distância entre y*y e x é < epsilon"""
    passo = epsilon**2
    resp = 0.0
    while abs(resp**2 - x) >= epsilon and resp*resp <= x:
        resp += passo
    if resp*resp > x:
        raise ValueError
    return resp
```

Figura 9.1 Aproximando raízes quadradas com a enumeração exaustiva

```
def raizQuadradaBi(x, epsilon):
    """Assume que x e epsilon são positivos do tipo float & epsilon < 1
       Retorna um y para o qual a distância entre y*y e x é < epsilon"""
    baixo = 0.0
    alto = max(1.0, x)
    resp = (alto + baixo)/2.0
    while abs(resp**2 - x) >= epsilon:
        if resp**2 < x:
            baixo = resp
        else:
            alto = resp
        resp = (alto + baixo)/2.0
    return resp
```

Figura 9.2 Aproximando raízes quadradas com o método da bissecção

Vimos que a enumeração exaustiva era tão lenta que não funcionava na prática para muitas combinações de x e epsilon. Por exemplo, calcular raizQuadradaExaustiva(100, 0.0001) exige aproximadamente 1 bilhão de iterações do laço. Em contraste, calcular raizQuadradaBi(100, 0.0001) termina em aproximadamente vinte iterações de um laço while ligeiramente mais complexo. Quando a diferença do número de iterações é muito grande, não importa quantas instruções há no laço. Ou seja, as constantes multiplicativas também são irrelevantes.

9.2 Notação Assintótica

Usamos algo chamado **notação assintótica** para expressar de maneira formal a relação entre o tempo de execução de um algoritmo e o tamanho de suas entradas. A motivação subjacente é que praticamente qualquer algoritmo é rápido o suficiente quando executado com entradas pequenas. Nós normalmente só precisamos nos preocupar com a eficiência de um algoritmo quando ele é executado com entradas grandes. Como substituto para "muito grande", a notação assintótica descreve a complexidade de um algoritmo à medida que o tamanho da entrada se aproxima do infinito.

Considere, por exemplo, o código

```
def f(x):
    """Assume que x é um int > 0"""
    resp = 0
    #Laço que leva tempo constante
    for i in range(1000):
        resp += 1
    print 'Número de somas até agora', resp
    #Laço que leva tempo x
    for i in range(x):
        resp += 1
    print 'Número de somas até agora', resp
    #Laço aninhado que leva tempo x**2
    for i in range(x):
        for j in range(x):
            resp += 1
            resp += 1
    print 'Número de somas até agora', resp
    return resp
```

Se cada linha de código é executada em uma unidade de tempo, o tempo de execução dessa função é $1000 + x + 2x^2$. A constante 1000 corresponde ao número de vezes que o primeiro laço é executado. O termo x corresponde ao número de vezes que o segundo laço é executado. Finalmente, o termo $2x^2$ corresponde ao tempo gasto executando as duas instruções nos laços for aninhados. Dessa forma, a chamada f(10) imprime

```
Número de somas até agora 1000
Número de somas até agora 1010
Número de somas até agora 1210
```

Para valores pequenos de x, o termo constante é o mais importante. Se x é 10, 1000 dos 1210 passos ocorrem no primeiro laço. Por outro lado, se x é

1000, cada um dos dois primeiros laços é responsável por apenas 0,05% dos passos. Quando x é 1.000.000, cerca de 0,00000005% do tempo total é gasto no primeiro laça, e cerca de 0,00005%, no segundo laço. Do total de 2.000.001.001.000 passos, 2.000.000.000.000 ocorrem no corpo do laço for interno.

Claramente, podemos obter uma boa noção do tempo de execução desse código para grandes entradas considerando apenas o laço interno, ou seja, o componente quadrático. Devemos nos preocupar com o fato de que este laço executa $2x^2$ passos em vez de x^2 passos? Se seu computador executar aproximadamente 100 milhões de passos por segundo, a execução de f levará cerca de 5,5 horas. Se pudéssemos reduzir a complexidade para x^2 passos, ela levaria cerca de 2,25 horas. Em qualquer caso, a moral é a mesma: provavelmente seria melhor procurar um algoritmo mais eficiente.

Esse tipo de análise pode ser condensada nas seguintes regras práticas para descrever a complexidade assintótica de um algoritmo:

- Se o tempo de execução é a soma de vários termos, mantenha aquele com a maior taxa de crescimento e despreze os demais.
- Se o termo restante é um produto, despreze quaisquer constantes.

A notação assintótica mais comumente usada é chamada de **notação O** (O Grande).[48] A notação O é usada para indicar um **limite superior** para o crescimento assintótico (muitas vezes chamado de **ordem de crescimento**) de uma função. Por exemplo, a fórmula $f(x) \in O(x^2)$ significa que a função f não cresce mais rápido do que a função quadrática polinomial x^2, em um sentido assintótico.

Nós, como muitos cientistas da computação, muitas vezes abusamos da notação O, fazendo declarações como "a complexidade de f(x) é $O(x^2)$". Com isso, queremos dizer que, no pior caso, f terminará em $O(x^2)$ passos. A diferença entre uma função "estar em $O(x^2)$"e "ser $O(x^2)$" é sutil, mas importante. Dizer que $f(x) \in O(x^2)$ não exclui a possibilidade de que o tempo de execução de f no pior caso seja consideravelmente menor do que $O(x^2)$.

---

[48] A expressão "Big-O" (O Grande, em português) foi introduzido neste contexto pelo cientista da computação Donald Knuth na década de 1970. Ele escolheu a letra grega Omicron porque essa letra era usada na teoria dos números desde o fim do século XIX para denotar um conceito relacionado.

Quando dizemos que f(x) é O(x²), nós estamos indicando que x² é um limite assintótico superior e **inferior** para o pior tempo de execução. Isso é chamado de um **limite estreito**.[49]

9.3 Algumas Classes de Complexidade Importantes

Alguns dos exemplos mais comuns de notação O estão listados abaixo. Em cada caso, n é uma medida do tamanho das entradas para a função.

- O(1) denota tempo de execução constante.
- O(log n) denota tempo de execução logarítmico.
- O(n) denota tempo de execução linear.
- O(n log n) denota tempo de execução linear-logarítmico.
- O(n^k) denota tempo de execução polinomial. Observe que k é uma constante.
- O(c^n) denota tempo de execução exponencial. Aqui, uma constante é elevada a uma potência com base no tamanho da entrada.

9.3.1 Complexidade Constante

A complexidade constante indica que a complexidade assintótica é independente das entradas. Existem poucos programas interessantes nessa classe, mas todos os programas têm partes (por exemplo, encontrar o comprimento de uma lista ou multiplicar dois números de ponto flutuante) que se encaixam nessa classe. Tempo de execução constante não significa que não pode haver laços ou chamadas recursivas no código, mas significa que o número de iterações ou chamadas recursivas é independente do tamanho das entradas.

9.3.2 Complexidade Logarítmica

Essas funções têm uma complexidade que cresce com o logaritmo de pelo menos uma das entradas. A busca binária, por exemplo, é logarítmica com o comprimento da lista pesquisada. (Nós analisaremos a complexidade da busca binária no próximo capítulo.) A propósito, não se preocupe com a base do logaritmo, já que a diferença entre usar uma base e outra é meramente um fator constante multiplicativo. Por exemplo, O($\log_2(x)$) = O($\log_2(10) * \log_{10}(x)$). Existem muitas funções interessantes com complexidade logarítmica. Considere

---

[49] Os membros mais preciosistas da comunidade da ciência da computação usam a notação Θ (Theta) em lugar da notação O para dizer isso.

```
def intToStr(i):
    """Assume que i é um int não negativo
       Retorna uma string com a representação decimal de i"""
    digitos = '0123456789'
    if i == 0:
        return '0'
    resultado = ''
    while i > 0:
        resultado = digitos[i%10] + resultado
        i = i//10
    return resultado
```

Como esse código não chama outras funções, sabemos que só temos que examinar os laços para determinar a classe de complexidade. Há apenas um laço, então a única coisa que precisamos fazer é estimar o número de iterações. Isso se resume ao número de vezes que i pode ser dividido por 10. Assim, a complexidade de intToStr é O(log(i)).

E a complexidade de

```
def somaDigitos(n):
    """Assume que n int não negativo
       Retorna a soma dos dígitos de n"""
    stringRep = intToStr(n)
    val = 0
    for c in stringRep:
        val += int(c)
    return val
```

A complexidade da conversão de n em uma string é O(log(n)) e intToStr retorna uma string de comprimento O(log(n)). O laço for será executado O(len(stringRep)) vezes, ou seja, O(log(n)) vezes. Juntando tudo, e assumindo que um caractere que representa um dígito pode ser convertido em um número inteiro em tempo constante, o programa será executado em tempo proporcional a O(log(n)) + O(log(n)), o que faz com que seja O(log(n)).

9.3.3 Complexidade Linear

Muitos algoritmos que trabalham com listas ou outros tipos de sequências são lineares, porque eles lidam com cada elemento da sequência um número constante de vezes (maior do que 0). Considere, por exemplo,

```
def somaDigitos(s):
    """Assume que s é uma str e que cada caractere é um
           dígito decimal.
       Retorna um int que é a soma dos dígitos em s"""
    val = 0
    for c in s:
        val += int(c)
    return val
```

Esta função é linear com o comprimento de s, ou seja, O(len(s)) – novamente assumindo que um caractere, representando um dígito, pode ser convertido em um número inteiro em tempo constante.

Naturalmente, um programa não precisa ter um laço para ter complexidade linear.

Considere

```
def fatorial(x):
    """Assume que x é um int positivo
       Retorna x!"""
    if x == 1:
        return 1
    else:
        return x*fatorial(x-1)
```

Não há nenhum laço nesse código, então para analisar a complexidade precisamos descobrir quantas chamadas recursivas são feitas. A série de chamadas é simplesmente fatorial(x), fatorial(x-1), fatorial(x-2),..., fatorial(1). O comprimento dessa série e, em consequência, a complexidade da função, é O(x).

Até agora neste capítulo nós examinamos apenas a complexidade do nosso código quanto ao tempo. Isso é tudo o que interessa para algoritmos que usam uma quantidade constante de espaço, mas a implementação de fatorial não tem essa propriedade. Como vimos no Capítulo 4, cada chamada recursiva de fatorial faz com que um novo quadro de pilha seja alocado, e esse quadro continue a ocupar espaço na memória até que a chamada retorne. Na profundidade máxima da recursão, esse código terá alocado x quadros de pilhas, e, assim, a complexidade quanto ao espaço é O(x).

O impacto da complexidade de espaço é mais difícil de ser percebido do que o impacto da complexidade de tempo. Se um programa leva um minuto ou dois minutos para terminar é algo que os usuários notam diretamente, mas se ele usa um megabyte ou dois megabytes de memória é invisível para os usuários. É por isso que as pessoas normalmente prestam mais atenção na complexidade de tempo do que na complexidade de espaço. A exceção ocorre quando um programa precisa de mais espaço do que há disponível na memória principal da máquina na qual ele é executado.

9.3.4 Complexidade Linear-Logarítmica

Essa classe de complexidade é um pouco mais complicada do que as outras que vimos até aqui. Ela envolve o produto de dois termos, e cada um deles depende do tamanho das entradas. É uma classe importante porque muitos algoritmos práticos são linear-logarítmicos. O algoritmo linear-logarítmico mais comumente usado é provavelmente o merge sort, que é O(n log(n)), onde n é o comprimento da lista que está sendo ordenada. Analisaremos a complexidade desse algoritmo no próximo capítulo.

9.3.5 Complexidade Polinomial

Os algoritmos polinomiais mais comumente usados são **quadráticos**, ou seja, sua complexidade cresce como o quadrado do tamanho da entrada. Considere, por exemplo, a função na Figura 9.3, que implementa um teste de subconjunto.

```
def eSubconjunto(L1, L2):
    """Assume que L1 e L2 são listas.
       Retorna True se cada elemento de L1 estiver também em L2
       e False caso contrário."""
    for e1 in L1:
        encontrado = False
        for e2 in L2:
            if e1 == e2:
                encontrado = True
                break
        if not encontrado:
            return False
    return True
```

Figura 9.3 Implementação de um teste de subconjunto

A cada vez que o programa chega ao laço interno, ele é executado O(len(L2)) vezes. A função executará o laço externo O(len(L1)) vezes e, assim, chegará ao laço interno O(len(L1)) vezes. Portanto, a complexidade de eSubconjunto é O(len(L1)*len(L2)).

Agora, considere a função interseccao na Figura 9.4.

```
def interseccao(L1, L2):
    """Assume que L1 and L2 são listas
       Retorna uma list que é a intersecção de L1 e L2"""
    #Constrói uma lista com os elementos comuns
    tmp = []
    for e1 in L1:
        for e2 in L2:
            if e1 == e2:
                tmp.append(e1)
    #Constrói uma lista sem elementos duplicados
    resultado = []
    for e in tmp:
        if e not in resultado:
            resultado.append(e)
    return resultado
```

Figura 9.4 Implementação da interseção de listas

O tempo de execução da parte que constrói a lista que pode conter valores duplicados é claramente O(len(L1)*len(L2)). À primeira vista, parece que a parte do código que cria a lista sem valores duplicados é linear com o comprimento de tmp, mas esse não é o caso. O teste e not in resultado pode ter que examinar todos os elementos em resultado e, portanto, é O(len(resultado)); consequentemente, a segunda parte da implementação é O(len(tmp)*len(resultado)). Como os comprimentos de resultado e tmp estão limitados pelo comprimento do menor entre L1 e L2, e como ignoramos os termos aditivos, a complexidade de interseccao é O(len(L1)*len(L2)).

9.3.6 Complexidade Exponencial

Como veremos mais tarde no livro, muitos problemas importantes são inerentemente exponenciais, ou seja, o tempo para resolvê-los cresce exponencialmente com o tamanho da entrada. Isso é uma pena, já que raramente vale a pena escrever um programa que tem uma probabilidade razoavelmente alta de levar tempo exponencial para terminar.

Considere, por exemplo, o código na Figura 9.5.

```
def getRepBinaria(n, numDigitos):
    """Assume que n e numDigitos são ints não negativos
       Retorna uma str com comprimento numDigitos
       que é uma representação binária de n"""
    resultado = ''
    while n > 0:
        resultado = str(n%2) + resultado
        n = n//2
    if len(resultado) > numDigitos:
        raise ValueError('número insuficiente de dígitos')
    for i in range(numDigitos - len(resultado)):
        resultado = '0' + resultado
    return resultado

def geraConjPartes(L):
    """Assume que L é uma lista
       Retorna uma lista de listas com todas possíveis combinações
       De elementos de L. Por exemplo, se L is [1, 2] o resultado é
       a lista com os elementos [], [1], [2], and [1,2]."""
    conjPartes = []
    for i in range(0, 2**len(L)):
        binStr = getRepBinaria(i, len(L))
        subconjunto = []
        for j in range(len(L)):
            if binStr[j] == '1':
                subconjunto.append(L[j])
        conjPartes.append(subconjunto)
    return conjPartes
```

Figura 9.5 Gerando o conjunto de partes

A função geraConjPartes(L) retorna uma lista de listas, com todas as possíveis combinações dos elementos de L. Por exemplo, se L é ['a', 'b'], o conjunto de partes de L será uma lista contendo as listas [], ['b'], ['a'] e ['a', 'b'].

O algoritmo é um pouco sutil. Considere uma lista com n elementos. Podemos representar qualquer combinação de elementos como uma string de 0s e 1s com comprimento n, onde 1 representa a presença de um elemento e 0 sua ausência. A combinação sem nenhum item é representada por uma string apenas de 0s, a combinação contendo todos os itens é representada por uma string apenas de 1s, a combinação contendo apenas o primeiro e o último elemento é representada por 100...001, etc. Portanto, podemos gerar todas as sublistas de uma lista L de comprimento n da seguinte forma :

1. Gere todos os números binários de n bits . Eles são os números de 0 até 2^n.

2. Para cada um desses 2^n+1 números binários, b, gere uma lista selecionando aqueles elementos de L que têm um índice correspondente a um 1 em b. Por exemplo, se L é ['x', 'y'] e b é 01, gere a lista ['y'].

Experimente executar geraConjPartes com uma lista contendo as dez primeiras letras do alfabeto. Ele terminará muito rapidamente e produzirá uma lista com 1024 elementos. Em seguida, experimente executar geraConjPartes com as primeiras vinte letras do alfabeto. Ele demorará um tempo muito maior e retornará uma lista com aproximadamente 1 milhão de elementos. Se você tentar executar geraConjPartes com todas as vinte e seis letras, você provavelmente ficará cansado de esperar o programa terminar, a menos que a memória de seu computador se esgote quando ele tentar construir uma lista com dezenas de milhões de elementos, fazendo com que a execução do programa seja interrompida. Nem pense em tentar executar geraConjPartes com a lista de todas as letras maiúsculas e minúsculas. O passo 1 do algoritmo gera $O(2^{len(L)})$ números binários, então o algoritmo é exponencial com len(L).

Isso significa que não podemos usar a computação para resolver problemas exponencialmente difíceis? De jeito nenhum. Isso significa que temos de encontrar algoritmos que forneçam soluções aproximadas para esses problemas ou que encontrem soluções exatas para algumas situações específicas. Mas esse é um assunto para capítulos posteriores.

9.3.7 Comparações de Classes de Complexidade

Os gráficos a seguir mostram visualmente o que significa um algoritmo pertencer a uma ou outra dessas classes de complexidade.

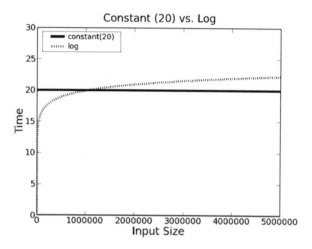

Constante (20) vs Logarítmico – eixo x: tamanho da entrada, eixo y: tempo

O gráfico acima compara o crescimento de um algoritmo de tempo constante com aquele de um algoritmo logarítmico. Observe que a entrada tem que atingir o tamanho de aproximadamente 1 milhão antes de os dois gráficos se cruzarem, mesmo para o pequeno valor escolhido para a constante, de vinte. Para o tamanho de 5 milhões, o tempo usado por um algoritmo logarítmico ainda é muito pequeno. A moral é que os algoritmos logarítmicos são quase tão bons quanto os de tempo constante.

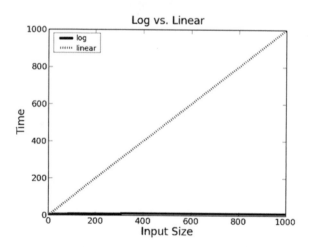

Logarítmico vs Linear – eixo x: tamanho da entrada, eixo y: tempo

O gráfico na página anterior ilustra a diferença dramática entre algoritmos logarítmicos e algoritmos lineares. Observe que o eixo y só chega até 1000. Embora a diferença entre algoritmos de tempo constante e tempo logarítmico seja observada somente para entradas grandes, a diferença entre algoritmos de tempo logarítmico e tempo linear é visível mesmo para entradas pequenas. A diferença dramática no desempenho relativo de algoritmos lineares e logarítmicos não significa que os algoritmos lineares são ruins. Na verdade, na maioria das vezes um algoritmo linear é bastante eficiente.

O gráfico abaixo mostra que há uma diferença significativa entre O(n) e O(n log(n)). Considerando como log(n) cresce lentamente, isso pode parecer um pouco surpreendente, mas tenha em mente que ele é um fator multiplicativo. Também tenha em mente que O(n log(n)) é rápido o suficiente para ser útil na maior parte das situações práticas.

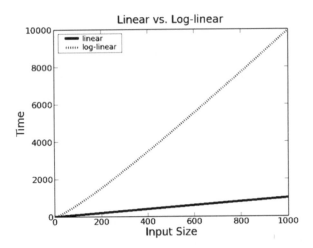

Linear vs Linear Logarítmico – eixo x: tamanho da entrada, eixo y: tempo

Por outro lado, como o gráfico na próxima página sugere, há muitas situações em que uma taxa quadrática de crescimento é proibitiva. A curva quadrática cresce tão rapidamente que é difícil ver que também há uma curva linear-logarítmica no gráfico.

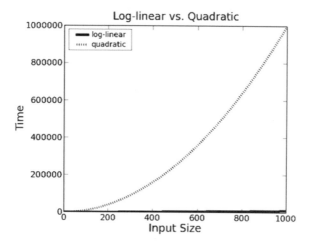

Linear Logarítmico vs. Quadrático – eixo x: tamanho da entrada, eixo y: tempo

Os dois últimos gráficos tratam da complexidade exponencial.

No gráfico abaixo, os números do eixo y vão de 0,0 a 1,2. No entanto, a notação x1e301 na parte superior esquerda significa que cada marcação no eixo y deve ser multiplicada por 10^{301}. Então, a faixa dos valores y da curva vai de 0 até aproximadamente $1,1*10^{301}$. Parece, no entanto, quase como se não houvesse nenhuma curva no gráfico. Isso ocorre porque uma função exponencial cresce tão rapidamente que, em comparação com o valor y do ponto mais alto (que determina a escala do eixo y), os valores y dos pontos anteriores da curva exponencial (e de todos os pontos na curva quadrática) são quase indistinguíveis de 0.

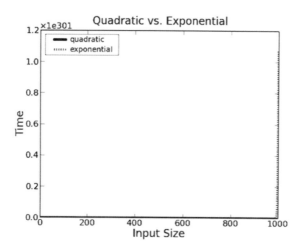

Quadrático vs Exponencial – eixo x: tamanho da entrada, eixo y: tempo

O gráfico abaixo resolve esse problema usando uma escala logarítmica no eixo y. Os algoritmos exponenciais não têm utilidade prática exceto para entradas muito pequenas.

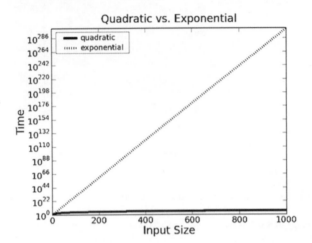

Quadrático vs Exponencial – eixo x: tamanho da entrada, eixo y: tempo

Observe, a propósito, que, quando plotada em uma escala logarítmica, uma curva exponencial aparece como uma linha reta. Teremos mais a dizer sobre isso em capítulos posteriores.

10 ALGUMAS ESTRUTURAS DE DADOS E ALGORITMOS SIMPLES

Embora nós tenhamos falado sobre eficiência por um bom número de páginas, o objetivo não é torná-lo um especialista em escrever programas eficientes. Existem muitos livros longos (e até mesmo alguns livros longos e bons) dedicados exclusivamente a esse tópico.[50] No Capítulo 9, introduzimos alguns dos conceitos básicos usados na análise da complexidade computacional. Neste capítulo, nós usaremos esses conceitos para examinar a complexidade de alguns algoritmos clássicos. O objetivo deste capítulo é ajudá-lo a desenvolver algumas intuições gerais sobre como lidar com questões de eficiência. Quando terminar de ler este capítulo, você será capaz de entender por que alguns programas terminam em um piscar de olhos, por que outros precisam correr durante toda a noite e por que ainda outros não terminariam nem em 100 anos.

Os primeiros algoritmos que vimos neste livro eram baseados na enumeração exaustiva por força bruta. Nós dissemos que os computadores modernos são tão rápidos que usar algoritmos engenhosos e complexos é frequentemente uma perda de tempo. Programe algo simples e obviamente correto e deixe o computador fazer seu trabalho.

Em seguida vimos alguns problemas (por exemplo, encontrar uma aproximação para as raízes de um polinômio) para os quais o uso da força bruta não era prático porque o espaço de busca era grande demais. Isso nos levou a considerar algoritmos mais eficientes como o método da bissecção e de Newton-Raphson. O ponto principal era que o segredo da eficiência é um bom algoritmo, e não truques brilhantes de programação.

Nas ciências (físicas, biológicas e humanas), os programadores frequentemente começam escrevendo rapidamente um programa que usa um algoritmo simples para testar a plausibilidade de uma hipótese com uma pequena quantidade de dados. Se os resultados forem encorajadores, o trabalho árduo de produzir uma implementação que pode ser executada (talvez inúmeras vezes) com conjuntos grandes de dados começará. Essas implementações precisam ser baseadas em algoritmos eficientes.

Não é fácil inventar algoritmos eficientes. Cientistas profissionais da computação bem sucedidos talvez inventem um algoritmo durante toda sua carreira – se tiverem sorte. A maioria de nós nunca inventará um

---

[50] *Introduction to Algorithms*, de Cormen, Leiserson, Rivest e Stein, é uma excelente obra para aqueles entre vocês que não se sentem intimidados por uma quantidade razoável de matemática.

algoritmo inovador. O que fazemos em vez disso é aprender a reduzir os aspectos mais complexos dos problemas diante de nós a problemas resolvidos anteriormente. Mais especificamente, nós

- Analisamos a complexidade inerente do problema com que estamos nos confrontando,
- Procuramos formas de dividir esse problema em subproblemas e
- Procuramos uma relação entre esses subproblemas e outros problemas para os quais algoritmos eficientes já existem.

Este capítulo apresenta alguns exemplos para você se familiarizar com algumas ideias por trás do desenvolvimento de algoritmos. Muitos outros algoritmos aparecem em outras partes do livro.

Tenha em mente que o algoritmo mais eficiente não é sempre o algoritmo mais apropriado. Um programa que faz tudo da maneira mais eficiente possível é muitas vezes desnecessariamente difícil de entender. Muitas vezes é uma boa estratégia resolver inicialmente um problema da forma mais simples possível para encontrar as partes do programa que são responsáveis pela maior parte do tempo de execução e, em seguida, procurar maneiras de melhorar a eficiência desses gargalos computacionais.

10.1 Algoritmos de Busca

Um **algoritmo de busca** é um método para encontrar um item ou grupo de itens com determinadas propriedades dentro de uma coleção de itens. Nós chamamos a coleção de itens de um **espaço de busca**. O espaço de busca pode ser algo concreto, como um conjunto de registros médicos eletrônicos, ou algo abstrato, como o conjunto de todos os números inteiros. Um grande número de problemas que ocorrem na prática podem ser formulados como problemas de busca.

Muitos dos algoritmos apresentados anteriormente neste livro podem ser vistos como algoritmos de busca. No Capítulo 3, formulamos o procedimento para encontrar uma aproximação para as raízes de um polinômio como um problema de busca e examinamos três algoritmos — a enumeração exaustiva, o método da bissecção e o método de Newton-Raphson — para pesquisar o espaço de possíveis respostas.

Nesta seção, examinaremos dois algoritmos para pesquisar uma lista. Ambos atendem à especificação

```
def busca(L, e):
    """Assume que L é uma lista.
       Retorna True se e está em L e False caso contrário"""
```

O astuto leitor pode se perguntar se isso não é semanticamente equivalente à expressão e in L em Python. A resposta é sim. E se você não está preocupado com a eficiência com que é descoberto se e está na lista L, você deve simplesmente escrever essa expressão.

10.1.1 Busca Linear e Acesso Indireto

O Python usa o seguinte algoritmo para determinar se um elemento está em uma lista:

```
def busca(L, e):
    for i in range(len(L)):
        if L[i] == e:
            return True
    return False
```

Se o elemento e não está na lista, o algoritmo executará O(len(L)) testes, ou seja, a complexidade é, na melhor das hipóteses, linear com o comprimento de L. Por que linear "na melhor das hipóteses"? Ela será linear apenas se cada operação dentro do laço puder ser feita em tempo constante. Isso faz com que nós nos perguntemos se o Python acessa o i-ésimo elemento de uma lista em tempo constante. Já que nosso modelo de computação supõe que obter o conteúdo de um endereço é uma operação de tempo constante, a questão passa a ser se nós podemos calcular o endereço do i-ésimo elemento de uma lista em tempo constante.

Comecemos pensando em um caso simples, em que cada elemento da lista é um inteiro. Isso significa que cada elemento da lista tem o mesmo tamanho, por exemplo, quatro unidades de memória (quatro bytes de oito bits[51]). Nesse caso, o endereço na memória do i-ésimo elemento da lista é simplesmente início + 4i, onde início é o endereço do início da lista. Portanto, nós podemos assumir que o Python pode calcular o endereço do i-ésimo elemento de uma lista de inteiros em tempo constante.

Claro, nós sabemos que em Python as listas podem conter outros tipos de objetos além de inteiros e que a mesma lista pode conter objetos de muitos tipos e tamanhos diferentes. Você pode pensar que isso seria um problema, mas esse não é o caso.

Em Python, uma lista é representada como um comprimento (o número de objetos na lista) e por uma sequência de ponteiros de tamanho fixo[52]. A Figura 10.1 ilustra o uso desses ponteiros. A região sombreada representa uma lista que contém quatro elementos. A caixa sombreada mais à

---

[51] O número de bits usados para armazenar um número inteiro normalmente é determinado pelo hardware do computador.

[52] De tamanho 32 bits em algumas implementações e 64 bits em outras.

esquerda contém um ponteiro que aponta para um inteiro indicando o comprimento da lista. Cada uma das outras caixas sombreadas contém um ponteiro para um objeto na lista.

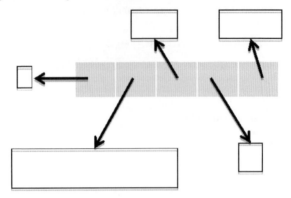

Figura 10.1 Implementando listas

Se o campo com o comprimento ocupa quatro unidades de memória e cada ponteiro (endereço) ocupa mais quatro unidades de memória, o endereço do i-ésimo elemento da lista é armazenado no endereço início + 4 + 4i. Novamente, esse endereço pode ser encontrado em tempo constante, e o valor armazenado naquele endereço pode em seguida ser usado para acessar o i-ésimo elemento. Esse acesso também é uma operação de tempo constante.

Esse exemplo ilustra uma das mais importantes técnicas de implementação usadas na computação: o **acesso indireto**. De um modo geral, há acesso indireto quando nós não acessamos alguma coisa diretamente mas, antes, consultamos em algum outro lugar onde ela pode ser encontrada. Isso é o que acontece cada vez que usamos uma variável para nos referir ao objeto que está vinculado a essa variável. Quando usamos uma variável para acessar uma lista e, em seguida, uma referência armazenada nessa lista para acessar outro objeto, nós estamos usando dois níveis de acesso indireto.[53]

---

[53] Diz-se frequentemente que "qualquer problema em computação pode ser resolvido acrescentando mais um nível de acesso indireto". Seguindo três níveis de acesso indireto, atribuímos esta observação a David J. Wheeler. O artigo "Authentication in Distributed Systems: Theory and Practice", de Butler Lampson et al., contém a observação. Ele também contém uma nota dizendo que "Roger Needham atribui essa observação a David Wheeler, da Universidade de Cambridge".

10.1.2 Busca Binária e Pressupostos de Funções

Voltando ao problema da implementação de busca(L, e), é O(len(L)) o melhor que podemos fazer? Sim, se não soubermos nada sobre a ordem em que os elementos da lista estão armazenados. No pior caso, temos de olhar para cada elemento de L para determinar se L contém e.

Mas suponha que sabemos algo sobre a ordem em que os elementos estão armazenados, por exemplo, suponha que nós sabemos que temos uma lista de inteiros armazenados em ordem crescente. Nós poderíamos alterar a implementação para que a busca pare quando chegar a um número maior que o número que estamos procurando:

```
def busca(L, e):
    """Assume L é uma lista, com elementos em ordem crescente
       Retorna True se e está em L e False caso contrário"""
    for i in range(len(L)):
        if L[i] == e:
            return True
        if L[i] > e:
            return False
    return False
```

Isso melhoraria o tempo médio de execução. No entanto, não mudaria a complexidade do algoritmo, porque, no pior caso, todos os elemento de L ainda são examinados.

Podemos, no entanto, melhorar consideravelmente o desempenho no pior caso usando um algoritmo de **busca binária**, que é semelhante ao método da bissecção usado no Capítulo 3 para encontrar uma aproximação para a raiz quadrada de um número de ponto flutuante. Lá nós nos valemos do fato de que os números de ponto flutuante têm uma ordem natural. Aqui nós nos valemos da suposição de que a lista é ordenada.

A ideia é simples:

1. Escolha um índice, i, que divide a lista L mais ou menos no meio.
2. Pergunte se L[i] == e.
3. Se não for, pergunte se L[i] é maior ou menor do que e.
4. Dependendo da resposta, procure e na metade esquerda ou direita de L.

Dada a estrutura desse algoritmo, não é de estranhar que a implementação mais direta da busca binária usa recursão, como mostrado na Figura 10.2.

```
def busca(L, e):
    """Assume que L é uma lista, com elementos em ordem crescente
       Retorna True se e está em L e False caso contrário"""

    def bBusca(L, e, baixo, alto):
        #Decrementa alto - baixo
        if alto == baixo:
            return L[baixo] == e
        metade = (baixo + alto)//2
        if L[metade] == e:
            return True
        elif L[metade] > e:
            if baixo == metade: #não há mais onde buscar
                return False
            else:
                return bBusca(L, e, baixo, metade - 1)
        else:
            return bBusca(L, e, metade + 1, alto)

    if len(L) == 0:
        return False
    else:
        return bBusca(L, e, 0, len(L) - 1)
```

Figura 10.2 Busca binária recursiva

A função mais externa na Figura 10.2, busca(L, e), tem os mesmos argumentos que a função discutida na Seção 10.1, mas uma especificação diferente. A especificação diz que a implementação pode assumir que L está ordenada em ordem crescente. A responsabilidade de verificar se esse pressuposto é satisfeito é de quem chama a função busca. Se não for satisfeito, a implementação não tem obrigação de se comportar bem. Ela pode funcionar, mas também pode falhar ou retornar uma resposta incorreta. A função busca deveria ser modificada para verificar se o pressuposto é satisfeito? Isso pode eliminar uma fonte de erros, mas derrotaria o propósito de usar a pesquisa binária, uma vez que a verificação do pressuposto levaria tempo O(len(L)).

Funções como busca, cujo principal propósito é chamar outra função, são frequentemente chamadas **funções wrapper** (do inglês, invólucro). A função apresenta uma interface amigável para os clientes do código, mas é essencialmente um ponto de passagem que não faz praticamente nenhuma computação. Em vez disso, ela chama a função auxiliar bBusca com argumentos apropriados. Por que não eliminamos busca e fazemos o programa chamar bBusca diretamente? A razão é que os parâmetros baixo e alto não tem nada a ver com a abstração de procurar um elemento em uma lista. Eles são detalhes da implementação que devem ficar escondidos dos programas que chamam busca.

Analisemos agora a complexidade da função bBusca. Como os acessos à lista ocorrem em tempo constante, as instruções em cada instância de bBusca, antes da possível nova chamada a bBusca, são executadas em tempo constante (ou seja, são O(1)). Dessa forma, o tempo de execução de bBusca depende apenas do número de chamadas recursivas.

Se este fosse um livro sobre algoritmos, nós mergulharíamos agora em uma análise cuidadosa usando algo chamado de uma relação de recorrência. Mas como não é, nós usaremos uma abordagem muito menos formal que começa com a pergunta "como é que sabemos que o programa termina?" Lembre-se de que no Capítulo 3 fizemos a mesma pergunta sobre um laço while. Nós respondemos a pergunta usando uma função decrescente para o laço. Faremos a mesma coisa aqui. Nesse contexto, a função decrescente tem as propriedades:

1. Ela associa os valores dos argumentos da função recursiva a um inteiro não negativo.
2. Quando seu valor é 0, a recursão termina.
3. A cada nova chamada recursiva, o valor da função decrescente diminui.

A função decrescente para bBusca é alto-baixo. A instrução if em busca garante que o valor dessa função decrescente é pelo menos 0 quando bBusca é chamada pela primeira vez (a propriedade 1 acima).

Quando bBusca é executada, se alto-baixo é exatamente 0, a função não faz nenhuma chamada recursiva — ela simplesmente retorna o valor L[baixo] == e (satisfazendo a propriedade 2).

A função bBusca contém duas chamadas recursivas. Uma chamada utiliza argumentos que cobrem todos os elementos à esquerda de metade, e a outra chamada usa argumentos que cobrem todos os elementos à direita de metade. Em ambos os casos, o valor de alto-baixo é dividido ao meio (satisfazendo a propriedade 3).

Agora nós entendemos por que a recursão termina. A próxima pergunta é: quantas vezes pode o valor de alto-baixo ser dividido ao meio antes que alto-baixo == 0? Lembre-se de que $\log_y(x)$ é o número de vezes que y tem que ser multiplicado por si mesmo para chegar a x. Por outro lado, se x é dividido por y $\log_y(x)$ vezes, o resultado é 1. Isso significa que alto-baixo pode ser dividido ao meio, no máximo, $\log_2(\text{alto-baixo})$ vezes antes de chegar a 0.

Qual é, então, a complexidade algorítmica da pesquisa binária? Como quando busca chama bBusca o valor de alto-baixo é igual a len(L)-1, a complexidade de busca é O(log(len(L))).[54]

Exercício: Por que o código usa metade+1 em vez de metade na segunda chamada recursiva?

10.2 Algoritmos de Ordenação

Acabamos de ver que, se sabemos que os elementos de uma lista estão em ordem crescente, podemos usar essa informação para reduzir significativamente o tempo necessário para fazer buscas na lista. Isso significa que, quando você for fazer uma busca em uma lista, você deve primeiro ordená-la e, em seguida, executar a busca?

Chamemos de O(ordenarComplexidade(L)) a complexidade de ordenar uma lista. Como sabemos que podemos sempre pesquisar uma lista em tempo O(len(L)), perguntar se vale a pena primeiro ordenar a lista e depois procurar o elemento é o mesmo que perguntar se ordenarComplexidade(L) + log(len(L)) é menor do que len(L). A resposta, infelizmente, é não. Não é possível ordenar uma lista sem olhar para cada elemento da lista pelo menos uma vez e, portanto, não é possível ordenar uma lista em tempo menor do que linear.

Isso significa que a busca binária é uma curiosidade intelectual sem nenhuma importância prática? Felizmente, não. Imagine que você espera fazer muitas buscas em uma mesma lista. Pode fazer sentido pagar o preço extra de ordenar a lista e então **recuperar** esse investimento ao longo de muitas pesquisas. Se esperamos pesquisar a lista k vezes, a pergunta relevante se torna: é (ordenarComplexidade(L) + k*log(len(L))) menor do que k*len(L)? À medida que k aumenta, o tempo necessário para ordenar a lista torna-se cada vez menos relevante.

O tamanho mínimo de k depende do tempo usado para ordenar uma lista. Se, por exemplo, o tempo para ordenar a lista aumentasse exponencialmente com seu tamanho, k teria que ser muito grande.

Felizmente, a ordenação pode ser feita de forma bastante eficiente. Por exemplo, a implementação padrão da ordenação na maioria das implementações do Python é executada em cerca de O(n*log(n)), onde n é o comprimento da lista. Na prática, você raramente precisará implementar

---

[54] Lembre-se, quando olhar para as ordens de crescimento, de que a base do logaritmo é irrelevante.

sua própria função de ordenação. Na maioria dos casos, a melhor coisa a fazer é usar o método interno de ordenação do Python, sort (L.sort() ordena a lista L) ou a função interna sorted (sorted(L) retorna uma lista com os mesmos elementos de L, mas não altera a lista L). Nós apresentamos algoritmos de ordenação aqui principalmente como exemplos práticos de projeto de algoritmos e análise de sua complexidade.

Começaremos examinando um algoritmo simples, mas ineficiente, o **selection sort** (em português, ordenação por seleção), na Figura 10.3. A cada iteração, a lista é particionada em uma lista com os elementos iniciais (L[0:i]), que chamaremos de prefixo, e uma lista com os outros elementos (L[i+1:len(L)]), que chamaremos de sufixo. Durante a execução do selection sort, a seguinte invariante é sempre verdadeira: o prefixo está ordenado e nenhum elemento no prefixo é maior do que o menor elemento no sufixo.

Nós usamos a indução para provar a invariante.

- Caso base: no início da primeira iteração, o prefixo está vazio, ou seja, o sufixo é a lista inteira. A invariante é verdadeira (trivialmente).

- Passo de indução: a cada passo do algoritmo, nós movemos um elemento do sufixo para o prefixo. Nós fazemos isso acrescentando o menor elemento do sufixo no fim do prefixo. Como a invariante era verdadeira antes de movermos o elemento, sabemos que, depois que acrescentamos o elemento, o prefixo ainda está em ordem crescente. Também sabemos que, como nós removemos o menor elemento do sufixo, nenhum elemento no prefixo é maior que o menor elemento no sufixo.

- Quando o programa termina, o prefixo inclui a lista inteira e o sufixo está vazio. Portanto, toda a lista está agora ordenada.

```
def selSort(L):
    """Assume que L é uma lista de elementos que podem ser
         comparados usando >.
       Ordena L em ordem crescente"""
    sufixoInicio = 0
    while sufixoInicio != len(L):
        #examina cada elemento no sufixo
        for i in range(sufixoInicio, len(L)):
            if L[i] < L[sufixoInicio]:
                #troca os elementos de posição
                L[sufixoInicio], L[i] = L[i], L[sufixoInicio]
        sufixoInicio += 1
```

Figura 10.3 Selection sort

É difícil imaginar um algoritmo de ordenação mais simples ou mais obviamente correto. Infelizmente, ele é ineficiente.[55] A complexidade do laço interno é O(len(L)). A complexidade do laço externo é também O(len(L)). Então, a complexidade da função inteira é O(len(L)^2). Ou seja, é quadrática com comprimento de L.

10.2.1 Merge Sort

Felizmente, podemos obter resultados muito melhores do que tempo quadrático usando um algoritmo **dividir-para-conquistar**. A ideia básica é combinar soluções para casos mais simples do problema original. Em geral, um algoritmo dividir-para-conquistar é caracterizado por

1. Um limite de tamanho de entrada, abaixo do qual o problema não é subdividido,
2. O tamanho e número de subproblemas no qual um problema é dividido e
3. O algoritmo usado para combinar subsoluções.

Os problemas abaixo do tamanho limite são às vezes chamados de **casos base**. Quanto ao item 2, é usual considerar a relação entre o tamanho do problema inicial e dos subproblemas. Na maioria dos exemplos que vimos até agora, a relação foi 2.

O **merge sort**, ou ordenação por mistura, é um dos principais exemplos de um algoritmo dividir-para-conquistar. Ele foi inventado por John von Neumann em 1945 e continua sendo largamente utilizado. Como muitos algoritmos de dividir-para-conquistar, é mais fácil descrevê-lo recursivamente.

1. Se a lista tem comprimento 0 ou 1, ela já está ordenada.
2. Se a lista tem mais de um elemento, divida a lista em duas listas e use o merge sort para ordenar cada uma delas.
3. Mescle os resultados.

A observação chave feita por von Neumann é que duas listas ordenadas podem ser misturadas eficientemente em uma única lista ordenada. A ideia é olhar para o primeiro elemento de cada lista e selecionar o menor dos dois como o próximo elemento da lista combinada. Quando uma das listas estiver vazia, tudo o que resta é copiar os itens restantes da outra lista. Considere, por exemplo, o processo de combinar as duas listas [1,5,12,18,19,20] e [2,3,4,17]:

---

[55] Mas não é o algoritmo de ordenação mais ineficiente, como sugerido por um então candidato a presidente dos EUA. Veja https://youtu.be/k4RRi_ntQc8.

Capítulo 10. Algumas Estruturas de Dados e Algoritmos Simples   157

Na lista 1	Na lista 2	Resultado
[1,5,12,18,19,20]	[2,3,4,17]	[]
[5,12,18,19,20]	[2,3,4,17]	[1]
[5,12,18,19,20]	[3,4,17]	[1,2]
[5,12,18,19,20]	[4,17]	[1,2,3]
[5,12,18,19,20]	[17]	[1,2,3,4]
[12,18,19,20]	[17]	[1,2,3,4,5]
[18,19,20]	[17]	[1,2,3,4,5,12]
[18,19,20]	[]	[1,2,3,4,5,12,17]
[]	[]	[1,2,3,4,5,12,17,18,19,20]

Qual é a complexidade do processo de mistura? Ele envolve duas operações de tempo constante, comparar os valores dos elementos e copiar os elementos de uma lista para outra. O número de comparações é O(len(L)), onde L é a lista mais longa. O número de operações de cópia é O(len(L1) + len(L2)), porque cada elemento é copiado exatamente uma vez. Portanto, a operação de misturar duas listas ordenadas é linear com o comprimento das listas.

A Figura 10.4 contém uma implementação do algoritmo do merge sort. Observe que o operador de comparação é um parâmetro da função mergeSort. O valor do parâmetro padrão é o operador lt definido no módulo Python padrão operator. Esse módulo define um conjunto de funções que correspondem aos operadores internos do Python (por exemplo, < para números). Faremos uso dessa flexibilidade na seção 10.2.2.

```python
def mistura(esquerda, direita, comparar):
    """Assume que esquerda e direita são listas ordenadas.
       A função comparar determina a ordem dos elementos.
       Retorna uma nova lista ordenada (segundo comparar) com os
          mesmos elementos que (esquerda + direita) conteria."""
    resultado = []
    i,j = 0, 0
    while i < len(esquerda) and j < len(direita):
        if comparar(esquerda[i], direita[j]):
            resultado.append(esquerda[i])
            i += 1
        else:
            resultado.append(direita[j])
            j += 1
    while (i < len(esquerda)):
        resultado.append(esquerda[i])
        i += 1
    while (j < len(direita)):
        resultado.append(direita[j])
        j += 1
    return resultado
```

```
import operator

def mergeSort(L, comparar = operator.lt):
    """Assume que L é uma lista, comparar determina a ordem
         dos elementos de L
       Retorna uma nova lista ordenada com os mesmos elementos de L"""
    if len(L) < 2:
        return L[:]
    else:
        metade = len(L)//2
        esquerda = mergeSort(L[:metade], comparar)
        direita = mergeSort(L[metade:], comparar)
        return mistura(esquerda, direita, comparar)
```

Figura 10.4 Merge sort

Analisemos a complexidade de mergeSort. Já sabemos que a complexidade de tempo de mistura é O(len(L)). Em cada nível da recursão, o número total de elementos a serem misturados é len(L). Portanto, a complexidade de tempo de mergeSort é O(len(L)) multiplicado pelo número de níveis de recursão. Como mergeSort divide a lista pela metade sucessivamente, sabemos que o número de níveis de recursão é O(log(len(L))). Portanto, a complexidade de tempo de mergeSort é O(n*log(n)), onde n é len(L).

Isto é muito melhor do que a complexidade O(len(L)^2) do selection sort. Por exemplo, se L tem 10.000 elementos, len(L)^2 é cem milhões mas len(L)*log$_2$(len(L)) é cerca de 130.000.

Essa redução na complexidade de tempo tem seu preço. O selection sort é um exemplo de um algoritmo de ordenação "**no lugar**", isto é, que não precisa de memória extra para armazenar listas auxiliares. Como ele troca a posição dos elementos dentro da lista, ele usa apenas uma quantidade constante de armazenamento extra (um elemento em nossa implementação). Em contraste, o algoritmo do merge sort faz cópias da lista. Isso significa que sua complexidade de espaço é O(len(L)). Isso pode ser um problema para listas grandes.[56]

---

[56] O **quicksort**, inventado por C. A. R. Hoare em 1960, é conceitualmente semelhante ao merge sort, mas consideravelmente mais complexo. Ele tem a vantagem de precisar de apenas de log(n) de espaço adicional. Ao contrário do merge sort, seu tempo de execução depende da maneira como os elementos na lista estão ordenados uns em relação aos outros. Embora seu tempo de execução no pior caso seja O(n^2), seu tempo de execução esperado é apenas O(n*log(n)).

10.2.2 Usando Funções como Parâmetros

Suponha que queremos ordenar uma lista de nomes escritos como nome sobrenome, por exemplo, a lista ['Chris Terman', 'Tom Brady', 'Eric Grimson', 'Gisele Bundchen']. A Figura 10.5 define duas funções de ordenação e então as usa para classificar uma lista de duas maneiras diferentes. Cada função importa o módulo padrão strings e usa a função split (dividir) desse módulo. Os dois argumentos de split são strings. O segundo argumento especifica um separador (um espaço em branco no código na Figura 10.5), que é usado para dividir o primeiro argumento em uma sequência de substrings. O segundo argumento é opcional. Se esse argumento for omitido a primeira string é dividida usando o conjunto das strings associadas a espaços em branco (espaço, tabulação, nova linha, retorno e alimentação de formulário).

```
def sobrenomeNome(nome1, nome2):
    import string
    nome1 = string.split(nome1, ' ')
    nome2 = string.split(nome2, ' ')
    if nome1[1] != nome2[1]:
        return nome1[1] < nome2[1]
    else: #mesmos sobrenomes, ordenar por nomes
        return nome1[0] < nome2[0]

def nomeSobrenome(nome1, nome2):
    import string
    nome1 = string.split(nome1, ' ')
    nome2 = string.split(nome2, ' ')
    if nome1[0] != nome2[0]:
        return nome1[0] < nome2[0]
    else: #mesmos nomes, ordenar por sobrenome
        return nome1[1] < nome2[1]

L = ['Chris Terman', 'Tom Brady', 'Eric Grimson', 'Gisele Bundchen']
novoL = mergeSort(L, sobrenomeNome)
print 'Ordenado por sobrenome =', novoL
novoL = mergeSort(L, nomeSobrenome)
print 'Ordenado por nome =', novoL
```

Figura 10.5 Ordenando uma lista de nomes

10.2.3 Ordenação em Python

O algoritmo de ordenação usado na maioria das implementações do Python é chamado **timsort**.[57] A ideia chave é fazer uso do fato de que, em muitas situações, os dados já estão parcialmente ordenados. O desempe-

---

[57] O **timsort** foi inventado por Tim Peters em 2002 porque ele estava descontente com o algoritmo usado anteriormente pelo Python.

nho do timsort é pelo menos igual ao do merge sort, mas em média ele é consideravelmente melhor.

Como mencionado anteriormente, o método list.sort recebe uma lista como seu primeiro argumento e modifica essa lista. Em contraste, a função sorted recebe um objeto iterável (por exemplo, uma lista ou um dicionário) como seu primeiro argumento e retorna uma nova lista ordenada. Por exemplo, o código

```
L = [3,5,2]
D = {'a':12, 'c':5, 'b':'dog'}
print sorted(L)
print L
L.sort()
print L
print sorted(D)
D.sort()
```

imprime

```
[2, 3, 5]
[3, 5, 2]
[2, 3, 5]
['a', 'b', 'c']
Traceback (most recent call last):
  File "/current/mit/Teaching/600/book/10-
AlgorithmsChapter/algorithms.py", linha 168, in <module>
    D.sort()
AttributeError: 'dict' object has no attribute 'sort'
```

Observe que, quando a função sorted é aplicada a um dicionário, o resultado é a lista ordenada das chaves do dicionário. Em contraste, quando o método sort é aplicado a um dicionário, ele gera uma exceção, uma vez que não há nenhum método dict.sort.

O método list.sort e a função sorted podem ter dois parâmetros adicionais. O parâmetro key desempenha o mesmo papel de comparar em nossa implementação do merge sort: ele fornece a função que deve ser usada para efetuar as comparações. O parâmetro reverse especifica se a lista é ordenada em ordem crescente ou decrescente. Por exemplo, o código

```
L = [[1,2,3], (3,2,1,0), 'abc']
print sorted(L, key = len, reverse = True)
```

ordena os elementos de L na ordem inversa de comprimento e imprime

```
[(3, 2, 1, 0), [1, 2, 3], 'abc']
```

Ambos o método list.sort e a função sorted oferecem **ordenações estáveis**. Isso significa que se dois elementos são iguais segundo a comparação usada para ordenar a lista, sua ordem relativa na lista original (ou em outro objeto sendo ordenado) é preservada na lista final.

10.3 Tabelas de Hash

Se juntarmos o merge sort e a pesquisa binária, temos uma boa maneira de fazer buscas em listas. Nós usamos o merge sort para preprocessar a lista em tempo O(n∗log(n)) e então podemos usar a busca binária para testar se o que estamos buscando está na lista em tempo O(log(n)). Se fizermos k buscas, a complexidade global de tempo será O(n∗log(n) + k∗log(n)).

Isso é bom, mas podemos ainda perguntar: a busca em tempo logarítmico é o melhor que podemos fazer quando estamos dispostos a fazer algum preprocessamento?

Quando introduzimos o tipo dict no Capítulo 5, dissemos que dicionários usam um algoritmo de hash (ou de dispersão) para fazer pesquisas em tempo quase independente do tamanho do dicionário. A ideia básica por trás de uma tabela de **hash** é simples. Podemos converter a chave em um inteiro e depois usar esse inteiro como índice de uma lista, o que pode ser feito em tempo constante. A princípio, os valores de qualquer tipo imutável podem ser facilmente convertidos em um inteiro. Afinal, nós sabemos que a representação interna de cada objeto é uma sequência de bits, e qualquer sequência de bits pode ser vista como a representação de um número inteiro. Por exemplo, a representação interna de 'abc' é a sequência de bits 011000010110001001100011, que pode ser vista como uma representação do número decimal inteiro 6.382.179. Claro, se quisermos usar a representação interna de strings como índices de uma lista, a lista ficará extremamente longa.

E quando as chaves já são números inteiros? Imagine que estamos implementando um dicionário que usa como chaves números de identidade com até 9 dígitos.[58] Se usarmos uma lista com 10^9 elementos para representar o dicionário, e usarmos esses números como índices da lista, podemos fazer pesquisas em tempo constante. Claro, se o dicionário tiver apenas dez mil (10^4) pessoas, isso desperdiçaria muito espaço.

E isso nos leva a nosso assunto, as funções hash. Uma **função hash** mapeia um grande espaço de entradas (por exemplo, todos os números naturais) em um espaço menor de saídas (por exemplo, os números naturais entre 0 e 5000). As funções hash podem ser usadas para converter um grande espaço de chaves em um espaço menor de índices inteiros.

Como o espaço de possíveis saídas é menor do que o espaço de possíveis entradas, uma função hash é um mapeamento de **muitos-para-um**, ou

---

[58] Um número de Seguridade Social dos Estados Unidos é um número inteiro de nove dígitos.

seja, várias entradas diferentes podem ser mapeadas para um mesmo valor. Quando duas entradas são mapeadas para a mesma saída, dizemos que ocorre uma **colisão** — um tópico a que voltaremos em breve. Uma boa função hash produz uma **distribuição uniforme**, ou seja, cada valor no intervalo de saída tem a mesma probabilidade, o que minimiza o número de colisões.

É surpreendentemente difícil criar boas funções hash. O problema é que você quer que as saídas sejam distribuídas uniformemente dada a distribuição esperada das entradas. Suponha, por exemplo, que uma função gere códigos hash para sobrenomes realizando alguns cálculos com as três primeiras letras. Nos Países Baixos, onde aproximadamente 5% dos sobrenomes começam com "van" e outros 5% com "de", a distribuição estaria longe de ser uniforme.

A Figura 10.6 usa uma função hash simples (lembre-se de que i%j retorna o resto da divisão do inteiro i pelo número inteiro j) para implementar um dicionário com inteiros como chaves.

A ideia básica é representar uma instância da classe intDic usando uma lista de **buckets** (em português, baldes), em que cada bucket é uma lista de pares chave/valor. Usando uma lista para cada bucket, nós lidamos com as colisões armazenando todos os valores com o mesmo código hash na lista do respectivo bucket.

A tabela de hash funciona da seguinte maneira: a variável buckets é inicializada com uma lista com numBuckets listas vazias. Para armazenar ou procurar uma entrada com a chave dicChave, nós usamos % como função hash, para converter dicChave em um número inteiro, e usamos esse índice para encontrar o bucket associado a dicChave. Nós então examinamos aquele bucket (que é uma lista) linearmente para ver se há uma entrada com a chave dicChave. Se encontrarmos uma entrada com a chave, nós simplesmente retornamos o valor armazenado com essa chave. Se não houver nenhuma entrada com a chave, retornamos None. Se um valor deve ser armazenado, então nós substituímos o valor na entrada, se já existir uma entrada para a chave, ou, caso contrário, acrescentamos uma nova entrada ao bucket.

Existem muitas outras maneiras de lidar com colisões, algumas consideravelmente mais eficientes do que usar listas. Mas esse é provavelmente o mecanismo mais simples, e ele funciona muito bem se a tabela de hash for grande o suficiente e a função hash gerar uma distribuição aproximadamente uniforme.

Observe que o método __str__ produz uma representação de um dicionário que não tem relação com a ordem em que os elementos foram adicionados a ele, mas, ao invés disso, os elementos são ordenados de acordo com os códigos hash das chaves. Isso explica por que não podemos prever a ordem das chaves em um objeto do tipo dict.

```
class intDic(object):
    """Um dicionário com chaves inteiras"""

    def __init__(self, numBuckets):
        """Cria um dicionário vazio"""
        self.buckets = []
        self.numBuckets = numBuckets
        for i in range(numBuckets):
            self.buckets.append([])

    def incluiEntrada(self, dicChave, dicVal):
        """Assume que dicChave é um int. Adiciona uma entrada."""
        hashBucket = self.buckets[dicChave%self.numBuckets]
        for i in range(len(hashBucket)):
            if hashBucket[i][0] == dicChave:
                hashBucket[i] = (dicChave, dicVal)
                return
        hashBucket.append((dicChave, dicVal))

    def getValor(self, dicChave):
        """Assume que dicChave é um int. Retorna a entrada associada
           com a chave dicChave"""
        hashBucket = self.buckets[dicChave%self.numBuckets]
        for e in hashBucket:
            if e[0] == dicChave:
                return e[1]
        return None

    def __str__(self):
        resultado = '{'
        for b in self.buckets:
            for e in b:
                resultado = resultado + str(e[0]) + ':' + str(e[1]) + ','
        return resultado[:-1] + '}' #resultado[:-1] omite vírgula final
```

Figura 10.6 Implementando dicionários utilizando hash

O código a seguir primeiro constrói um intDic com 20 entradas. Os valores das entradas são os inteiros de 0 a 19. As chaves são inteiros escolhidos aleatoriamente no intervalo de 0 a 10^5 - 1. (Discutiremos o módulo random no Capítulo 12.) O código a seguir imprime intDic usando o método __str__ definido na classe. Finalmente, ele imprime os buckets para cada valor de código hash iterando sobre D.buckets. (Isso é uma terrível violação da ocultação de informação, mas é pedagogicamente útil aqui.)

```
# -*- coding: utf-8 -*-
import random #um módulo da biblioteca padrão

D = intDic(29)
for i in range(20):
    #escolhe um int aleatório entre 0 e 10**5
    key = random.randint(0, 10**5)
    D.incluiEntrada(key, i)
print 'O valor de intDic é:'
print D
print '\n', 'Os buckets são:'
for hashBucket in D.buckets: #desrespeita a barreira de abstração
    print '   ', hashBucket
```

Quando executamos esse código, ele imprimiu[59]

```
O valor de intDic é:
{93467:5,78736:19,90718:4,529:16,12130:1,7173:7,68075:10,15851:0,
47027:14,452:8,5819:17,83076:6,55236:13,19481:9,11854:12,
29604:11,45902:15,14408:18,24965:3,89377:2}

Os buckets são:
    [(93467, 5)]
    [(78736, 19)]
    []
    []
    []
    []
    [(90718, 4)]
    [(529, 16)]
    [(12130, 1)]
    []
    [(7173, 7)]
    []
    [(68075, 10)]
    []
    []
    []
    []
    [(15851, 0)]
    [(47027, 14)]
    [(452, 8), (5819, 17)]
    [(83076, 6), (55236, 13)]
    []
    [(19481, 9), (11854, 12)]
    []
    [(29604, 11), (45902, 15), (14408, 18)]
    [(24965, 3)]
    []
    []
    [(89377, 2)]
```

---

[59] Como os inteiros foram escolhidos ao acaso, você provavelmente obterá resultados diferentes se executá-lo.

Quando rompemos a barreira de abstração e examinamos a representação de intDic, vemos que muitos buckets estão vazios. Outros contêm um, dois ou três elementos — dependendo do número de colisões que ocorreram.

Qual é a complexidade de getValor? Se não houvesse nenhuma colisão, ela seria O(1), já que cada bucket teria comprimento 0 ou 1. Mas, é claro, pode haver colisões. Se todos <n> elementos terminassem no mesmo bucket, a complexidade seria O(n), onde n é o número de entradas no dicionário, porque o código teria que realizar uma pesquisa linear no bucket. Usando uma tabela de hash suficientemente grande, nós podemos reduzir o número de colisões o suficiente para tornar a complexidade efetiva O(1). Em outras palavras, nós podemos trocar espaço por tempo. Mas o qual é o preço? Para responder a essa pergunta, é preciso ter um pouco de conhecimento sobre probabilidade, e por isso adiaremos a resposta para o Capítulo 12.

11 GRÁFICOS E MAIS SOBRE CLASSES

Muitas vezes o texto é a melhor maneira de comunicar informações, mas muitas vezes vale o provérbio chinês, 圖片的意義可以表達近萬字 ("O significado de uma imagem pode expressar dez mil palavras"). Entretanto, a maior parte dos programas usa apenas texto para se comunicar com seus usuários. Por quê? Porque, em muitas linguagens de programação, apresentar dados visuais é muito difícil. Felizmente, é fácil fazer isso em Python.

11.1 Traçando Gráficos Usando PyLab

O PyLab[60] é um módulo da biblioteca padrão do Python que oferece diversos recursos do MATLAB, "uma linguagem de computação técnica de alto nível e um ambiente interativo para desenvolvimento de algoritmos, visualização e análise de dados, e cálculo numérico".[61] Mais adiante, examinaremos alguns recursos mais avançados do PyLab, mas, neste capítulo, trataremos de alguns de seus recursos para traçar gráficos. Há um guia completo para os usuários do PyLab em http://matplotlib.org/users/index.html. Há também várias páginas na internet com excelentes tutoriais. Não tentaremos apresentar um guia completo aqui. Em vez disso, neste capítulo apenas examinaremos alguns exemplos de gráficos e explicaremos o código usado para gerá-los. Outros exemplos aparecem em capítulos posteriores.

Comecemos com um exemplo simples que usa a função `pylab.plot` para produzir dois gráficos. Execute

```
import pylab

pylab.figure(1) #cria a figura 1
pylab.plot([1,2,3,4], [1,7,3,5]) #desenha na figura 1
pylab.show() #mostra a figura 1 na tela
```

e uma janela será exibida na tela de seu computador. Sua aparência exata depende do sistema operacional de sua máquina, mas ela será semelhante à imagem a seguir:

---

[60] Nota do tradutor: Ao usar o Pylab, as strings com caracteres acentuados devem estar no formato Unicode. No Python 2.7, um u antes de uma string, como em u'ação', indica uma string Unicode. Ou, se o código iniciar com
`from __future__ import unicode_literals`, todas as strings serão Unicode.

[61] http://www.mathworks.com/products/matlab/index.html

Capítulo 11. Gráficos e Mais sobre Classes

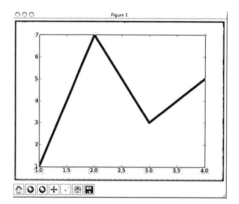

A barra na parte superior contém o nome da janela, neste caso "Figura 1".

A parte central da janela contém o gráfico gerado pela chamada a pylab.plot. Os dois parâmetros de pylab.plot devem ser sequências com o mesmo comprimento. A primeira sequência especifica as coordenadas x dos pontos a serem plotados, e a segunda, as coordenadas y. Juntas, elas fornecem uma sequência de quatro pares de coordenadas < x, y >, [(1,1), (2,7), (3,3), (4,5)]. Os pontos são plotados nessa ordem. À medida que cada ponto é plotado, é desenhada uma linha conectando-o ao ponto anterior.

A linha final do código, pylab.show(), faz a janela aparecer na tela do computador.[62] Se essa linha não estivesse presente, a figura ainda teria sido produzida, mas ela não teria sido exibida. Isso não é tão idiota como pode soar a princípio, já que você pode querer gravar um gráfico diretamente em um arquivo, como faremos mais tarde, em vez de exibi-lo na tela.

A barra na parte inferior da janela contém alguns botões. O botão mais à direita é usado para gravar o gráfico em um arquivo.[63] O próximo botão para a esquerda é usado para ajustar a aparência do gráfico na janela. Os próximos quatro botões são usados para mover o gráfico e ajustar o zoom.

---

[62] Em alguns sistemas operacionais, pylab.show() faz com que a execução do Python seja suspensa até a figura ser fechada (clicando no botão redondo vermelho no canto superior esquerdo da janela). Isso é lamentável. A solução mais comum é garantir que pylab.show() seja a última linha de código a ser executada.

[63] Para os leitores jovens demais para saber, o ícone representa um "disquete". Os disquetes foram introduzidos pela IBM em 1971. Tinham 20,3 centímetros de diâmetro e armazenavam um total de 80.000 bytes. O IBM PC original tinha uma única unidade de disquete de 14 centímetros, com 160Kbytes. Durante a maior parte das décadas de 70 e 80, as unidades de disquete eram o principal dispositivo de armazenamento de computadores pessoais. A transição de disquetes flexíveis para disquetes com invólucros rígidos (como aquele representado no ícone) começou em meados da década de 80 (com o Macintosh).

E o botão à esquerda é usado para restaurar a aparência original da imagem.

É possível gerar várias imagens e gravá-las em arquivos. Esses arquivos podem ter o nome que você quiser, mas todos terão a extensão de arquivo .png. A extensão .png indica que o arquivo está no formato Portable Network Graphics. Esse é um formato de imagem de código aberto.

O código

```
pylab.figure(1) #criar figura 1
pylab.plot([1,2,3,4], [1,2,3,4]) #desenhar na figura 1
pylab.figure(2) #criar figura 2
pylab.plot([1,4,2,3], [5,6,7,8]) #desenhar na figura 2
pylab.savefig('Figura-Addie') #gravar figura 2
pylab.figure(1) #voltar a trabalhar na figura 1
pylab.plot([5,6,10,3]) #desenhar novamente na figura 1
pylab.savefig('Figura-Jane') #gravar figura 1
```

gera e grava, nos arquivos Figura-Jane.png e Figura-Addie.png, os dois gráficos abaixo.

Observe que, ao ser chamado pela última vez, pylab.plot recebe apenas um argumento. Esse argumento fornece os valores de y. Como os valores de x não foram fornecidos, ele recebe o valor padrão range(len([5, 6, 10, 3])), ou seja, a função range aplicada ao número de pontos, e, assim, os valores de x vão de 0 até 3 nesse caso.

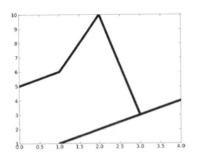 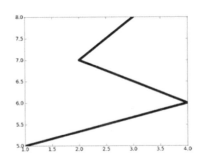

Conteúdo de Figura-Jane.png **Conteúdo de Figura-Addie.png**

No PyLab, você executa pylab.figure(x) para selecionar, pelo número, a figura com que você quer trabalhar. Depois disso, as funções passam a trabalhar com essa figura, até que você chame novamente pylab.figure. Isso explica por que a figura gravada no arquivo Figura-Addie.png foi a segunda figura criada.

Examinemos outro exemplo. O código
```
principal = 10000 # investimento inicial
jurosTaxa = 0.05
anos = 20
valores = []
for i in range(anos + 1):
    valores.append(principal)
    principal += principal*jurosTaxa
pylab.plot(valores)
```
produz o gráfico abaixo e à esquerda.

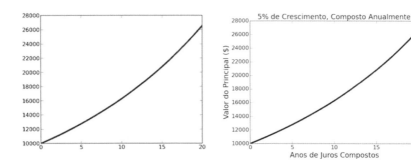

Se examinarmos o código, podemos deduzir que se trata de um gráfico mostrando o crescimento de um investimento inicial de $10.000,00 a uma taxa de juros de 5% composta anualmente. No entanto, isso não é evidente se apenas olharmos para o gráfico. Isso é uma coisa ruim. Todos os gráficos devem ter títulos informativos, e todos os eixos devem ser rotulados.

Se adicionarmos ao final do nosso código as linhas
```
pylab.title('5% de Crescimento, Composto Anualmente')
pylab.xlabel('Anos de Juros Compostos')
pylab.ylabel('Valor do Principal ($)')
```
obtemos o gráfico acima e à direita.

Para cada curva traçada, há um argumento opcional que é uma string de formato indicando a cor e tipo de linha do gráfico.[64] As letras e símbolos da string de formato são derivados daqueles usados em MATLAB, e são compostos de um indicador de cor seguido por um indicador de estilo de linha. A string de formato padrão é 'b-', que produz uma linha azul sólida. Para traçar o último gráfico com círculos vermelhos, você poderia substituir a chamada pylab.plot(valores) por pylab.plot(valores, 'ro'),

---

[64] Para não aumentar o preço, decidimos publicar este livro em preto e branco. Isso criou um dilema: deveríamos discutir como usar cor em gráficos ou não? Chegamos à conclusão de que a cor é importante demais para ser ignorada. Se você quiser ver como ficam os gráficos em cores, execute o código.

que produz o gráfico na próxima página. Você encontra a lista completa de indicadores de estilo de cor e linha em http://matplotlib.sourceforge.net/api/pyplot_api.html#matplotlib.pyplot.plot.

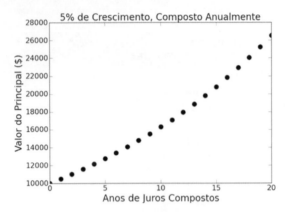

Também é possível alterar a largura da linha e o tamanho da fonte usada no gráfico. Isso pode ser feito usando argumentos de palavra-chave ao chamar as funções. Por exemplo, o código

```
principal = 10000 #investimento inicial
jurosTaxa = 0.05
anos = 20
valores = []
for i in range(anos + 1):
    valores.append(principal)
    principal += principal*jurosTaxa
pylab.plot(valores, linewidth = 30)
pylab.title('5% de Crescimento, Composto Anualmente',
            fontsize = 'xx-large')
pylab.xlabel('Anos de Juros Compostos', fontsize = 'x-small')
pylab.ylabel('Valor do Principal ($)')
```

produz um gráfico com aparência intencionalmente bizarra

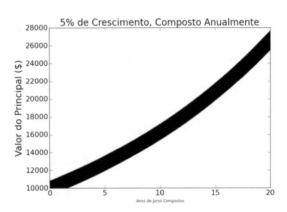

Também é possível alterar os valores padrão, que são conhecidos como "configurações rc". (O nome "rc" é derivado da extensão de arquivo .rc usada para arquivos de configuração no Unix.) Esses valores são armazenados em uma variável do tipo dicionário que pode ser acessada através do nome pylab.rcParams. Então, por exemplo, você pode definir uma largura de linha padrão de 6 pontos[65] executando o código pylab.rcParams['lines.linewidth'] = 6.

Os valores padrão usados nos exemplos neste livro são definidos com o código

```
#ajusta largura da linha
pylab.rcParams['lines.linewidth'] = 4
#ajusta tamanho da fonte para títulos
pylab.rcParams['axes.titlesize'] = 20
#ajusta tamanho da fonte para rótulos dos eixos
pylab.rcParams['axes.labelsize'] = 20
#ajusta tamanho dos números no eixo x
pylab.rcParams['xtick.labelsize'] = 16
#ajusta tamanho dos números no eixo y
pylab.rcParams['ytick.labelsize'] = 16
#ajusta tamanho das marcas no eixo x
pylab.rcParams['xtick.major.size'] = 7
#ajusta tamanho das marcas no eixo y
pylab.rcParams['ytick.major.size'] = 7
#ajusta tamanho dos marcadores
pylab.rcParams['lines.markersize'] = 10
```

Se você estiver exibindo gráficos em uma tela colorida, você dificilmente precisará alterar essas configurações. Nós personalizamos as configurações para que fosse fácil ler os gráficos quando nós os reduzíssemos e os convertêssemos para preto e branco. Você encontra uma discussão completa sobre como personalizar as configurações em http://matplotlib.sourceforge.net/users/customizing.html.

11.2 Gráficos de Hipotecas, um Exemplo Estendido

No Capítulo 8, nós trabalhamos com diversos tipos de hipotecas como um exemplo do uso de subclasses. Concluímos aquele capítulo observando que "nosso programa deveria estar produzindo gráficos mostrando como a hipoteca se comporta ao longo do tempo". A Figura 11.1 estende a classe Hipoteca, adicionando métodos que geram esses gráficos de forma conveniente. (A função calcPagamento, que é usada em Hipoteca, é definida na Figura 8.8.)

---

[65] O ponto é uma medida utilizada em tipografia. É igual a 1/72 de uma polegada, que corresponde a 0,3527 milímetros.

```
class Hipoteca(object):
    """Classe abstrata para construir diferentes tipos de hipotecas"""

    def __init__(self, emprestimo, taxaAnual, meses):
        """Criar uma nova hipoteca"""
        self.emprestimo = emprestimo
        self.taxa = taxaAnual/12.0
        self.meses = meses
        self.pago = [0.0]
        self.devido = [emprestimo]
        self.pagamento = calcPagamento(emprestimo, self.taxa, meses)
        self.legenda = None #descrição da hipoteca

    def fazerPagamento(self):
        """Fazer um pagamento"""
        self.pago.append(self.pagamento)
        reducao = self.pagamento - self.devido[-1]*self.taxa
        self.devido.append(self.devido[-1] - reducao)

    def getTotalPago(self):
        """Retorna o valor total pago até o momento"""
        return sum(self.pago)

    def __str__(self):
        return self.legenda

    def plotarPagamentos(self, style):
        pylab.plot(self.pago[1:], style, label = self.legenda)

    def plotarSaldo(self, style):
        pylab.plot(self.devido, style, label = self.legenda)

    def plotarTotPg(self, style):
        """Plota o total acumulados de pagamentos feitos"""
        totPg = [self.pago[0]]
        for i in range(1, len(self.pago)):
            totPg.append(totPg[-1] + self.pago[i])
        pylab.plot(totPg, style, label = self.legenda)

    def plotarCusto(self, style):
        """Plota uma aproximação do custo total custo da hipoteca ao
            Longo do tempo plotando o dinheiro gasto menos o patrimônio
            Adquirido pelo pagamento de parte do emprestimo"""
        totPg = [self.pago[0]]
        for i in range(1, len(self.pago)):
            totPg.append(totPg[-1] + self.pago[i])
        #O patrimônio adquirido é o valor do empréstimo já pago,
        #que é o valor do emprestimo menos o que ainda é devido
        patrimonio = pylab.array([self.emprestimo]*len(self.devido))
        patrimonio = patrimonio - pylab.array(self.devido)
        net = pylab.array(totPg) - patrimonio
        pylab.plot(net, style, label = self.legenda)
```

Figura 11.1 Classe Hipoteca com métodos de plotagem

Os métodos plotarPagamentos e plotarSaldo têm apenas uma linha, mas eles usam pylab.plot de uma forma que ainda não vimos. Quando uma figura contém vários gráficos, é útil produzir uma legenda que identifique o que cada gráfico representa. Na Figura 11.1, cada chamada a pylab.plot usa o argumento de palavra-chave label para associar uma string ao gráfico produzido por essa chamada. (Esse e outros argumentos de palavra-chave devem vir após a string de formato, se houver). Uma legenda pode ser adicionada à figura chamando a função pylab.legend, como mostrado na Figura 11.3.

Os métodos não triviais na classe Hipoteca são plotarTotPg e plotarCusto. O método plotarTotPg simplesmente plota o total acumulado dos pagamentos efetuados. O método plotarCusto plota uma aproximação do custo total da hipoteca ao longo do tempo, que corresponde ao dinheiro gasto menos o patrimônio adquirido pelo pagamento de parte do empréstimo.[66]

A expressão pylab.array(self.devido) em plotarCusto executa uma conversão de tipo. Até agora, nós usamos as funções de plotagem do PyLab com argumentos do tipo lista. Nos bastidores, o PyLab converte essas listas em um tipo diferente, **array**, que o PyLab herda do módulo NumPy.[67] A chamada a pylab.array torna isso explícito. Há várias formas convenientes de manipular arrays que não estão disponíveis de imediato para listas. Em particular, você pode formar expressões usando matrizes e operadores aritméticos. Considere, por exemplo, o código

```
a1 = pylab.array([1, 2, 4])
print 'a1 =', a1
a2 = a1*2
print 'a2 =', a2
print 'a1 + 3 =', a1 + 3
print '3 - a1 =', 3 - a1
print 'a1 - a2 =', a1 - a2
print 'a1*a2 =', a1*a2
```

A expressão a1*2 multiplica cada elemento de a1 pela constante 2. A expressão a1 + 3 adiciona o inteiro 3 a cada elemento de a1. A expressão a1 - a2 subtrai cada elemento de a2 do elemento correspondente de a1 (se os arrays tivessem comprimento diferente, um erro teria ocorrido). A expressão a1*a2 multiplica cada elemento de a1 pelo elemento correspondente de a2. Quando o código acima é executado, ele imprime

---

[66] É uma aproximação porque ele não executa um cálculo de valor presente líquido levando em conta o valor do dinheiro no tempo.

[67] NumPy é um módulo do Python com ferramentas para a computação científica. Além de matrizes multidimensionais, ele fornece várias ferramentas de álgebra linear.

```
a1 = [1 2 4]
a2 = [2 4 8]
a1 + 3 = [4 5 7]
3 - a1 = [ 2  1 -1]
a1 - a2 = [-1 -2 -4]
a1*a2 = [ 2   8 32]
```

Há várias maneiras de criar arrays em PyLab, mas a mais comum é criar primeiro uma lista e depois convertê-la.

A Figura 11.2 repete as três subclasses de Hipoteca do Capítulo 8. Cada uma delas tem um método __init__ diferente, que substitui o __init__ de Hipoteca. A subclasse DuasTaxas também substitui o método fazerPagamento de Hipoteca.

```
class Fixa(Hipoteca):
    def __init__(self, emprestimo, r, meses):
        Hipoteca.__init__(self, emprestimo, r, meses)
        self.legenda = 'Fixa, ' + str(r*100) + '%'

class FixaComPontos(Hipoteca):
    def __init__(self, emprestimo, r, meses, pts):
        Hipoteca.__init__(self, emprestimo, r, meses)
        self.pts = pts
        self.pago = [emprestimo*(pts/100.0)]
        self.legenda = 'Fixa, ' + str(r*100) + '%, '\
                    + str(pts) + ' pontos'

class DuasTaxas(Hipoteca):
    def __init__(self, emprestimo, r, meses, promoTaxa, promoMeses):
        Hipoteca.__init__(self, emprestimo, promoTaxa, meses)
        self.promoMeses = promoMeses
        self.promoTaxa = promoTaxa
        self.proxTaxa = r/12.0
        self.legenda = str(promoTaxa*100)\
                    + '% por ' + str(self.promoMeses)\
                    + u' meses, então ' + str(r*100) + '%'

    def fazerPagamento(self):
        if len(self.pago) == self.promoMeses + 1:
            self.taxa = self.proxTaxa
            self.pagamento = calcPagamento(self.devido[-1], self.taxa,
                                    self.meses - self.promoMeses)
        Hipoteca.fazerPagamento(self)
```

Figura 11.2 Subclasses de Hipoteca

A Figura 11.3 contém funções que podem ser usadas para gerar gráficos que dão uma visão geral dos diferentes tipos de hipotecas.

Capítulo 11. Gráficos e Mais sobre Classes 175

```
def plotarHipotecas(hipotecas, valor):
    estilos = ['b-', 'b-.', 'b:']
    pagamentos = 0    #associa os números das figuras a nomes
    custo = 1
    saldo = 2
    custoLiquido = 3
    pylab.figure(pagamentos)
    pylab.title(u'Pagamentos ao Mês (Hipotecas de $'+ str(valor) + ')')
    pylab.xlabel(u'Meses')
    pylab.ylabel(u'Pagamentos Mensais')
    pylab.figure(custo)
    pylab.title(u'Total Pago (Hipotecas de $' + str(valor) + ')')
    pylab.xlabel(u'Meses')
    pylab.ylabel(u'Total de Pagamentos')
    pylab.figure(saldo)
    pylab.title(u'Saldo Devedor (Hipotecas de$' + str(valor) + ')')
    pylab.xlabel(u'Meses')
    pylab.ylabel(u'Saldo Devedor $')
    pylab.figure(custoLiquido)
    pylab.title(u'Custo Líquido (Hipotecas de $ ' + str(valor) + ')')
    pylab.xlabel(u'Meses')
    pylab.ylabel(u'Pagamentos - Valor do Imóvel $')
    for i in range(len(hipotecas)):
        pylab.figure(pagamentos)
        hipotecas[i].plotarPagamentos(estilos[i])
        pylab.figure(custo)
        hipotecas[i].plotarTotPg(estilos[i])
        pylab.figure(saldo)
        hipotecas[i].plotarSaldo(estilos[i])
        pylab.figure(custoLiquido)
        hipotecas[i].plotarCusto(estilos[i])
    pylab.figure(pagamentos)
    pylab.legend(loc = 'upper center')
    pylab.figure(custo)
    pylab.legend(loc = 'best')
    pylab.figure(saldo)
    pylab.legend(loc = 'best')

def compararHipotecas(valor, anos, fixaTaxa, pts, ptsTaxa,
                      varTaxa1, varTaxa2, varMeses):
    totMeses = anos*12
    fixa1 = Fixa(valor, fixaTaxa, totMeses)
    fixa2 = FixaComPontos(valor, ptsTaxa, totMeses, pts)
    duasTaxas = DuasTaxas(valor, varTaxa2, totMeses, varTaxa1, varMeses)
    hipotecas = [fixa1, fixa2, duasTaxas]
    for m in range(totMeses):
        for hipoteca in hipotecas:
            hipoteca.fazerPagamento()
    plotarHipotecas(hipotecas, valor)
    pylab.plot()
    pylab.show()
```

Figura 11.3 Gerar gráficos de hipoteca

A função `plotarHipotecas` gera títulos e rótulos de eixo adequados para cada gráfico e, em seguida, usa os métodos em `Hipoteca` para produzir os gráficos. Ela chama `pylab.figure` para garantir que os gráficos apropriados apareçam em uma determinada figura. Ela usa o índice `i` para selecionar elementos das listas `hipotecas` e `estilos`, para garantir que os diferentes tipos de hipotecas sejam representados de forma consistente nos gráficos. Por exemplo, como o terceiro elemento em `hipotecas` é uma hipoteca de taxa variável e o terceiro elemento em `estilos` é `'b:'`, a hipoteca de taxa variável é traçada usando uma linha pontilhada azul.

A função `compararHipotecas` gera uma lista de diferentes hipotecas e simula uma série de pagamentos para cada uma, como vimos no Capítulo 8. Em seguida, ela chama `plotarHipotecas` para produzir os gráficos.

A chamada

```
compararHipotecas(valor=200000, anos=30, fixaTaxa=0.07,
        pts = 3.25, ptsTaxa=0.05,
        varTaxa1=0.045, varTaxa2=0.095, varMeses=48)
```

produz gráficos que mostram algumas características das hipotecas discutidas no Capítulo 8.

O primeiro gráfico, produzido chamando `plotarPagamentos`, simplesmente plota cada pagamento de cada hipoteca no tempo. A localização da caixa com a legenda é determinado pelo valor fornecido para o argumento de palavra-chave `loc` usado na chamada a `pylab.legend`. Quando `loc` tem o valor `'best'` (melhor) o local é escolhido automaticamente. O gráfico deixa claro como os pagamentos mensais variam (ou não) ao longo do tempo, mas não lança muita luz nos custos relativos de cada tipo de hipoteca.

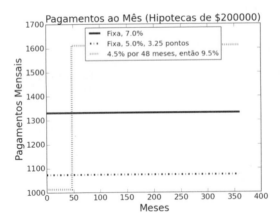

O próximo gráfico foi produzido chamando `plotarTotPg`. Ele lança luz no custo de cada tipo de hipoteca plotando a soma dos custos que incidiram no início de cada mês. O gráfico completo está à esquerda, à direita está uma ampliação da parte esquerda do gráfico.

Capítulo 11. Gráficos e Mais sobre Classes

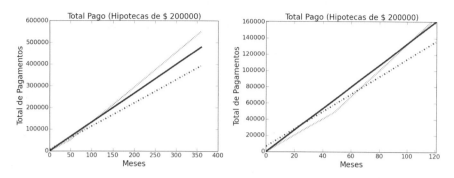

Os dois últimos gráficos mostram a dívida restante (à esquerda) e o custo total líquido da hipoteca (à direita).

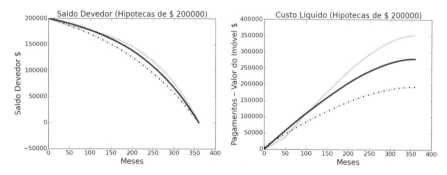

12 PROGRAMAS ESTOCÁSTICOS, PROBABILIDADE E ESTATÍSTICA

Há algo muito reconfortante na mecânica newtoniana. Você empurra para baixo uma alavanca e a outra extremidade sobe. Você joga uma bola para cima; ela percorre um caminho parabólico e cai no chão. $\vec{F} = m\vec{a}$. Em síntese, tudo acontece por alguma razão. O mundo físico é um lugar completamente previsível — podemos calcular todos os estados futuros de um sistema físico se conhecermos seu estado atual.

Durante séculos, essa foi a visão científica predominante; então surgiu a mecânica quântica e a doutrina de Copenhagen. Os defensores dessa doutrina, liderados por Bohr e Heisenberg, sustentaram que, em seu nível mais fundamental, o comportamento do mundo físico não pode ser previsto. Podemos fazer afirmações probabilísticas da forma "é altamente provável que x ocorra", mas não declarações da forma "é certo que x ocorrerá". Outros físicos ilustres, com destaque para Einstein e Schrödinger, discordaram veementemente.

Este debate agitou os mundos da física, filosofia e mesmo da religião. O cerne do debate era a validade do **não determinismo causal**, ou seja, da concepção de que nem todo evento é causado por eventos anteriores. Einstein e Schrödinger julgavam que essa visão era filosoficamente inaceitável, como exemplificado pelo comentário de Einstein, muitas vezes repetido, de que "Deus não joga dados com o universo". O que ele aceitava era o **não determinismo preditivo**, ou seja, que nossa incapacidade de fazer medições precisas sobre o mundo físico torna impossível fazer previsões precisas sobre seus estados futuros. Essa distinção foi muito bem resumida por Einstein, que disse: "o caráter essencialmente estatístico da teoria contemporânea deve ser atribuído apenas ao fato de que essa teoria funciona como uma descrição incompleta dos sistemas físicos".

A questão do não determinismo causal ainda não foi resolvida. No entanto, se a razão pela qual não podemos prever eventos é porque eles são verdadeiramente imprevisíveis ou porque não temos informação suficiente para prevê-los não tem importância prática. Enquanto o debate de Bohr/Einstein centrou-se nos níveis mais fundamentais do mundo físico, os mesmos problemas surgem a nível macroscópico. Talvez os resultados de corridas de cavalos, jogos de roleta e investimentos no mercado de ações sejam causalmente deterministas. No entanto, há ampla evidência de que é perigoso vê-los dessa forma.[68]

---

[68] Claro, isso não impede que as pessoas acreditem que eles são e percam muito dinheiro em razão dessa crença.

Este livro é sobre o uso da computação para resolver problemas. Até aqui, concentramos nossa atenção nos problemas que podem ser resolvidos com computações determinísticas. Essas computações são muito úteis, mas claramente não são suficientes para enfrentar alguns tipos de problemas. Muitos aspectos do mundo em que vivemos só podem ser modelados com precisão como processos **estocásticos**.[69] Um processo é estocástico se seu estado seguinte depende dos estados anteriores e também de algum elemento aleatório.

12.1 Programas Estocásticos

Um programa é **determinístico** se, sempre que é executado com os mesmos dados, produz a mesma saída. Note que isso não é o mesmo que dizer que a saída é completamente definida pela especificação do problema. Considere, por exemplo, a especificação de raizQuadrada:

```
def raizQuadrada(x, epsilon):
    """Assume que x e epsilon são floats; x >= 0 e epsilon > 0
       Retorna um float y tal que x-epsilon <= y*y <= x+epsilon"""
```

Essa especificação admite muitos resultados possíveis para a chamada à função raizQuadrada(2, 0.001). No entanto, o algoritmo de aproximação sucessiva que vimos no Capítulo 3 sempre retornará o mesmo valor. A especificação não exige, entretanto, que a implementação seja determinista, mas admite implementações deterministas.

Nem todas as especificações interessantes podem ser atendidas por implementações deterministas. Considere, por exemplo, a implementação de um programa para jogar um jogo com dados, por exemplo, gamão ou Craps. Em algum lugar no programa pode haver uma função que simula um lançamento de um dado justo[70] de seis lados. Suponha que ela seja especificada da seguinte forma

```
def rolarDado():
    """Retorna um int entre 1 e 6"""
```

Isso seria problemático, porque permite que a implementação retorne sempre o mesmo número, o que tornaria o jogo muito tedioso. Seria melhor especificar que rolarDado "retorna um int escolhido aleatoriamente entre 1 e 6".

---

[69] A palavra se origina da palavra grega *stokhastikos,* que significa algo como "capaz de adivinhação". O objetivo de um programa estocástico, como veremos, é conseguir um bom resultado, mas não é garantido que o resultado seja sempre o mesmo.

[70] Um dado é justo se cada um dos seis resultados possíveis é igualmente provável.

A maioria das linguagens de programação, incluindo o Python, oferecem maneiras simples de escrever programas que usam a aleatoriedade. O código na Figura 12.1 usa uma das várias funções úteis encontradas no módulo random (aleatório) da biblioteca padrão do Python. A função random.choice recebe uma sequência não vazia como argumento e retorna um elemento dessa sequência escolhido aleatoriamente. Quase todas as funções em random são construídas usando a função random.random, que gera um número de ponto flutuante aleatório entre 0.0 e 1.0.[71]

```
import random

def rolarDado():
    """Retorna um int escolhido aleatoriamente entre 1 e 6"""
    return random.choice([1,2,3,4,5,6])

def rolarN(n):
    resultado = ''
    for i in range(n):
        resultado = resultado + str(rolarDado())
    print resultado
```

Figura 12.1 rolarDado

Agora, imagine executar rolarN(10). Você ficaria mais surpreso ao vê-lo imprimir 1111111111 ou 5442462412? Ou, dito de outra forma, qual dessas duas sequências é mais aleatória? Essa é uma pergunta capciosa. Cada uma dessas sequências é igualmente provável, porque cada valor é independente dos valores dos resultados anteriores. Em um processo estocástico dois eventos são **independentes** se o resultado de um evento não tem qualquer influência no resultado do outro.

Isto é um pouco mais fácil de ver se simplificarmos a situação pensando em um dado com dois lados (também conhecido como uma moeda) com os valores 0 e 1. Isso permite que nós tratemos o resultado da chamada a rolarN como um número binário (veja o Capítulo 3). Quando utilizamos um dado binário, existem 2^n possíveis sequências que rolarN pode retornar. Cada uma delas é igualmente provável, portanto, cada uma tem uma probabilidade de $(1/2)^n$.

Voltemos para nosso dado de seis lados. Quantas sequências diferentes de comprimento 10 existem? 6^{10}. Assim, a probabilidade de obtermos 1 dez vezes em sequência é $1/6^{10}$. Menos de um em 60 milhões. Bem baixa, mas não é menor do que a probabilidade de qualquer outra sequência de dez números, por exemplo, 5442462412.

---

[71] Na verdade, a função não é verdadeiramente aleatória. Ela é o que os matemáticos chamam de **pseudoaleatória**. Para quase todos os fins práticos, exceto a criptografia, essa distinção não é relevante e deve ser ignorada.

Em geral, quando falamos sobre a probabilidade de um resultado ter alguma propriedade (por exemplo, todos valores serem 1) estamos perguntando qual fração de todos os resultados possíveis tem essa propriedade. É por isso que as probabilidades variam de 0 a 1. Suponha que nós queremos saber a probabilidade de obtermos qualquer sequência diferente de uma sequência de 1s quando rolamos o dado? É simplesmente $1 - (1/6^{10})$, porque a probabilidade de algo acontecer e a probabilidade de a mesma coisa não acontecer devem somar 1.

Suponha que nós queremos saber a probabilidade de rolar o dado dez vezes sem obter um único 1. Uma maneira de responder a essa pergunta é transformá-la na questão de quantas das 6^{10} possíveis sequências não contêm um 1.

Isto pode ser calculado da seguinte forma:

- A probabilidade de não rolar um 1 em um determinado lançamento é 5/6.

- A probabilidade de não rolar um 1 no primeiro ou no segundo lançamento é (5/6)*(5/6), ou $(5/6)^2$.

- Assim, a probabilidade de não rolar um 1 dez vezes seguidas é $(5/6)^{10}$, ligeiramente mais do que 0,16.

Voltaremos a falar sobre probabilidade um pouco mais detalhadamente mais tarde.

12.2 Estatística Inferencial e Simulação

O minúsculo programa na Figura 12.1 é um **modelo de simulação**. Em vez de pedir para alguém rolar um dado várias vezes, nós escrevemos um programa para simular essa atividade.

Muitas vezes usamos simulações para estimar o valor de uma quantidade desconhecida, fazendo uso dos princípios da estatística **inferencial**. Resumindo (já que este não é um livro sobre estatística), o princípio fundamental da estatística inferencial é que uma amostra aleatória tende a exibir as mesmas propriedades que a população da qual ela é extraída.

Suponha que Harvey Dent (também conhecido como Duas-Caras) arremessou uma moeda e deu cara. Você não pode concluir a partir disso que no próximo arremesso o resultado também será cara. Suponha que ele arremessou a moeda duas vezes e obteve cara em ambas as vezes. Você pode argumentar que a probabilidade de isso acontecer com uma moeda justa (isto é, uma moeda para a qual cara e coroa sejam igualmente prováveis) é 0,25, então não há ainda nenhuma razão para supor que o próximo resultado será cara. Suponha, no entanto, que 100 de 100 arremessos deram cara. $1/2^{100}$ é um número muito pequeno, então você pode se sentir seguro em inferir que a moeda tem caras em ambos os lados.

Sua opinião, se a moeda é justa ou não, baseia-se na intuição de que o comportamento de uma amostra de 100 arremessos é semelhante ao comportamento da população de todos os arremessos de sua moeda. Essa opinião parece bastante razoável quando todos os 100 arremessos são caras. Suponha que 55 arremessos deram cara e 45, coroa. Você se sentiria confortável em prever que os próximos 100 arremessos teriam a mesma proporção de caras e coroas? Por falar nisso, você apostaria que haveria mais caras do que coroas nos 100 arremessos seguintes? Pense um pouco nisso e depois faça um experimento usando o código da Figura 12.2.

A função arremessar na Figura 12.2 simula o número escolhido de arremessos de uma moeda justa e retorna a fração das vezes em que o resultado foi cara. Para cada lançamento, random.random() retorna um número aleatório de ponto flutuante entre 0,0 e 1,0. Números menores ou maiores que 0,5 são tratados como cara ou coroa, respectivamente. O valor 0,5 é arbitrariamente tratado como coroa. Dado o vasto número de valores em ponto flutuante entre 0,0 e 1,0, é altamente improvável que isso afete o resultado.

```
def arremessar(numArremessos):
    caras = 0.0
    for i in range(numArremessos):
        if random.random() < 0.5:
            caras += 1
    return caras/numArremessos

def arremessarSim(numArremessosPorExperimento, numRepeticoes):
    fracaoCaras = []
    for i in range(numRepeticoes):
        fracaoCaras.append(arremessar(numArremessosPorExperimento))
    media = sum(fracaoCaras)/len(fracaoCaras)
    return media
```

Figura 12.2 Arremessar uma moeda

Tente executar a função arremessarSim(100, 1) algumas vezes. Aqui está o que vimos nas duas primeiras vezes que tentamos:

```
>>> print arremessarSim(100, 1)
0.44
>>> print arremessarSim(100, 1)
0.57999999999999996
```

Parece que não podemos concluir muito (além do fato de que a moeda tem cara e coroa) a partir de 100 lançamentos. É por isso que geralmente estruturamos nossas simulações para incluir várias repetições e comparar os resultados. Executemos arremessarSim(100, 100):

```
>>> print arremessarSim(100, 100)
0.4993
>>> print arremessarSim(100, 100)
0.4953
```

Intuitivamente, nós temos mais confiança nesses resultados. E quanto a arremessarSim(100, 100000):

```
>>> print arremessarSim(100, 1000000)
0.49999221
>>> print arremessarSim(100, 100000)
0.50003922
```

Esses parecem ser resultados realmente bons (especialmente porque sabemos que a resposta deve ser 0,5, mas usar essa informação seria trapaça). Agora, parece que podemos concluir com segurança algo sobre o próximo lançamento, ou seja, que as probabilidades de sair cara e de sair coroa são aproximadamente iguais. Mas por que nós achamos que podemos concluir isso?

O que acabamos de ver está de acordo com a **lei dos grandes números** (também conhecido como **teorema de Bernoulli**[72]). Essa lei diz que, em experimentos independentes repetidos (por exemplo, jogar uma moeda justa 100 vezes e contar a fração de caras) com o mesmo valor esperado (0,5, nesse caso), o valor médio dos experimentos se aproxima do valor esperado à medida que o número de experimentos aumenta.

É interessante notar que a lei dos grandes números não implica, como muitos parecem pensar, que, se ocorrerem desvios do comportamento esperado, esses desvios serão compensados por desvios oposto no futuro. Essa aplicação errônea da lei dos grandes números é conhecida como a **falácia do jogador**.[73]

---

[72] Embora a lei dos grandes números tenha sido discutida no século XVI por Cardano, a primeira prova foi publicada por Jacob Bernoulli no início do século XVIII. Ela não tem relação com o teorema sobre dinâmica de fluidos chamado de Teorema de Bernoulli, que foi provado pelo sobrinho de Jacob, Daniel.

[73] "Em 18 de agosto de 1913, no casino em Monte Carlo, o preto saiu um recorde de 26 vezes seguidas [na roleta]. ... [Houve] uma corrida, quase um pânico, para apostar no vermelho, começando quando o preto já havia saído extraordinárias 15 vezes. Aplicando a doutrina da maturidade [das chances], os jogadores dobraram e triplicaram suas apostas, acreditando que, depois de 20 repetições, havia menos de uma chance em 1 milhão de sair o preto novamente. No final dessa sequência incomum, o Casino estava alguns milhões de francos mais rico." Huff e Geis, *How To Take a Chance*, pp. 28-29.

Note que "grande" é um conceito relativo. Por exemplo, se nós jogarmos uma moeda justa $10^{1.000.000}$ vezes, nós devemos esperar encontrar várias sequências de pelo menos 1 milhão de caras consecutivas. Se nós examinássemos apenas o subconjunto de lançamentos com essas caras, nós chegaríamos inevitavelmente a uma conclusão errada quanto à moeda ser justa ou não. Na verdade, se cada subsequência de uma grande sequência de eventos parece ser aleatória, é altamente provável que a sequência não seja verdadeiramente aleatória. Se o modo aleatório de seu MP3 Player não tocar a mesma música primeiro de vez em quando, você pode assumir que ele não é realmente aleatório.

Finalmente, observe que, no caso de lançamentos de uma moeda, a lei dos grandes números não implica que a diferença absoluta entre o número de caras e o número de coroas diminui à medida que o número de lançamentos aumenta. Na verdade, podemos esperar que esse número aumente. O que diminui é a razão entre a diferença absoluta e o número de arremessos.

```
def plotarArremessos(minExp, maxExp):
    """Assume que minExp e maxExp são inteiros > 0; minExp < maxExp
       Plota os resultados de 2**minExp a 2**maxExp arremessos"""
    razoes = []
    difs = []
    eixoX = []
    for exp in range(minExp, maxExp + 1):
        eixoX.append(2**exp)
    for numArremessos in eixoX:
        numCaras = 0
        for n in range(numArremessos):
            if random.random() < 0.5:
                numCaras += 1
        numCoroas = numArremessos - numCaras
        razoes.append(numCaras/float(numCoroas))
        difs.append(abs(numCaras - numCoroas))
    pylab.title(u'Diferença Entre Caras and Coroas')
    pylab.xlabel(u'Número de Arremessos')
    pylab.ylabel(u'Abs(nº Caras - nº Coroas)')
    pylab.plot(eixoX, difs)
    pylab.figure()
    pylab.title(u'Razão Caras/Coroas')
    pylab.xlabel(u'Número de Arremessos')
    pylab.ylabel(u'nº Caras/nº Coroas')
    pylab.plot(eixoX, razoes)

random.seed(0)
plotarArremessos(4, 20)
pylab.show()
```

Figura 12.3 Plotando os resultados de lançamentos de moeda

A Figura 12.3 contém uma função, plotarArremessos, que produz alguns gráficos que mostram a lei dos grandes números na prática. A linha random.seed(0) perto do final garante que o gerador de números pseudoaleatório usado por random.random gerará a mesma sequência de números pseudoaleatórios sempre que o código for executado. Isso é conveniente durante a depuração do programa.

A chamada plotarArremessos(4, 20) produz os dois gráficos :

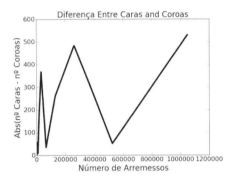 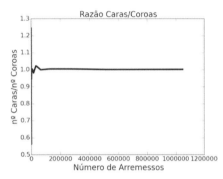

O gráfico à esquerda parece sugerir que a diferença absoluta entre o número de caras e o número de coroas flutua no começo, diminui rapidamente e depois aumenta rapidamente. No entanto, precisamos nos lembrar de que temos apenas dois pontos à direita de x = 300.000. Como pylab.plot conecta esses pontos com linhas, isso pode nos levar a ver tendências por engano, quando tudo que temos são pontos isolados. Isso não é um fenômeno incomum, e você deve sempre se perguntar quantos pontos um gráfico realmente contém antes de chegar a uma conclusão precipitada sobre o que ele significa.

É difícil ver muita coisa no gráfico à direita, que é na sua maior parte uma linha plana. Isto também é enganoso. Embora existam dezesseis pontos de dados, a maioria deles está amontoada em uma pequena faixa no lado esquerdo do gráfico, e é impossível ver os detalhes. Isso ocorre porque os valores no eixo x variam de 16 até 1.048.576, e como regra o PyLab espaça esses pontos uniformemente ao longo do eixo. Isso é chamado de **escala linear**.

Felizmente, esses problemas de visualização são fáceis de resolver usando o PyLab. Como vimos no Capítulo 11, podemos facilmente fazer o nosso programa plotar pontos desconexos escrevendo, por exemplo, pylab.plot(eixoX, difs, 'bo').

Nós também podemos fazer o PyLab usar uma **escala logarítmica** em um ou ambos os eixos x e y chamando as funções pylab.semilogx e pylab.semilogy. Essas funções são sempre aplicadas à figura atual.

Os dois gráficos abaixo usam uma escala logarítmica no eixo x. Como os valores x gerados por plotarArremessos são 2^{minExp}, $2^{minExp + 1}$,..., 2^{maxExp}, usar uma escala logarítmica no eixo x faz com que os pontos fiquem uniformemente espaçados ao longo do eixo x – resultando em uma separação máxima entre os pontos. O gráfico abaixo e à esquerda também usa uma escala logarítmica no eixo y. Os valores y desse gráfico variam de quase 0 até quase 1000. Se a escala do eixo y fosse linear, seria difícil ver as diferenças relativamente pequenas nos valores de y no lado esquerdo do gráfico. Por outro lado, no gráfico à direita os valores y são próximos uns dos outros, então usamos um eixo y linear.

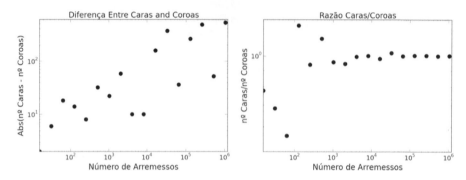

Exercício: Modifique o código na Figura 12.3 de forma que ele produza gráficos como aqueles mostrados acima.

Esses gráficos são mais fáceis de interpretar do que os anteriores. O gráfico à direita sugere fortemente que a razão entre caras e coroas converge para 1,0 conforme o número de lançamentos aumenta. O significado do gráfico à esquerda é menos evidente. Parece que a diferença absoluta cresce com o número de lançamentos, mas ele não é completamente convincente.

Nunca é possível alcançar uma precisão perfeita através da amostragem sem amostrar toda a população. Não importa quantas amostras nós examinemos, nós nunca teremos certeza de que o conjunto de amostras é típico até examinarmos todos os elementos da população (e como geralmente lidamos com populações infinitas, por exemplo, todas as sequências possíveis de caras e coroas, isso é geralmente impossível). Claro, isso não quer dizer que uma estimativa não possa ser exatamente correta. Poderíamos jogar uma moeda duas vezes, obter uma cara e uma coroa e concluir que a probabilidade de cada resultado é 0,5. Nós poderíamos ter chegado à conclusão certa, mas usando um raciocínio errado.

Quantas amostras precisamos examinar antes de podermos ter confiança em nossa resposta? Isso depende da **variância** na distribuição de resultados. Em linhas gerais, a variância é uma medida da dispersão dos possíveis resultados.

Nós podemos formalizar essa noção de forma relativamente simples usando o conceito de **desvio padrão**. De forma pouco rigorosa, o desvio padrão é uma medida da fração dos valores que estão perto da média. Se muitos valores estão relativamente próximos da média, o desvio padrão é pequeno. Se muitos valores estão relativamente longe da média, o desvio padrão é grande. Se todos os valores forem iguais, o desvio padrão é zero.

Mais formalmente, o desvio padrão, σ (sigma), de um conjunto de valores, X, é definido como $\sigma(X) = \sqrt[2]{\frac{1}{|X|}\sum_{x \in X}(x-\mu)^2}$, onde $|X|$ é o tamanho do conjunto e μ (mu) sua média. A Figura 12.4 contém uma implementação em Python do desvio padrão.[74] Nós aplicamos a conversão de tipo float porque, se todos os elementos de X são do tipo int, a soma será um int.

```
def desvPad(X):
    """Assume que X é uma lista de números.
       Retorna o desvio padrão de X"""
    media = float(sum(X))/len(X)
    tot = 0.0
    for x in X:
        tot += (x - media)**2
    return (tot/len(X))**0.5
```

Figura 12.4 Desvio padrão

Podemos usar a noção de desvio padrão para pensar sobre a relação entre o número de amostras que nós examinamos e a confiança que podemos ter na resposta que obtivemos. A Figura 12.5 contém uma versão modificada da função plotarArremessos. Ela executa várias repetições para cada número de lançamentos de moeda e plota as médias de abs(caras - coroas) e da razão caras/coroas. Ela também plota o desvio padrão desses valores.

---

[74] Você provavelmente nunca precisará implementar essa função. As bibliotecas de estatística implementam essa e muitas outras funções estatísticas padrão. De qualquer forma, apresentamos o código aqui para aqueles leitores que preferem ler código fonte a ler equações.

```
def plotarPontos(xVals, yVals, titulo, rotuloX, rotuloY, estilo,
             logX = False, logY = False):
    """Plota xVals vs. yVals com títulos e legendas fornecidas."""
    pylab.figure()
    pylab.title(titulo)
    pylab.xlabel(rotuloX)
    pylab.ylabel(rotuloY)
    pylab.plot(xVals, yVals, estilo)
    if logX:
        pylab.semilogx()
    if logY:
        pylab.semilogy()

def executarExperimento(numArremessos):
    numCaras = 0
    for n in range(numArremessos):
        if random.random() < 0.5:
            numCaras += 1
    numCoroas = numArremessos - numCaras
    return (numCaras, numCoroas)

def plotarArremessos1(minExp, maxExp, numRepeticoes):
    """Assume que minExp e maxExp são ints > 0; minExp < maxExp
         numRepeticoes é um int > 0
       Plota sumários dos resultados de numRepeticoes experimentos
         Com de 2**minExp a 2**maxExp arremessos de moedas"""
    razoesMedias, difsMedias, razoesDPs, difsDPs = [], [], [], []
    eixoX = []
    for exp in range(minExp, maxExp + 1):
        eixoX.append(2**exp)
    for numArremessos in eixoX:
        razoes = []
        difs = []
        for t in range(numRepeticoes):
            numCaras, numCoroas = executarExperimento(numArremessos)
            razoes.append(numCaras/float(numCoroas))
            difs.append(abs(numCaras - numCoroas))
        razoesMedias.append(sum(razoes)/float(numRepeticoes))
        difsMedias.append(sum(difs)/float(numRepeticoes))
        razoesDPs.append(desvPad(razoes))
        difsDPs.append(desvPad(difs))
    numExpString = '(' + str(numRepeticoes) + ' Experimentos)'
    titulo = u'Média Caras/Coroas' + numExpString
    plotarPontos(eixoX, razoesMedias, titulo, u'Nº arremessos',
             u'Média Caras/Coroas', 'bo', logX = True)
    title = u'DP Razão Caras/Coroas' + numExpString
    plotarPontos(eixoX, razoesDPs, titulo,
             u'Número de Arremessos', u'Desvio Padrão', 'bo',
             logX = True, logY = True)
    pylab.show()
```

Figura 12.5 Simulação de arremessos de moedas

A implementação de plotarArremessos1 usa duas funções auxiliares. A função plotarPontos gera os gráficos. A função executarExperimento simula uma repetição com numArremessos arremessos de moedas.

Quando executamos plotarArremessos1(4, 20, 20), obtemos os gráficos

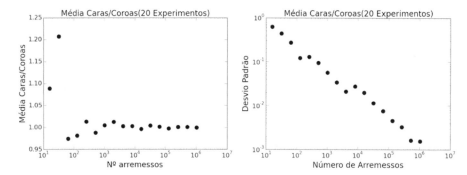

Isto é encorajador. A relação caras/coroas está convergindo para 1 e o logaritmo do desvio padrão está caindo linearmente com o logaritmo do número de arremessos por repetição. Quando chegarmos a cerca de 10^6 arremessos por repetição, o desvio padrão (cerca de 10^{-3}) será aproximadamente três ordens de magnitude menor do que a média (cerca de 1), indicando que a variância entre as repetições é pequena. Podemos, portanto, com confiança considerável, acreditar que a razão esperada entre caras e coroas é bastante próxima de 1,0. À medida que aumentamos o número de lançamentos de moedas, não apenas obtemos uma resposta mais precisa, mas, mais importante, temos também razões para ter mais confiança de que estamos perto da resposta certa.

```
titulo = u'Média abs(n° Caras - n° Coroas)' + numExpString
plotarPontos(eixoX, difsMedias, titulo, u'Número de Arremessos',
    u'Média abs(n° Caras - Coroas)', 'bo', logX = True, logY = True)
titulo = u'DP abs(n° Caras - n° Coroas)' + numExpString
plotarPontos(eixoX, difsDPs, titulo,
    u'Número de Arremessos', u'Desvio Padrão', 'bo',
    logX = True, logY = True)
pylab.show()
```

Figura 12.6 Diferenças absolutas

E quanto à diferença absoluta entre o número de caras e o número de coroas? Nós podemos examiná-la adicionando o código na Figura 12.6 ao final de plotarArremessos1.

Ele produz os gráficos adicionais

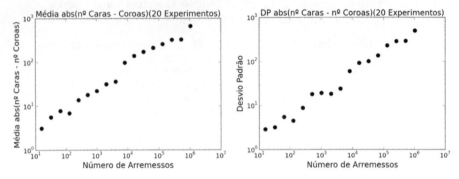

Como esperado, a diferença absoluta entre o número de caras e coroas cresce com o número de arremessos. Além disso, como estamos calculando a média dos resultados obtidos em vinte experimentos, o gráfico é bem mais suave do que quando traçamos os resultados de um único experimento. Mas o que está acontecendo no último gráfico? O desvio padrão está crescendo com o número de lançamentos. Isso significa que, conforme o número de lançamentos aumenta, nossa confiança na estimativa do valor esperado da diferença entre o número de caras e coroas deveria diminuir, e não aumentar?

Não, não significa isso. O desvio padrão sempre deve ser visto em comparação com a média. Se a média for 1 bilhão e o desvio padrão for 100, a dispersão dos dados será pequena. Mas, se a média for 100 e o desvio padrão for 100, a dispersão será bem grande.

O **coeficiente de variação** é o desvio padrão dividido pela média. Ao comparar conjuntos de dados com médias altamente variáveis (como aqui), o coeficiente de variação é frequentemente mais informativo do que o desvio padrão. Como você pode ver na implementação na Figura 12.7, o coeficiente de variação não é definido quando a média é 0.

```
def CV(X):
    media = sum(X)/float(len(X))
    try:
        return desvPad(X)/media
    except ZeroDivisionError:
        return float('nan')
```

Figura 12.7 Coeficiente de variação

A Figura 12.8 contém uma versão de plotarArremessos1 que plota o coeficiente de variação.

```
def plotarArremessos1(minExp, maxExp, numRepeticoes):
    """Assume que minExp e maxExp são ints positivos; minExp < maxExp
       numRepeticoes é um int > 0
       Plota sumários dos resultados de numRepeticoes experimentos
       Com de 2**minExp a 2**maxExp arremessos de moedas"""
    razoesMedias, difsMedias, razoesDPs, difsDPs = [], [], [], []
    razoesCVs, difsCVs = [], []
    eixoX = []
    for exp in range(minExp, maxExp + 1):
        eixoX.append(2**exp)
    for numArremessos in eixoX:
        razoes = []
        difs = []
        for t in range(numRepeticoes):
            numCaras, numCoroas = executarExperimento(numArremessos)
            razoes.append(numCaras/float(numCoroas))
            difs.append(abs(numCaras - numCoroas))
        razoesMedias.append(sum(razoes)/float(numRepeticoes))
        difsMedias.append(sum(difs)/float(numRepeticoes))
        razoesDPs.append(desvPad(razoes))
        difsDPs.append(desvPad(difs))
        razoesCVs.append(CV(razoes))
        difsCVs.append(CV(difs))
    numExpString = ' (' + str(numRepeticoes) + ' Experimentos)'
    titulo = u'Média Caras/Coroas' + numExpString
    plotarPontos(eixoX, razoesMedias, titulo, u'Nº Arremessos',
            u'Média Caras/Coroas', 'bo', logX = True)
    titulo = u'DP Caras/Coroas' + numExpString
    plotarPontos(eixoX, razoesDPs, titulo,
         u'Nº Arremessos', u'Desvio Padrão', 'bo',
         logX = True, logY = True)
    titulo = u'Média abs(nº Caras - nº Coroas)' + numExpString
    plotarPontos(eixoX, difsMedias, titulo,
         u'Nº Arremessos', u'Média abs(nº Caras - nº Coroas)', 'bo',
         logX = True, logY = True)
    titulo = u'DP abs(nº Caras - nº Coroas)' + numExpString
    plotarPontos(eixoX, difsDPs, titulo,
         u'Nº Arremessos', u'Desvio Padrão', 'bo',
         logX = True, logY = True)
    titulo = u'Coef. de Var. abs(nº Caras - nº Coroas)' + numExpString
    plotarPontos(eixoX, difsCVs, titulo, u'Nº Arremessos',
            u'Coef. de Var.', 'bo', logX = True)
    titulo = u'Coef. de Var. Caras/Coroas' + numExpString
    plotarPontos(eixoX, razoesCVs, titulo, u'Nº Arremessos',
            u'Coef. de Var.', 'bo', logX = True, logY = True)
    pylab.show()
```

Figura 12.8 Versão final de plotarArremessos1

Ela produz os gráficos adicionais

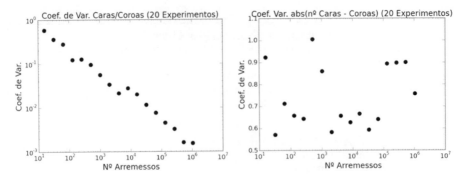

Neste caso, vemos que o gráfico do coeficiente de variação da razão caras/coroas não é muito diferente do gráfico do desvio padrão. Isso não é surpreendente, uma vez que a única diferença entre os dois é a divisão pela média e, como aqui a média é cerca de 1, isso faz pouca diferença.

Por outro lado, o gráfico do coeficiente de variação da diferença absoluta entre o número de caras e coroas conta uma história diferente. Ele não parece estar seguindo qualquer direção. Parece estar oscilando para cima e para baixo. Isso sugere que a dispersão dos valores de abs(caras - coroas) é independente do número de lançamentos. Eles não estão crescendo, como o desvio padrão poderia nos ter feito acreditar, mas também não estão diminuindo. Talvez aparecesse uma tendência se fizéssemos 1000 repetições em vez de 20. Vejamos.

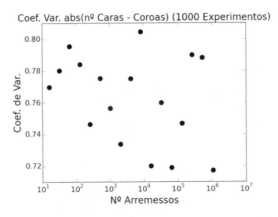

Parece que quando o número de lançamentos se aproxima de 1000, o coeficiente de variação se estabiliza na vizinhança de 0,75. Em geral, as distribuições com um coeficiente de variação abaixo de 1 são consideradas de variância baixa.

Cuidado: se a média for próxima de zero, pequenas alterações na média podem levar a grandes (mas não necessariamente significativas) alterações no coeficiente de variação, e quando a média é zero, o coeficiente de variação não é definido. Também, como veremos em breve, podemos usar o desvio padrão, mas não o coeficiente de variação, para construir um intervalo de confiança.

12.3 Distribuições

Um **histograma** é um gráfico que mostra a distribuição dos valores de um conjunto de dados. Os valores são inicialmente ordenados e em seguida divididos em um número fixo de grupos, cada um deles correspondendo a uma faixa de valores de igual largura, e um gráfico é traçado mostrando o número de elementos em cada faixa. Considere, por exemplo, o código

```
vals = [1, 200] #garante que os valores estarão entre 1 e 200
for i in range(1000):
    num1 = random.choice(range(1, 100))
    num2 = random.choice(range(1, 100))
    vals.append(num1+num2)
pylab.hist(vals, bins = 10)
```

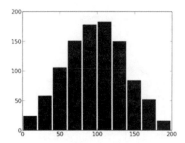

A chamada à função pylab.hist(vals, bins = 10) produz o histograma com dez faixas acima. O PyLab escolheu automaticamente a largura das faixas. Examinando o código, sabemos que o menor número em vals será 1 e o maior número será 200. Portanto, os valores possíveis vão de 1 até 200 no eixo x. As faixas têm tamanhos iguais, assim a primeira faixa corresponde aos elementos 1-20, a próxima, aos elementos 21-40, etc. Como os valores médios escolhidos para num1 e num2 são próximos de 50, não é de estranhar que há mais elementos nas faixas do meio do que nas faixas perto das bordas.

Agora você deve estar ficando terrivelmente entediado arremessando moedas. No entanto, pedimos que você examine mais uma simulação de arremesso de moedas. A simulação na Figura 12.9 mostra mais recursos gráficos do PyLab e nos dá a oportunidade de visualizar o que o desvio padrão significa.

A simulação usa a função pylab.xlim para controlar a extensão do eixo x. A função pylab.xlim() retorna uma tupla com os valores mínimo e máximo do eixo x da figura atual. Para alterar os valores mínimo e máximo do eixo x, você deve escrever pylab.xlim(xmin, xmax). A função pylab.ylim funciona da mesma maneira.

```
def arremessar(numArremessos):
    caras = 0.0
    for i in range(numArremessos):
        if random.random() < 0.5:
            caras += 1
    return caras/numArremessos

def arremessarSim(numArremessosPorExperimento, numRepeticoes):
    fracaoCaras = []
    for i in range(numRepeticoes):
        fracaoCaras.append(arremessar(numArremessosPorExperimento))
    media = sum(fracaoCaras)/len(fracaoCaras)
    dp = desvPad(fracaoCaras)
    return (fracaoCaras, media, dp)

def graficoLegendas(numArremessos, numRepeticoes, media, dp):
    pylab.title(str(numRepeticoes) + u' experimentos com '
                + str(numArremessos) + u' arremessos cada')
    pylab.xlabel(u'Fração de Caras')
    pylab.ylabel(u'Número de Experimentos')
    xmin, xmax = pylab.xlim()
    ymin, ymax = pylab.ylim()
    pylab.text(xmin + (xmax-xmin)*0.02, (ymax-ymin)/2,
               u'Média = ' + str(round(media, 4))
               + u'\nDP = ' + str(round(dp, 4)), size='x-large')

def plotarGraficos(numArremessos1, numArremessos2, numRepeticoes):
    val1, media1, dp1 = arremessarSim(numArremessos1, numRepeticoes)
    pylab.hist(val1, bins = 20)
    xmin,xmax = pylab.xlim()
    ymin,ymax = pylab.ylim()
    graficoLegendas(numArremessos1, numRepeticoes, media1, dp1)
    pylab.figure()
    val2, media2, dp2 = arremessarSim(numArremessos2, numRepeticoes)
    pylab.hist(val2, bins = 20)
    pylab.xlim(xmin, xmax)
    graficoLegendas(numArremessos2, numRepeticoes, media2, dp2)
    pylab.show()

random.seed(0)
plotarGraficos(100,1000,100000)
```

Figura 12.9 Histogramas de distribuições normais

Quando o código na Figura 12.9 é executado, ele produz os gráficos

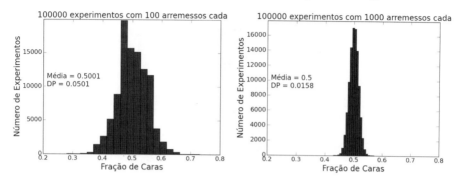

Observe que, enquanto as médias em ambos os gráficos são as mesmas, os desvios padrão são bastante diferentes. A dispersão dos resultados é muito menor quando arremessamos a moeda 1000 vezes por repetição do que quando arremessamos a moeda 100 vezes por repetição. Para deixar isso claro, usamos pylab.xlim para fazer com que os limites do eixo x no segundo gráfico sejam os mesmo que no primeiro gráfico, em vez de deixar o PyLab escolher os limites. Nós também usamos pylab.xlim e pylab.ylim para escolher onde deve ser exibida uma caixa de texto com a média e o desvio padrão.

12.3.1 Distribuição Normal e Níveis de Confiança

A distribuição dos resultados em cada um desses gráficos se aproxima de uma distribuição conhecida como **distribuição normal**. Tecnicamente, uma distribuição normal é definida pela fórmula

$$f(x) = \frac{1}{\sigma\sqrt{2\pi}} * e^{-\frac{(x-\mu)^2}{2\sigma^2}}$$

onde **μ** é a média, **σ** é o desvio padrão e *e* é o número de Euler (aproximadamente 2,718). Se você não está familiarizado com essa equação, não há problema. Lembre-se de que a distribuição normal atinge o máximo na média e cai simetricamente ao se afastar da média, com valores cada vez mais próximos de 0. Ela tem a elegante propriedade matemática de ser completamente especificada por dois parâmetros: a média e o desvio padrão (os únicos dois parâmetros na equação). Conhecer esses valores é equivalente a conhecer completamente a distribuição. A forma da distribuição normal lembra (para alguns) um sino, e assim às vezes ela é chamada de **curva de sino**.

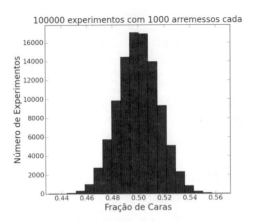

Como podemos ver ampliando o centro do gráfico de 1000 arremessos por repetição, a distribuição não é perfeitamente simétrica e, portanto, não é muito normal. No entanto, conforme aumentamos o número de repetições, a distribuição converge para a distribuição normal.

Distribuições normais são frequentemente usadas na construção de modelos probabilísticos por três razões: 1) elas têm propriedades matemáticas convenientes, 2) muitas distribuições que ocorrem naturalmente são muito semelhantes à distribuição normal e 3) elas podem ser usadas para produzir **intervalos de confiança**.

Em vez de estimar um parâmetro desconhecido com um valor único (por exemplo, a média de um conjunto de experimentos), um intervalo de confiança fornece um intervalo que provavelmente contém o valor desconhecido e um grau de confiança de que o valor desconhecido está dentro desse intervalo. Por exemplo, uma enquete política pode indicar que um candidato deve conseguir 52% dos votos ± 4% (ou seja, o intervalo de confiança é de tamanho 8) com um **nível de confiança** de 95%. O que isso significa é que o pesquisador acredita que, em 95% das vezes, o candidato receberá entre 48% e 56% da votação. Juntos, o intervalo de confiança e o nível de confiança indicam a confiabilidade das estimativas. Quase sempre, aumentar o nível de confiança alargará o intervalo de confiança.

O cálculo do intervalo de confiança geralmente pressupõe que a distribuição dos erros da estimativa é normal e tem média zero. A **regra empírica para distribuições normais** fornece uma maneira prática de estimar os intervalos de confiança dada a média e o desvio padrão:

- 68% dos dados estarão até 1 desvio padrão da média,
- 95% dos dados estarão até 2 desvios padrão da média e

- quase todos (99,7%) os dados estarão até 3 desvios padrão da média.[75]

Suponha que executemos 100 experimentos jogando 100 moedas em cada um deles. Suponha também que a fração média de caras é 0,4999 e o desvio padrão é 0,0497. Supondo que a distribuição das médias dos experimentos é normal, podemos concluir que, se realizamos mais experimentos, lançando 100 moedas em cada um deles,

- 95% das vezes a fração de caras será 0,4999 ± 0,0994 e

- > 99% das vezes a fração de caras será 0,4999 ± 0,1491.

Muitas vezes é útil visualizar os intervalos de confiança usando **barras de erro**. O código na Figura 12.10 chama a versão de arremessarSim na Figura 12.9 e depois usa

pylab.errorbar(xVals, medias, yerr = 2*pylab.array(dps))

para produzir um gráfico com barras de erro. Os dois primeiros argumentos são os valores de x e y que devem ser plotados. O terceiro argumento diz que os desvios padrão (os valores em dps) devem ser usados para criar barras de erro verticais. A chamada

mostrarBarrasDeErro(3, 10, 100)

produz o gráfico abaixo. Como poderíamos esperar, o tamanho das barras de erro diminui à medida o número de lançamentos por experimento cresce.

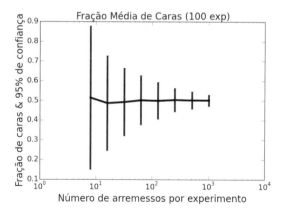

---

[75] Esses valores são aproximações. Por exemplo, 95% dos dados estarão até 1,96 desvios padrão da média; 2 desvios padrão é uma aproximação conveniente.

```
def mostrarBarrasDeErro(minExp, maxExp, numRepeticoes):
    """Assume que minExp e maxExp são ints > 0; minExp < maxExp
       numRepeticoes é um inteiro positivo
       Plota a fração média de caras com barras de erro"""
    medias, dps = [], []
    xVals = []
    for exp in range(minExp, maxExp + 1):
        xVals.append(2**exp)
        fracaoCaras, media, dp = arremessarSim(2**exp, numRepeticoes)
        medias.append(media)
        dps.append(dp)
    pylab.errorbar(xVals, medias,
                   yerr=2*pylab.array(dps))
    pylab.semilogx()
    pylab.title(u'Fração Média de Caras (' + str(numRepeticoes)
                + ' exp)')
    pylab.xlabel(u'Número de arremessos por experimento')
    pylab.ylabel(u'Fração de caras & 95% de confiança')
    pylab.show()
```

Figura 12.10 Plotar gráfico com barras de erro

Claro, encontrar um modelo matemático elegante é inútil se ele for um modelo ruim dos dados reais. Felizmente, muitas variáveis aleatórias têm uma distribuição aproximadamente normal. Por exemplo, as propriedades físicas de plantas e animais (por exemplo, altura, peso, temperatura corporal) geralmente têm aproximadamente distribuições normais. De maneira importante, muitas configurações experimentais têm erros de medição distribuídos de forma normal. Essa hipótese foi usada no início do século XIX pelo matemático e físico alemão Karl Gauss, que assumiu uma distribuição normal de erros de medição em sua análise de dados astronômicos (que fez a distribuição normal tornar-se conhecida como **distribuição gaussiana** em grande parte da comunidade científica).

Você pode gerar distribuições normais facilmente chamando a função random.gauss(mu, sigma), que retorna um número de ponto flutuante escolhido aleatoriamente de uma distribuição normal com média mu e desvio padrão sigma.

É importante, no entanto, lembrar-se de que nem todas as distribuições são normais.

12.3.2 Distribuição Uniforme

Considere um único lançamento de um dado. Cada um dos seis resultados é igualmente provável. Se você rolar um único dado um milhão de vezes e criar um histograma mostrando quantas vezes cada número saiu, cada coluna teria quase a mesma altura. Se quiséssemos traçar a probabilidade de cada número possível da loteria ser escolhido, seria uma linha reta (em 1 dividido pelo intervalo dos números da loteria). Essas distribuições são chamadas de **uniformes**. Elas são caracterizadas por um único parâmetro, sua faixa (isto é, seus valores mínimo e máximo). Embora as distribuições uniformes sejam bastante comuns em jogos de azar, elas raramente ocorrem na natureza e geralmente também não são úteis para modelar sistemas artificiais complexos.

Distribuições uniformes podem ser facilmente geradas chamando a função random.uniform(min, max), que retorna um número de ponto flutuante escolhidos aleatoriamente entre min e max.

12.3.3 Distribuição Exponencial e Geométrica

As **distribuições exponenciais**, ao contrário das distribuições uniformes, ocorrem muito comumente. Elas são frequentemente usadas para modelar, por exemplo, os tempos entre as chegadas de carros entrando em uma estrada ou entre visitas a uma página da Web. Elas são especialmente importantes porque têm a **propriedade da ausência de memória**.

Considere, por exemplo, a concentração de um medicamento no organismo humano. Suponha que, a cada intervalo de tempo, cada molécula tem a probabilidade P de ser eliminada (ou seja, de deixar o corpo). O sistema não tem memória no sentido de que a probabilidade de uma molécula ser eliminada em um determinado intervalo de tempo não depende do que aconteceu antes. Ao tempo t = 0, a probabilidade de uma molécula individual ainda estar no corpo é 1. Ao tempo t = 1, a probabilidade dessa molécula ainda estar no corpo é 1 - P. Ao tempo t = 2, a probabilidade de essa molécula ainda estar no corpo é $(1 - P)^2$. De forma mais geral, no tempo t a probabilidade de uma molécula individual ter sobrevivido é $(1 - P)^t$.

```
def eliminar(n, p, passos):
    """Assume que n & passos são ints > 0, p é um float
        n: o número inicial de moléculas
        p: a probabilidade de uma molécula ser eliminada
        passos: a duração da simulação"""
    numRestante = [n]
    for t in range(passos):
        numRestante.append(n*((1-p)**t))
    pylab.plot(numRestante)
    pylab.xlabel(u'Tempo')
    pylab.ylabel(u'Moléculas Restantes')
    pylab.title(u'Eliminação da Medicação')
    pylab.show()
```

Figura 12.11 Eliminação exponencial de moléculas

Suponha que no tempo t_0 haja M_0 moléculas do medicamento. Em geral, no tempo t, o número de moléculas será M_0 multiplicado pela probabilidade de que uma molécula individual tenha sobrevivido até t. A função na Figura 12.11 traça o número esperado de moléculas restantes versus o tempo.

A chamada `eliminar(1000, 0.01, 1000)` produz o gráfico abaixo e à esquerda.

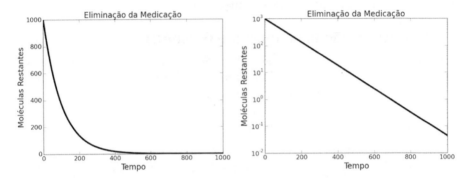

Esse é um exemplo de **decaimento exponencial**. Na prática, ao falarmos sobre o decaimento exponencial, muitas vezes usamos o termo **meia-vida**, ou seja, o tempo necessário para o valor inicial diminuir para 50%. É possível também falar sobre a meia-vida de um único item. Por exemplo, a meia-vida de um único átomo radioativo é o tempo em que a probabilidade de um átomo decair é 0,5. Observe que, conforme o tempo passa, o número de moléculas restantes se aproxima de zero. Mas nunca chegará lá. Isso não deve ser interpretado como se estivéssemos sugerindo que, após algum tempo, restará uma fração de uma molécula. Em lugar disso, estamos dizendo que, como o sistema é probabilístico, não podemos garantir que, em um determinado tempo, todas as moléculas terão sido eliminadas.

O que acontece se nós tornarmos o eixo y logarítmico (usando `pylab.semilogy`)? Nós obteremos o gráfico acima e à direita. Os valores em y estão variando exponencialmente com relação aos valores no eixo x. Se nós tornarmos o próprio eixo y exponencial, nós obteremos uma linha reta. A inclinação da linha é a taxa de decaimento.

O **crescimento exponencial** é o inverso do decaimento exponencial. Ele também é muito comum na natureza. Os juros compostos, o crescimento das algas em uma piscina e a reação em cadeia de uma bomba atômica são exemplos de crescimento exponencial.

Distribuições exponenciais podem ser facilmente geradas chamando `random.expovariate`.

A **distribuição geométrica** é o correspondente, entre as distribuições discretas, da distribuição exponencial.[76] Ela é geralmente vista como descrevendo o número de tentativas independentes necessárias para obter o primeiro sucesso (ou o primeiro fracasso). Imagine, por exemplo, que você tem um "calhambeque" que dá a partida quando você gira a chave somente uma a cada duas vezes. Uma distribuição geométrica pode ser usada para determinar o número esperado de vezes que você teria que tentar dar a partida antes de ser bem sucedido. Isso é ilustrado pelo histograma abaixo, que foi produzido pelo código na Figura 12.12. O histograma mostra que, na maior parte do tempo, o carro estará com o motor ligado após algumas tentativas. Por outro lado, como, mesmo para valores elevados do número de tentativas, a probabilidade nunca é zero, você corre o risco de ocasionalmente esgotar a bateria antes de conseguir dar a partida.

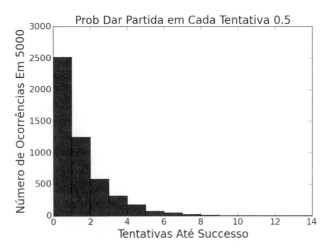

---

[76] O nome "distribuição geométrica" é devido a sua semelhança com uma "progressão geométrica". Uma progressão geométrica é qualquer sequência de números em que cada número, exceto o primeiro, é calculado multiplicando o número anterior por uma constante diferente de zero. *Os elementos* de Euclides provam vários teoremas interessantes sobre progressões geométricas.

```
def partidasComSucesso(probEvento, numRepeticoes):
    """Assume que probEvento é um float representando a probabilidade
       de que um tentativa individual tenha sucesso.
         numRepeticoes é um int > 0
       Retorna uma lista com os números de tentativas necessárias até
         ter sucesso em cada experimento."""
    tentativasAteSucesso = []
    for t in range(numRepeticoes):
        fracassosConsecutivos = 0
        while random.random() > probEvento:
            fracassosConsecutivos += 1
        tentativasAteSucesso.append(fracassosConsecutivos)
    return tentativasAteSucesso
random.seed(0)
probDeSuccesso = 0.5
numRepeticoes = 5000
distribuicao = partidasComSucesso(probDeSuccesso, numRepeticoes)
pylab.hist(distribuicao, bins = 14)
pylab.xlabel(u'Tentativas Até Successo')
pylab.ylabel(u'Número de Ocorrências Em ' + str(numRepeticoes))
pylab.title(u'Prob Dar Partida em Cada Tentativa '
            + str(probDeSuccesso))
pylab.show()
```

Figura 12.12 Uma distribuição geométrica

12.3.4 Distribuição de Benford

A lei de Benford define uma distribuição muito estranha. Suponha que S seja um grande conjunto de números inteiros e decimais. Com que frequência você esperaria que cada dígito aparecesse como o primeiro dígito? A maioria de nós provavelmente diria que um nono do tempo. Isso é normalmente verdadeiro quando as pessoas estão inventando conjuntos de números (por exemplo, forjando dados experimentais ou cometendo fraude financeira). Não é, no entanto, geralmente verdadeiro para muitos conjuntos de dados que ocorrem naturalmente. Em vez disso, eles segue uma distribuição prevista pela lei de Benford.

Um conjunto de números decimais satisfaz a **lei de Benford**[77] se a probabilidade de o primeiro dígito ser d é consistente com $P(d) = \log_{10}(1 + 1/d)$.

Por exemplo, essa lei prevê que a probabilidade de o primeiro dígito ser 1 é mais de 30%! Surpreendentemente, muitos conjuntos de dados reais parecem observar essa lei. É possível mostrar, por exemplo, que a sequência de Fibonacci a satisfaz perfeitamente. Isso pode não ser muito surpre-

---

[77] A lei recebeu o nome do físico Frank Benford, que publicou um artigo em 1938 mostrando que a lei era respeitada em mais de 20.000 observações extraídas de vinte diferentes domínios. No entanto, ela foi originalmente postulada em 1881 pelo astrônomo Simon Newcomb.

endente, já que a sequência é gerada por uma fórmula. É menos fácil de entender por que conjuntos de dados tão diversos como senhas de iPhone, o número de seguidores por usuário do Twitter, a população dos países ou a distância das estrelas até a terra se aproximam da lei de Benford.[78]

12.4 Com que Frequência o Melhor Time Ganha?

Até agora tratamos do uso de métodos estatísticos para ajudar a compreender os possíveis resultados de jogos que não dependem de habilidade. Também é comum aplicar esses métodos para situações em que há, provavelmente, alguma habilidade envolvida. Determinar as probabilidades em uma partida de futebol, escolher um candidato político com chance de ganhar, investir no mercado acionário, e assim por diante.

Em outubro, quase sempre duas equipes americanas de beisebol se encontram em algo chamado de Série Mundial. Elas jogam repetidamente até que uma das equipes ganhe quatro jogos, e essa equipe é chamada (de forma não inteiramente apropriada) de "a campeã do mundo".

Deixando de lado a questão de haver ou não razões para acreditar que um dos participantes da Série Mundial é realmente o melhor time do mundo, uma disputa que pode ter no máximo sete jogos pode determinar com segurança qual dos dois participantes é o melhor?

Claramente, cada ano uma equipe sairá vitoriosa. Então a pergunta é se devemos atribuir essa vitória à habilidade ou à sorte. Para responder a essa pergunta, podemos usar algo chamado **valor-p**. Os valores-p são usados para determinar se um resultado é ou não **estatisticamente significativo**.

Para calcular um valor-p você precisa de duas coisas:

- A **hipótese nula**. Essa hipótese descreve o resultado que esperaríamos obter se os resultados fossem determinados inteiramente pelo acaso. Aqui, a hipótese nula seria que as duas equipes são igualmente talentosas, por isso, se elas jogassem um número infinito de séries de sete jogos, cada uma venceria metade das vezes.

- Uma observação. Dados recolhidos ou observando o que acontece ou executando uma simulação que você espera que represente de forma acurada o que aconteceria.

O valor-p nos dá a probabilidade de que a observação seja consistente com a hipótese nula. Quanto menor o valor-p, maior é a probabilidade de

---

[78] http://testingbenfordslaw.com/

que devemos rejeitar a hipótese de a observação ser devida inteiramente ao acaso. Nós geralmente insistimos que p não seja maior que 0,05 antes de considerarmos que um resultado é estatisticamente significativo. Ou seja, nós insistimos que não haja mais de 5% de chance de que a hipótese nula seja verdadeira.

Voltando à Série Mundial, devemos considerar que os resultados daquelas séries de sete jogos são estatisticamente significativos? Nós devemos concluir que a melhor equipe de fato ganhou?

O código na Figura 12.13 pode nos ajudar a responder a essa pergunta. A função simSeries tem um argumento, numSeries, um número inteiro positivo, com o número de séries de sete jogos que devem ser simuladas. Ela traça o gráfico da probabilidade de o melhor time vencer a série versus a probabilidade de o time ganhar um jogo individual. Ela varia a probabilidade da melhor equipe ganhar um único jogo de 0,5 até 1,0 para produzir o gráfico.

```
def jogarSerie(numJogos, timeProb):
    """Assume: numJogos é um int ímpar, timeProb é um float entre 0 e 1
       Retorna True se o melhor time ganha a série"""
    numVitorias = 0
    for jogo in range(numJogos):
        if random.random() <= timeProb:
            numVitorias += 1
    return (numVitorias > numJogos//2)

def simSeries(numSeries):
    prob = 0.5
    fracoesVitorias = []
    probs = []
    while prob <= 1.0:
        seriesVencidas = 0.0
        for i in range(numSeries):
            if jogarSerie(7, prob):
                seriesVencidas += 1
        fracoesVitorias.append(seriesVencidas/numSeries)
        probs.append(prob)
        prob += 0.01
    pylab.plot(probs, fracoesVitorias, linewidth = 5)
    pylab.xlabel(u'Probabilidade de Ganhar um Jogo')
    pylab.ylabel(u'Probabilidade de Ganhar uma Série')
    pylab.axhline(0.95)
    pylab.ylim(0.5, 1.1)
    pylab.title(str(numSeries) + u' Séries de 7 Jogos')
    pylab.show()

simSeries(400)
```

Figura 12.13 Simulando a Série Mundial de Beisebol

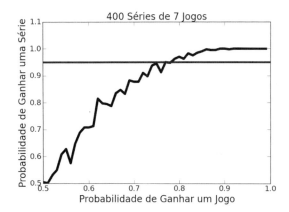

Quando a função simSeries é usada para simular 400 séries de sete jogos, ela produz o gráfico acima. Observe que para o melhor time ganhar 95% do tempo (0,95 no eixo y), ele precisa ser mais do que três vezes melhor do que seu adversário. Isso quer dizer, a melhor equipe precisa ganhar, em média, mais de três dos quatro jogos (0,75 na o eixo x). Em comparação, em 2009, as duas equipes na série mundial tinham na temporada regular porcentagens de vitórias de 63,6% (os New York Yankees) e 57,4% (os Philadelphia Phillies). Isso sugere que os Yankees deveriam ganhar cerca de 52,5% dos jogos entre as duas equipes. Nosso gráfico nos diz que, mesmo se eles jogassem entre si 400 séries de sete jogos, os Yankees iriam ganhar menos de 60% do tempo.

Suponha que essas percentagens vencedoras sejam reflexos precisos da força relativa dessas duas equipas. Quantos jogos a Série Mundial deveria ter para obtermos resultados que nos permitissem rejeitar a hipótese nula, ou seja, a hipótese de que as equipes são igualmente boas?

O código na Figura 12.14 simula 200 séries com diferentes números de jogos e traça uma aproximação da probabilidade de a melhor equipe ganhar.

```
def calcSerieNumJogos(timeProb):
    numSeries = 200
    maxLen = 2500
    passo = 10

    def fracaoVitorias(timeProb, numSeries, serieNumJogos):
        vitorias = 0.0
        for series in range(numSeries):
            if jogarSerie(serieNumJogos, timeProb):
                vitorias += 1
        return vitorias/numSeries

    fracoesVitorias = []
    xVals = []
    for numJogos in range(1, maxLen, passo):
        xVals.append(numJogos)
        fracoesVitorias.append(fracaoVitorias(timeProb, numSeries,
                 numJogos))
    pylab.plot(xVals, fracoesVitorias, linewidth = 5)
    pylab.xlabel(u'Número de Jogos da Série')
    pylab.ylabel(u'Probabilidade de Vencer Série')
    pylab.title(str(round(timeProb, 4)) +
                u' Probabilidade do Melhor Time Vencer um Jogo')
    pylab.axhline(0.95) #traça linha horizontal em y = 0.95
    pylab.show()

YanksProb = 0.636
PhilsProb = 0.574
calcSerieNumJogos(YanksProb/(YanksProb + PhilsProb))
```

Figura 12.14 Quantos jogos a Série Mundial deveria ter?

A saída de calcSerieNumJogos sugere que, sob essas circunstâncias, a Série Mundial teria que ter aproximadamente 1000 jogos para podermos rejeitar a hipótese nula e dizer com confiança que a melhor equipa quase certamente venceu. Organizar uma série com esse número de jogos pode apresentar alguns problemas práticos.

12.5 Hash e Colisões

Na Seção 10.3 salientamos que você poderia reduzir a ocorrência de colisões usando uma tabela de hash maior e, assim, reduzir o tempo esperado para recuperar um valor. Agora temos as ferramentas intelectuais necessárias para examinar a relação entre o tamanho da tabela e o número de colisões em mais profundidade.

Comecemos formulando o problema de forma precisa.

1. Suponha que:
   a. O intervalo da função hash vai de 1 a n,
   b. O número de inserções é K e
   c. A função hash produz uma distribuição perfeitamente uniforme das chaves usadas nas inserções, isto é, para qualquer chave, chave, e para inteiros, i, na faixa de 1 até n, a probabilidade de hash(chave) ser i é 1/n.
2. Qual é a probabilidade de que ocorra pelo menos uma colisão?

A pergunta é exatamente equivalente a perguntar "dados K números inteiros gerados aleatoriamente no intervalo de 1 até n, qual é a probabilidade de que pelo menos dois deles sejam iguais". Se K ≥ n, a probabilidade é claramente 1. Mas e quando K < n?

Como ocorre frequentemente, é mais fácil começar respondendo à pergunta inversa, "dados K números inteiros gerados aleatoriamente no intervalo de 1 até n, qual é a probabilidade de que entre eles não haja dois iguais?"

Quando inserimos o primeiro elemento, a probabilidade de não ocorrer uma colisão é claramente 1. E para a segunda inserção? Como existem n-1 valores para o código hash que não são iguais ao resultado do primeiro hash, n-1 das n escolhas não produzem uma colisão. Então, a probabilidade de não ocorrer uma colisão na segunda inserção é $\frac{n-1}{n}$, e a probabilidade de não ocorrer uma colisão em nenhuma das duas primeiras inserções é $1 * \frac{n-1}{n}$. Nós podemos multiplicar essas probabilidades porque, para cada inserção, o valor produzido pela função hash é independente do que ocorreu antes.

A probabilidade de não haver uma colisão após três inserções é $1 * \frac{n-1}{n} * \frac{n-2}{n}$ e após K inserções é $1 * \frac{n-1}{n} * \frac{n-2}{n} * ... * \frac{n-(K-1)}{n}$.

Para obter a probabilidade de ocorrer pelo menos uma colisão, podemos subtrair esse valor de 1, ou seja, a probabilidade é

$$1 - (\frac{n-1}{n} * \frac{n-2}{n} * ... * \frac{n-(K-1)}{n})$$

Dado o tamanho da tabela de hash e o número esperado de inserções, podemos usar essa fórmula para calcular a probabilidade de ocorrer pelo menos uma colisão. Se K for razoavelmente grande, por exemplo, 10.000, seria um pouco tedioso calcular a probabilidade com lápis e papel. O que nos deixa com duas opções, a matemática e a programação. Os matemáticos usaram algumas técnicas bastante avançadas para encontrar uma maneira de aproximar o valor dessa série. Mas, exceto se K for muito grande, é mais fácil escrever um programa para calcular o valor exato da série:

```
def colisaoProb(n, k):
    prob = 1.0
    for i in range(1, k):
        prob = prob * ((n - i)/float(n))
    return 1 - prob
```

Executando colisaoProb(1000, 50), obtemos uma probabilidade de cerca 0,71 de haver pelo menos uma colisão. Para 200 inserções, a probabilidade de colisão é quase um. Isso parece um pouco alto para você? Executemos uma simulação, na Figura 12.15, para estimar a probabilidade de ocorrer pelo menos uma colisão e ver se conseguimos resultados semelhantes.

```
def simInsercoes (numIndices, numInsercoes):
    """Assume que numIndices e numInsercoes são ints > 0.
       Retorna 1 se ocorrer uma colisão; 0 caso contrário"""
    escolhas = range(numIndices) #lista de possíveis índices
    usados = []
    for i in range(numInsercoes):
        hashVal = random.choice(escolhas)
        if hashVal in usados: #há uma colisão
            return 1
        else:
            usados.append(hashVal)
    return 0

def acharProb(numIndices, numInsercoes, numRepeticoes):
    colisoes = 0.0
    for t in range(numRepeticoes):
        colisoes += simInsercoes(numIndices, numInsercoes)
    return colisoes/numRepeticoes
```

Figura 12.15 Simulando uma tabela de hash

Se executarmos o código

```
print 'Probabilidade real de colisão =', colisaoProb(1000, 50)
print 'Probabilidade est. de colisão =', acharProb(1000, 50, 10000)
print 'Probabilidade real de colisão =', colisaoProb(1000, 200)
print 'Probabilidade est. de colisão =', acharProb(1000, 200, 10000)
```

ele imprimirá algo como

```
Probabilidade real de colisão = 0.71226865688
Probabilidade est. de colisão = 0.7119
Probabilidade real de colisão = 0.999999999478
Probabilidade est. de colisão = 1.0
```

Os resultados da simulação são bem parecidos com aqueles calculados analiticamente.

A alta probabilidade de colisão deve nos fazer pensar que as tabelas de hash têm que ser enormes para serem úteis? Não. A probabilidade de haver pelo menos uma colisão nos diz pouco sobre o tempo de pesquisa esperado. O tempo esperado para recuperar um valor depende do tamanho médio das listas que armazenam os valores que colidiram. Ele é simplesmente o número de inserções dividido pelo número de buckets.

13 PASSEIOS ALEATÓRIOS E MAIS SOBRE VISUALIZAÇÃO DE DADOS

Em 1827, o botânico escocês Robert Brown observou que as partículas de pólen suspensas em água pareciam flutuar ao acaso. Ele não tinha nenhuma explicação plausível para o que veio a ser conhecido como movimento browniano e não fez nenhuma tentativa de explicá-lo matematicamente.[79] Um modelo matemático do fenômeno foi apresentado pela primeira vez na tese de doutorado de Louis Bachelier, *A Teoria da Especulação*, em 1900. No entanto, como essa tese lidava com um problema à época de má reputação, a compreensão dos mercados financeiros, ela foi quase totalmente ignorada pelos acadêmicos respeitáveis. Cinco anos mais tarde, um jovem chamado Albert Einstein trouxe esse tipo de raciocínio estocástico para o mundo da física com um modelo matemático quase igual ao de Bachelier e uma descrição de como esse modelo poderia ser usado para confirmar a existência dos átomos.[80] Por alguma razão, as pessoas pareciam pensar que entender a física era mais importante do que ganhar dinheiro, e o mundo começou a prestar mais atenção. Os tempos eram certamente diferentes.

O movimento browniano é um exemplo de um **passeio aleatório**. Passeios aleatórios são amplamente utilizados para modelar processos físicos (por exemplo, a difusão), processos biológicos (por exemplo, a cinética do deslocamento do RNA de heterodúplices pelo DNA) e processos sociais (por exemplo, os movimentos do mercado acionário).

Examinamos passeios aleatórios neste capítulo por três razões:

1. Passeios aleatórios são intrinsecamente interessantes.

---

[79] E ele não foi o primeiro a observá-lo. Já em 60 a.C., o romano Titus Lucretius, em seu poema "Sobre a natureza das coisas", descreveu um fenômeno semelhante e até mesmo deu a entender que ele era causado pelo movimento aleatório dos átomos.

[80] "Sobre o movimento de pequenas partículas suspensas em um líquido estacionário exigido pela teoria cinético-molecular do calor", *Annalen der Physik*, de maio de 1905. Einstein viria a descrever 1905 como seu *"annus mirabilis"*. Naquele ano, além de seu artigo sobre o movimento Browniano, ele publicou trabalhos sobre a produção e transformação da luz (crucial para o desenvolvimento da teoria quântica), sobre a eletrodinâmica dos corpos em movimento (relatividade restrita) e a equivalência entre matéria e energia ($E = mc^2$). Não foi um ano ruim para alguém que tinha acabado de obter o doutorado.

2. Eles podem ser um bom exemplo do uso de tipos de dados abstratos e herança para estruturar programas em geral e simulações em especial.

3. Eles nos dão uma oportunidade para apresentar mais alguns recursos do Python e demonstrar algumas técnicas adicionais para gerar gráficos.

13.1 O Passeio do Bêbado

Em nosso exemplo de passeio aleatório, simularemos realmente uma pessoa andando. Um fazendeiro bêbado está parado no meio de um campo e a cada segundo o fazendeiro dá um passo em uma direção aleatória. Qual é a sua distância esperada da origem após 1000 segundos? É mais provável que ele vá se afastando para cada vez mais longe da origem, ou é mais provável que ele volte à origem várias vezes e acabe não muito longe de onde começou? Para descobrir, escreveremos uma simulação.

Antes de começar a projetar um programa, sempre é uma boa ideia tentar se familiarizar com a situação que o programa deve modelar. Comecemos esboçando um modelo simples da situação usando coordenadas cartesianas. Suponha que o fazendeiro está de pé em um campo onde a grama, misteriosamente, foi cortada para se parecer com um pedaço de papel quadriculado. Suponha também que cada passo do fazendeiro tem 1 unidade de comprimento e é paralelo ao eixo x ou ao eixo y.

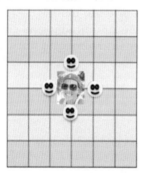 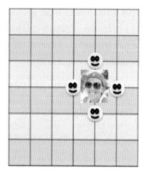

A imagem da esquerda mostra um fazendeiro[81] de pé no meio do campo. As caras sorridentes indicam as possíveis localizações do fazendeiro após um passo. Observe que, após um passo ele sempre está exatamente a uma unidade de distância de onde começou. Suponhamos que ele ande para o leste a partir de sua localização inicial com seu primeiro passo. A

---

[81] Para ser honesto, a pessoa retratada aqui é um ator profissional interpretando um fazendeiro.

que distância ele pode estar de sua localização inicial após seu segundo passo? Olhando para as caras sorridentes na foto, vemos que com uma probabilidade de 0,25 ele estará à distância de 0 unidades, com uma probabilidade de 0,25 ele estará a 2 unidades de distância, e com uma probabilidade de 0,5 ele estará a $\sqrt{2}$ unidades de distância.[82] Então, em média, ele estará mais afastado após dois passos do que após um passo. E depois do terceiro passo? Se o segundo passo for em direção ao rosto sorridente superior ou inferior, o terceiro passo trará o fazendeiro para mais perto da origem na metade do tempo, e para mais longe na outra metade. Se o segundo passo for em direção ao rosto à esquerda (a origem), o terceiro passo será para mais longe da origem. Se o segundo passo for em direção ao rosto à direita, o terceiro passo será para mais perto da origem em um quarto do tempo e para mais longe em três quartos do tempo.

Parece que quanto maior o número de passos do bêbado, maior será a distância esperada a partir da origem. Poderíamos continuar essa enumeração exaustiva das possibilidades e talvez desenvolver uma boa intuição sobre como essa distância cresce em função do número de passos. No entanto, isso está ficando muito tedioso, o que nos faz pensar que seria uma boa ideia escrever um programa para fazer isso por nós.

Para começar a escrever o programa, tentemos pensar em algumas abstrações de dados que possam ser úteis na construção dessa simulação e talvez simulações de outros tipos de passeios aleatórios. Como sempre, devemos tentar criar tipos (objetos) que correspondam aos tipos de coisas que aparecem na situação que estamos tentando modelar. Três tipos óbvios são Localizacao, Campo e Bebado. Ao examinamos as classes que implementam esses tipos, vale a pena pensar sobre que tipos de simulação podemos construir com elas.

Comecemos com a classe Localizacao.

---

[82] Por que $\sqrt{2}$? Estamos usando o teorema de Pitágoras.

```
class Localizacao(object):

    def __init__(self, x, y):
        """x e y são floats"""
        self.x = x
        self.y = y

    def mover(self, deltaX, deltaY):
        """deltaX e deltaY são floats"""
        return Localizacao(self.x + deltaX, self.y + deltaY)

    def getX(self):
        return self.x

    def getY(self):
        return self.y

    def distDe(self, outro):
        ox = outro.x
        oy = outro.y
        xDist = self.x - ox
        yDist = self.y - oy
        return (xDist**2 + yDist**2)**0.5

    def __str__(self):
        return '<' + str(self.x) + ', ' + str(self.y) + '>'
```

Figura 13.1 A Classe Localizacao

Essa é uma classe simples, mas ela incorpora duas decisões importantes. Ela nos diz que a simulação envolverá no máximo duas dimensões. Por exemplo, a simulação não modelará as mudanças de altitude. Isso é consistente com as figuras acima. Também, como os valores de deltaX e deltaY são números de ponto flutuante, e não inteiros, não há nenhuma limitação nesta classe quanto ao conjunto de direções em que um bêbado pode se mover. Isto é uma generalização do modelo informal em que cada passo tinha comprimento um e era paralelo ao eixo x ou y.

A classe Campo é igualmente bem simples, mas também incorpora decisões dignas de nota. Ela simplesmente mantém um mapa com a localização dos bêbados. Não há restrições quanto aos locais, então o tamanho de um Campo, a princípio, não está limitado. Ela permite que vários bêbados sejam adicionados a um campo em locais aleatórios. Ela não diz nada sobre os padrões de movimento dos bêbados, e não impede que vários bêbados ocupem o mesmo local ou movam-se através de espaços ocupados por outros bêbados.

```
class Campo(object):

    def __init__(self):
        self.bebados = {}

    def incluirBebado(self, bebado, loc):
        if bebado in self.bebados:
            raise ValueError('Bêbado duplicado')
        else:
            self.bebados[bebado] = loc

    def moverBebado(self, bebado):
        if bebado not in self.bebados:
            raise ValueError('O bêbado não está no campo')
        xDist, yDist = bebado.darPasso()
        localizacaoAtual = self.bebados[bebado]
        #use o método mover de Localizacao para obter nova localização
        self.bebados[bebado] = localizacaoAtual.mover(xDist, yDist)

    def getLoc(self, bebado):
        if bebado not in self.bebados:
            raise ValueError('O bêbado não está no campo')
        return self.bebados[bebado]
```

Figura 13.2 A classe Campo

As classes Bebado e BebadoComum definem como um bêbado pode perambular pelo campo. Em especial o valor de passoEscolhas em BebadoComum restaura a restrição de que cada passo tem comprimento um e é paralelo ao eixo x ou y. Cada tipo de passo é igualmente provável e não é influenciado pelos passos anteriores. Um pouco mais tarde, examinaremos subclasses de Bebado com outros tipos de comportamento.

```
class Bebado(object):
    def __init__(self, nome = None):
        """Assume que nome é uma str"""
        self.nome = nome

    def __str__(self):
        if self != None:
            return self.nome
        return 'Anônimo'

class BebadoComum(Bebado):
    def darPasso(self):
        passoEscolhas = [(0.0,1.0), (0.0,-1.0), (1.0, 0.0), (-1.0, 0.0)]
        return random.choice(passoEscolhas)
```

Figura 13.3 A classe base Bebado

O próximo passo é usar essas classes para construir uma simulação que responda à pergunta original. Na Figura 13.4 há três funções usadas na simulação. A função passear simula um passeio. A função simPasseios chama passear para simular vários passeios. A função testarBebado chama simPasseios para simular passeios de diferentes comprimentos.

O parâmetro bClasse de simPasseios é do tipo class e é usado na primeira linha de código para criar um Bebado da subclasse apropriada. Mais tarde, quando Campo.moverBebado chamar bebado.darPasso, o método da subclasse apropriada será selecionado automaticamente.

A função testarBebado também tem um parâmetro bClasse do tipo class. Ele é usado duas vezes, uma vez na chamada a simPasseios e outra na primeira instrução print. Na declaração print, o atributo interno __name__ é usado para obter uma string com o nome da classe. A função testarBebado calcula o coeficiente de variação da distância desde a origem usando a função CV definida na Figura 12.7.

```
def passear(c, b, numPassos):
    """Assume: c um Campo, b um Bebado em c, e numPassos um int >= 0
       Move b numPassos vezes e retorna a diferença entre as
       localizações final e inicial do passeio."""
    inicio = c.getLoc(b)
    for s in range(numPassos):
        c.moverBebado(b)
    return inicio.distDe(c.getLoc(b))

def simPasseios(numPassos, numRepeticoes, bClasse):
    """Assume: numPassos e numRepeticoes ints > 0,
          bClasse uma subclasse de Bebado
       Simula numRepeticoes passeios de numPassos passos cada.
       Retorna uma lista com as distancias finais para cada passeio"""
    Homer = bClasse()
    origem = Localizacao(0.0, 0.0)
    distancias = []
    for t in range(numRepeticoes):
        c = Campo()
        c.incluirBebado(Homer, origem)
        distancias.append(passear(c, Homer, numRepeticoes))
    return distancias

def testarBebado(passeioExtensoes, numRepeticoes, bClasse):
    """Assume que passeioExtensoes é uma sequência de ints >= 0
       numRepeticoes um int > 0, bClasse uma subclasse de Bebado
       Para cada número de passos em passeioExtensoes, executa
          simPasseios com numRepeticoes e imprime resultados"""
    for numPassos in passeioExtensoes:
        distancias = simPasseios(numPassos, numRepeticoes, bClasse)
        print bClasse.__name__, '- passeio de', numPassos, 'passos'
        print ' Média =', sum(distancias)/len(distancias),\
              'CV =', CV(distancias)
        print ' Max =', max(distancias), 'Min =', min(distancias)
```

Figura 13.4 O passeio do bêbado (com um bug)

Quando nós executamos testarBebado((10, 100, 1000, 10000), 100, BebadoComum), foi impresso

```
BebadoComum - passeio de 10 passos
 Média = 9.10300189235 CV = 0.493919383186
 Max = 23.4093998214 Min = 1.41421356237
BebadoComum - passeio de 100 passos
 Média = 9.72504983765 CV = 0.583886747239
 Max = 21.5406592285 Min = 0.0
BebadoComum - passeio de 1000 passos
 Média = 9.42444322989 CV = 0.492682758402
 Max = 21.0237960416 Min = 0.0
BebadoComum - passeio de 10000 passos
 Média = 9.27206514705 CV = 0.540211143752
 Max = 24.6981780705 Min = 0.0
```

Isso é surpreendente, dada a intuição que desenvolvemos anteriormente de que a distância média deveria crescer com o número de passos. Isso pode significar que nossa intuição está errada, ou pode significar que a nossa simulação tem bugs, ou ambos.

Neste ponto, a primeira coisa a fazer é executar a simulação com valores para os quais achamos que já sabemos a resposta e verificar se os resultados da simulação coincidem com o esperado. Testemos o programa com caminhadas de zero passos (para os quais as distâncias média, mínima e máxima da origem devem todas ser 0) e de um passo (para os quais as distâncias média, mínima e máxima da origem devem todas ser 1).

Quando executamos testarBebado((0,1), 100, BebadoComum), obtemos o resultado altamente suspeito

```
BebadoComum passeio de 0 passos
 Quer dizer = 9.10300189235 CV = 0.493919383186
 Max = 23.4093998214 Min = 1.41421356237
BebadoComum passeio de 1 passos
 Media = 9.72504983765 CV = 0.583886747239
 Max = 21.5406592285 Min = 0.0
```

Como é possível que a distância média de um passeio de zero passos seja mais do que 9?

Tem que haver pelo menos um bug em nossa simulação. Depois de investigar um pouco, o problema fica claro. Em simPasseios, a chamada a passear(c, Homer, numRepeticoes) deveria ter tido a forma passear(c, Homer, numPassos). A moral da história é importante: sempre veja os resultados de uma simulação com algum ceticismo. Verifique se os resultados são plausíveis e faça um teste de fumaça[83] para casos simples da simulação, para os quais você tem uma boa ideia de qual deve ser o resultado.

Quando a versão corrigida da simulação é executada para nossos dois casos simples, ela produz exatamente as respostas esperadas:

```
BebadoComum passeio de 0 passos
  Media = 0.0 CV = nan84
  Max = 0.0 Min = 0.0
BebadoComum passeio de 1 passos
  Media = 1.0 CV = 0.0
  Max = 1.0 Min = 1.0
```

Para passeios mais longos, ela imprimiu

```
BebadoComum passeio de 10 passos
  Media = 2.97977767074 CV = 0.497873216438
  Max = 6.0 Min = 0.0
BebadoComum passeio de 100 passos
  Media = 9.34012695549 CV = 0.481221153556
  Max = 23.4093998214 Min = 1.41421356237
BebadoComum passeio de 1000 passos
  Media = 28.6328252832 CV = 0.510288443239
  Max = 70.2139587262 Min = 3.16227766017
BebadoComum passeio de 10000 passos
  Media = 85.9223793386 CV = 0.516182207636
  Max = 256.007812381 Min = 17.7200451467
```

Como previsto, a distância média a partir da origem cresce com o número de passos.

Examine agora um gráfico das distâncias médias a partir da origem. Para dar uma ideia da rapidez com que a distância está crescendo, traçamos no gráfico uma linha mostrando a raiz quadrada do número de passos (e aumentamos o número de passos para 1.000.000).[85]

---

[83] No século XIX, tornou-se uma prática comum entre os encanadores encher sistemas fechados de canos com fumaça para verificar se havia vazamentos. Mais tarde, os engenheiros eletrônicos adotaram o termo para falar do primeiro teste de um sistema eletrônico — ligar a alimentação e ver se há fumaça. Ainda mais tarde, os desenvolvedores de programas começaram a usar o termo com o significado de um teste rápido para ver se um programa faz alguma coisa útil.

[84] Como a média foi zero, o coeficiente de variação é indefinido. Portanto, nossa implementação de CV retornou o valor especial em ponto flutuante "não é um número".

[85] O gráfico mostrando a raiz quadrada do número de etapas versus a distância desde a origem é uma linha reta porque usamos uma escala logarítmica em ambos os eixos.

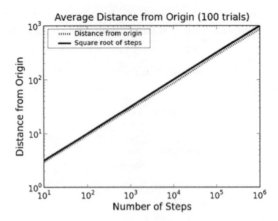

**Distância Média da Origem (100 tentativas) – eixo x: número de passos, eixo y: distância até a origem
linha tracejada: distância da origem
linha sólida: quadrado do número de passos**

Este gráfico fornece alguma informação sobre onde o bêbado estará no final do passeio? Ele nos diz que em média o bêbado estará em algum lugar em um círculo com centro na origem e raio igual à distância esperada a partir da origem. No entanto, ele nos diz muito pouco sobre onde podemos realmente encontrar o bêbado no final de um determinado passeio. Voltaremos a esse tema mais à frente neste capítulo.

13.2 Passeios Aleatórios com Viés

Agora que nossa simulação está funcionando, podemos começar a modificá-la para investigar outros tipos de passeios aleatórios. Suponha, por exemplo, que queremos considerar o comportamento de um fazendeiro bêbado no hemisfério norte que odeia o frio e mesmo alcoolizado é capaz de mover-se duas vezes mais rápido quando seus movimentos aleatórios o levam para o sul. Ou talvez um bêbado fototrópico que sempre se move em direção ao sol (para o leste pela manhã e o oeste à tarde). Esses são exemplos de **passeios aleatórios com viés**. A caminhada ainda é estocástica, mas há um viés no resultado.

A Figura 13.5 define duas subclasses adicionais de Bebado. Em cada caso a especialização envolve escolher um valor apropriado para a tupla passoEscolhas. A função simTodos percorre uma sequência de subclasses de Bebado para gerar informações sobre como cada uma delas se comporta.

Capítulo 13. Passeios Aleatórios e Mais Sobre Visualização de Dados   219

```
class BebadoFrio(Bebado):
    def darPasso(self):
        passoEscolhas = [(0.0,1.0), (0.0,-2.0), (1.0, 0.0), (-1.0, 0.0)]
        return random.choice(passoEscolhas)

class BebadoLO(Bebado):
    def darPasso(self):
        passoEscolhas = [(1.0, 0.0), (-1.0, 0.0)]
        return random.choice(passoEscolhas)

def simTodos(bebadoTipos, passeioExtensoes, numRepeticoes):
    for bClasse in bebadoTipos:
        testarBebado(passeioExtensoes, numRepeticoes, bClasse)
```

Figura 13.5 Subclasses da classe base Bebado

Quando nós executamos simTodos((BebadoComum, BebadoFrio, BebadoLO), (100, 1000), 10), foi impresso

```
BebadoComum passeio de 100 passos
 Media = 8.37073251526 CV = 0.482770539323
 Max = 14.7648230602 Min = 1.41421356237
BebadoComum passeio de 1000 passos
 Media = 21.0385788624 CV = 0.5489414497
 Max = 36.6878726557 Min = 3.16227766017
BebadoFrio passeio de 100 passos
 Media = 23.9034750714 CV = 0.401318542296
 Max = 37.1214223865 Min = 5.83095189485
BebadoFrio passeio de 1000 passos
 Media = 238.833279891 CV = 0.125076661085
 Max = 288.140590684 Min = 182.024723595
BebadoLO passeio de 100 passos
 Media = 8.6 CV = 0.58879018145
 Max = 18.0 Min = 0.0
BebadoLO passeio de 1000 passos
 Media = 27.0 CV = 0.726719143346
 Max = 74.0 Min = 2.0
```

Esta é uma grande quantidade de dados para digerir. Parece que o bêbado que gosta do calor se afasta da origem mais rapidamente do que os outros dois tipos de bêbado. No entanto, não é fácil interpretar todas as informações nesta saída.

Mais uma vez é hora deixar de lado a saída em forma de texto e começar a usar gráficos.

Como nós estamos mostrando diferentes tipos de bêbados no mesmo gráfico, nós associaremos um estilo diferente a cada tipo de bêbado, para que seja fácil diferenciá-los. O estilo terá três características:

- A cor da linha e dos pontos,
- A forma do marcador usado para indicar um ponto e

- O estilo de uma linha, por exemplo, sólida ou pontilhada.

A classe `estiloSequencia`, na Figura 13.6, percorre uma sequência de estilos definidos pelo argumento de `estiloSequencia.__init__`.

```
class estiloSequencia(object):
    def __init__(self, estilos):
        self.indice = 0
        self.estilos = estilos

    def proxEstilo(self):
        resultado = self.estilos[self.indice]
        if self.indice == len(self.estilos) - 1:
            self.indice = 0
        else:
            self.indice += 1
        return resultado
```

Figura 13.6 Alternando entre vários estilos

O código na Figura 13.7 tem uma estrutura semelhante ao da Figura 13.4. A instrução `print` em `simBebado` e `simTodos` não contribui em nada para o resultado da simulação. Ela está lá porque, como a simulação pode levar um tempo bastante longo para terminar, imprimir uma mensagem ocasional indicando que a simulação está em andamento pode ser muito reconfortante para o usuário, que pode estar se perguntando se o programa não está travado. (Lembre-se de que a função `desvPad` foi definida na Figura 12.4.)

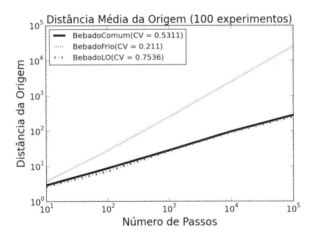

```
def simBebado(numRepeticoes, bClasse, passeioPassos):
    mediaDistancias = []
    cvDistancias = []
    for numPassos in passeioPassos:
        print 'Começando simulação de', numPassos, 'passos'
        passeios = simPasseios(numPassos, numRepeticoes, bClasse)
        media = sum(passeios)/float(len(passeios))
        mediaDistancias.append(media)
        cvDistancias.append(desvPad(passeios)/media)
    return (mediaDistancias, cvDistancias)

def simTodos(bebadoTipos, passeioPassos, numRepeticoes):
    estiloEscolha = estiloSequencia(('b-', 'r:', 'm-.'))
    for bClasse in bebadoTipos:
        estiloAtual = estiloEscolha.proxEstilo()
        print 'Começando simulação de', bClasse.__name__
        medias, cvs = simBebado(numRepeticoes, bClasse, passeioPassos)
        cvMedia = sum(cvs)/float(len(cvs))
        pylab.plot(passeioPassos, medias, estiloAtual,
                   label = bClasse.__name__ +
                           '(CV = ' + str(round(cvMedia, 4)) + ')')
    pylab.title(u'Distância Média da Origem ('
                + str(numRepeticoes) + ' experimentos)')
    pylab.xlabel(u'Número de Passos')
    pylab.ylabel(u'Distância da Origem ')
    pylab.legend(loc = 'best')
    pylab.semilogx()
    pylab.semilogy()
    pylab.show()

simTodos((BebadoComum, BebadoFrio, BebadoLO),
         (10,100,1000,10000,100000), 100)
```

Figura 13.7 Plotando os passeios de diferentes bêbados

O código na Figura 13.7 produz o gráfico na página anterior. O bêbado normal e o bêbado fototrópico (BebadoLO) parecem estar se afastando da origem aproximadamente no mesmo ritmo, mas o bêbado que gosta do calor (BebadoFrio) parece estar se afastando muito mais rapidamente. Isso é interessante, considerando que em média ele está se movendo apenas 25% mais rápido (ele dá, em média, cinco passos para cada quatro passos dos outros). Além disso, os coeficientes de variação mostram uma grande dispersão, mas o gráfico não esclarece por quê.

Construir um novo gráfico pode nos ajudar a entender melhor o comportamento dessas três classes. Em vez de plotar a mudança na distância ao longo do tempo para um número crescente de passos, o código na Figura 13.8 plota a distribuição dos locais finais para um número determinado de passos.

```
def getLocsFinais(numPassos, numRepeticoes, bClasse):
    locs = []
    d = bClasse()
    origem = Localizacao(0, 0)
    for t in range(numRepeticoes):
        c = Campo()
        c.incluirBebado(d, origem)
        for s in range(numPassos):
            c.moverBebado(d)
        locs.append(c.getLoc(d))
    return locs

def plotarLocs(bebadoTipos, numPassos, numRepeticoes):
    estiloEscolha = estiloSequencia(('b+', 'r^', 'mo'))
    for bClasse in bebadoTipos:
        locs = getLocsFinais(numPassos, numRepeticoes, bClasse)
        xVals, yVals = [], []
        for l in locs:
            xVals.append(l.getX())
            yVals.append(l.getY())
        mediaX = sum(xVals)/float(len(xVals))
        mediaY = sum(yVals)/float(len(yVals))
        estiloAtual = estiloEscolha.proxEstilo()
        pylab.plot(xVals, yVals, estiloAtual,
                   label = bClasse.__name__ + u' Loc. média = <'
                   + str(mediaX) + ', ' + str(mediaY) + '>')
    pylab.title(u'Localização no Fim do Passeio ('
                + str(numPassos) + ' passos)')
    pylab.xlabel(u'Passos Leste/Oeste a partir da Origem')
    pylab.ylabel(u'Passos Norte/Sul a partir da Origem')
    pylab.legend(loc = 'lower left', numpoints = 1)
    pylab.show()

plotarLocs((BebadoComum, BebadoFrio, BebadoLO), 100, 200)
```

Figura 13.8 Gráfico dos locais finais

Primeiro, plotarLocs inicializa estiloEscolha com três estilos diferentes de marcadores. Em seguida ela usa pylab.plot para colocar um marcador na localização final de cada passeio. A chamada a pylab.plot define a cor e a forma do marcador que será plotado usando os valores retornados pela classe estiloSequencia. O gráfico na próxima página é produzido por plotarLocs((BebadoComum, BebadoFrio, BebadoLO), 100, 200). A primeira coisa que notamos é que nossos bêbados parecem estar se comportando como esperado. O BebadoLO termina no eixo x, o BebadoFrio parece avançar para o sul e o BebadoComum parece perambular sem rumo.

Capítulo 13. Passeios Aleatórios e Mais Sobre Visualização de Dados 223

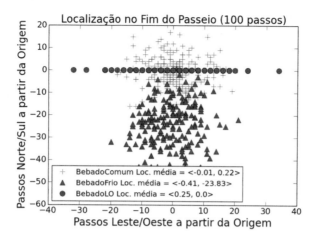

Mas por que parece haver muito menos círculos do que triângulos ou + como marcadores? Porque muitos passeios de BebadoLO terminam no mesmo lugar. Isso não é surpreendente, dado o pequeno número de possíveis pontos finais (200) para BebadoLO. Também os marcadores circulares parecem estar espaçados quase uniformemente pelo eixo x, o que é consistente com o coeficiente de variação relativamente elevado que notamos antes.

Ainda não óbvio, pelo menos para nós, porque BebadoFrio consegue, em média, chegar bem mais longe da origem do que os outros tipos de bêbados. Talvez seja hora de examinarmos o caminho seguido em um passeio único, e não o ponto final médio de muitos passeios. O código na Figura 13.9 produz o gráfico abaixo.

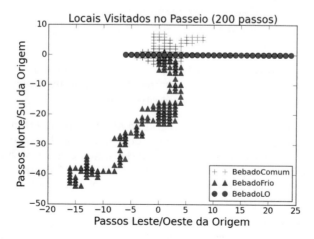

```
def rastrearPasseio(bebadoTipos, numPassos):
    estiloEscolha = estiloSequencia(('b+', 'r^', 'mo'))
    f = Campo()
    for bClasse in bebadoTipos:
        b = bClasse()
        f.incluirBebado(b, Localizacao(0, 0))
        locs = []
        for s in range(numPassos):
            f.moverBebado(b)
            locs.append(f.getLoc(b))
        xVals = []
        yVals = []
        for l in locs:
            xVals.append(l.getX())
            yVals.append(l.getY())
        estiloAtual = estiloEscolha.proxEstilo()
        pylab.plot(xVals, yVals, estiloAtual,
                   label = bClasse.__name__)
    pylab.title(u'Locais Visitados no Passeio ('
                + str(numPassos) + ' passos)')
    pylab.xlabel(u'Passos Leste/Oeste da Origem')
    pylab.ylabel(u'Passos Norte/Sul da Origem')
    pylab.legend(loc = 'best')
    pylab.show()

rastrearPasseio((BebadoComum, BebadoFrio, BebadoLO), 200)
```

Figura 13.9 Traçando caminhos

Como o passeio é de 200 passos, e BebadoLO visita menos de 30 locais diferentes, é claro que ele gasta muito tempo voltando aos mesmos locais. O mesmo tipo de observação é válido para o BebadoComum. Em contraste, embora BebadoFrio não esteja percorrendo exatamente o caminho mais curto até o equador, ele passa relativamente menos tempo visitando lugares onde já esteve.

Nenhuma dessas simulações é interessante em si mesma. (No próximo capítulo, analisaremos simulações intrinsecamente mais interessantes.) Mas há alguns pontos que vale a pena observar:

- Inicialmente dividimos nosso código de simulação em quatro partes separadas. Três delas eram classes (Localizacao, Campo e Bebado) que correspondem a tipos de dados abstratos que aparecem na descrição informal do problema. A quarta parte era um grupo de funções que usavam essas classes para realizar uma simulação simples.

- Em seguida criamos, a partir de Bebado, uma hierarquia de classes para que pudéssemos observar diferentes tipos de passeios aleatórios com viés. O código para Local e Campo permaneceu inalterado, mas o código da simulação foi alterado para alternar entre diferentes subclasses de Bebado. Ao fazer isso, tiramos proveito do fato de que uma classe é em si um objeto e, portanto, pode ser passada como um argumento.

- Finalmente, nós fizemos uma série de alterações incrementais na simulação que não envolviam quaisquer mudanças nas classes que representam os tipos abstratos. Essas mudanças envolveram principalmente a produção de gráficos para fornecer informações sobre os diferentes passeios. Isso é bem típico da maneira como as simulações são desenvolvidas. Você geralmente escreve e testa uma simulação básica e depois começa a adicionar recursos.

13.3 Campos Traiçoeiros

Você alguma vez já jogou o jogo de tabuleiro conhecido como *rampas e escadas* nos EUA e como *cobras e escadas* no Reino Unido? Esse jogo infantil se originou na Índia (talvez no segundo século a.C.), onde era chamado de *Moksha patamu*. Cair em um quadrado que representasse uma virtude (por exemplo, a generosidade) fazia um jogador subir um degrau para um nível mais elevado de vida. Cair em um quadrado que representasse um vício (por exemplo, a luxúria) fazia o jogador descer para um nível inferior de vida.

Podemos adicionar facilmente esse tipo de recurso a nossos passeios aleatórios criando um Campo com buracos de minhoca[86], como mostrado na Figura 13.10, e substituindo a segunda linha de código na função rastrearPasseio pela linha f = campoEstranho(1000, 100, 200).

Quando executamos rastrearPasseio((BebadoComum, BebadoFrio, BebadoLO), 500), nós obtivemos um gráfico bem estranho

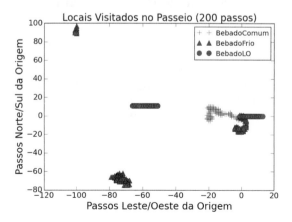

---

[86] O buraco de minhoca é um conceito hipotético inventado pelos físicos teóricos. Ele fornece atalhos através do tempo/espaço.

```
class campoEstranho(Campo):
    def __init__(self, numBuracos, xFaixa, yFaixa):
        Campo.__init__(self)
        self.buracosDeMinhoca = {}
        for w in range(numBuracos):
            x = random.randint(-xFaixa, xFaixa)
            y = random.randint(-yFaixa, yFaixa)
            novoX = random.randint(-xFaixa, xFaixa)
            novoY = random.randint(-yFaixa, yFaixa)
            novaLoc = Localizacao(novoX, novoY)
            self.buracosDeMinhoca[(x, y)] = novaLoc

    def moverBebado(self, bebado):
        Campo.moverBebado(self, bebado)
        x = self.bebados[bebado].getX()
        y = self.bebados[bebado].getY()
        if (x, y) in self.buracosDeMinhoca:
            self.bebados[bebado] = self.buracosDeMinhoca[(x, y)]
```

Figura 13.10 Campos com propriedades estranhas

Claramente a alteração das propriedades do campo teve um efeito dramático. No entanto, esse não é o ponto deste exemplo. Os principais pontos são:

- Em razão da maneira como nós estruturamos nosso código, foi fácil acomodar uma mudança significativa da situação que está sendo modelada. Assim como pudemos adicionar diferentes tipos de bêbados sem modificar a classe Campo, podemos adicionar um novo tipo de Campo sem modificar Bebado ou qualquer uma de suas subclasses. (Se tivéssemos antecipado essa possibilidade e tornado Campo um parâmetro de rastrearPasseio, nós também não teríamos tido que mudar rastrearPasseio.)

- Embora fosse possível derivar analiticamente diferentes tipos de informações sobre o comportamento esperado do passeio aleatório simples e mesmo dos passeios aleatórios com viés, teria sido muito difícil fazer isso quando há buracos de minhoca. Entretanto, foi extremamente simples mudar a simulação para modelar a nova situação. Modelos de simulação muitas vezes apresentam essa vantagem em relação a modelos analíticos.

14 SIMULAÇÃO DE MONTE CARLO

Nos dois capítulos anteriores vimos maneiras diferentes de usar a aleatoriedade em computações. Muitos dos exemplos que nós apresentamos pertencem à classe de computação conhecida como **simulação de Monte Carlo**.

Stanislaw Ulam e Nicholas Metropolis cunharam o termo simulação de Monte Carlo em 1949 em homenagem aos jogos de azar jogados no casino do Principado de Mônaco. Ulam, que é mais bem conhecido por ter projetado a bomba de hidrogênio com Edward Teller, descreveu a invenção do modelo da seguinte forma:

> *As primeiras ideias e tentativas de por em prática [o método Monte Carlo] tiveram origem em uma pergunta que me ocorreu em 1946 quando eu estava convalescendo de uma doença e jogava paciência. A pergunta era quais são as chances de um jogo de solitária Canfield com 52 cartas terminar com sucesso? Depois de passar muito tempo tentando estimar a probabilidade usando cálculo combinatório puro, eu me perguntei se distribuir cem vezes as cartas e contar o número de jogos bem sucedidos não seria um método mais prático do que o "raciocínio abstrato". Já era possível imaginar isso com o início de uma nova era de computadores rápidos*[87], *e eu imediatamente pensei nos problemas de difusão de nêutrons e outras questões de física matemática e, de forma mais geral, em como expressar processos descritos por determinadas equações diferenciais em uma forma equivalente interpretável como uma sucessão de operações aleatórias. Mais tarde... [em 1946, eu] descrevi a ideia para John von Neumann, e começamos a planejar cálculos reais.*[88]

A técnica foi usada com sucesso durante o projeto Manhattan para prever o que aconteceria durante uma reação de fissão nuclear, mas não se tornou realmente popular até a década de 50, quando os computadores se tornaram mais comuns e poderosos.

---

[87] "Rápido" é um termo relativo. Ulam estava provavelmente se referindo ao ENIAC, que podia realizar cerca de 10^3 adições por segundo (e pesava mais de 25 toneladas). Os computadores de hoje realizam cerca de 10^9 adições por segundo (e pesam talvez 10^{-3} toneladas).

[88] Eckhardt, Roger (1987). "Stan Ulam, John von Neumann and the Monte Carlo method", *Los Alamos Science,* Edição Especial (15), 131-137.

Ulam não foi o primeiro matemático a pensar sobre como usar as ferramentas da probabilidade para entender um jogo de azar. A história da probabilidade está intimamente ligada à história dos jogos de azar. É a existência de incerteza que torna os jogos de azar possíveis. E a existência dos jogos de azar foi a motivação para o desenvolvimento de boa parte da matemática necessária para lidar com a incerteza. Contribuições aos fundamentos da teoria da probabilidade por Cardano, Pascal, Bernoulli, Fermat, de Moivre e Laplace foram todas motivadas pelo desejo de entender melhor os jogos de azar (e talvez lucrar com eles).

14.1 O Problema de Pascal

A maioria dos primeiros trabalhos na teoria da probabilidade girava em torno de jogos com dados.[89] Supostamente, o interesse no campo que veio a ser conhecido como teoria da probabilidade começou quando um amigo perguntou a Pascal se seria ou não rentável apostar que, em 24 lançamentos de um par de dados, ele conseguiria obter um par de seis. Isso era considerado um problema difícil na metade do século XVII. Pascal e Fermat, dois homens de grande inteligência, trocaram uma série de cartas sobre como resolver o problema, mas agora essa parece ser uma pergunta fácil:

- Na primeira jogada, como a probabilidade sair 6 em um dado é 1/6, então a probabilidade de sair seis em ambos os dados é 1/36.

- Portanto, a probabilidade de não obter um par de seis no primeiro lançamento é 1 − 1/36 = 35/36.

- E assim a probabilidade de não obter um par de seis vinte e quatro vezes consecutivas é $(35/36)^{24}$, quase 0,51, e, portanto, a probabilidade de rolar um par de seis é 1 − $(35/36)^{24}$, cerca de

---

[89] Escavações arqueológicas sugerem que dados são os instrumentos de apostas mais antigos da raça humana. O mais antigo dado de seis lados "moderno" conhecido remonta a cerca de 600 a.C., mas túmulos egípcios que datam de dois milênios antes do nascimento de Cristo contêm artefatos que se assemelham a dados. Normalmente, esses precursores dos dados eram feitos com ossos de animais; em círculos de jogos as pessoas ainda usam a frase "rolar os ossos".

0,49. No longo prazo não seria rentável apostar que em 24 lançamentos sairia um par de seis.[90]

Apenas para ter certeza, usaremos o programa da Figura 14.1 para simular o jogo do amigo de Pascal e confirmar que obtemos a mesma resposta.

```
# -*- coding: utf-8 -*-
import random

def rolarDado():
    return random.choice([1,2,3,4,5,6])

def verificarPascal(numRepeticoes):
    """Assume que numRepeticoes é um int > 0
       Imprime uma estimativa da probabilidade de ganhar"""
    numSucessos = 0.0
    for i in range(numRepeticoes):
        for j in range(24):
            d1 = rolarDado()
            d2 = rolarDado()
            if d1 == 6 and d2 == 6:
                numSucessos += 1
                break
    print 'Probabilidade de Ganhar =', numSucessos/numRepeticoes
```

Figura 14.1 Confirmando o resultado de Pascal

Ao executarmos pela primeira vez, a chamada a verificarPascal(1000000) imprimiu

    Probabilidade de ganhar = 0.491204

Esse valor está realmente bastante perto de $1 - (35/36)^{24}$; digitando 1 - (35.0/36.0)**24 no shell do Python, obtemos 0.49140387613090342.

14.2 Passar ou Não Passar?

Nem todas as perguntas sobre jogos de azar são respondidas tão facilmente. No jogo de Craps, o jogador que rola os dados escolhe entre fazer uma aposta "passar a linha" ou "não passar a linha".

---

[90] Assim como em nossas análises anteriores, isso é verdadeiro apenas se os dados são justos, ou seja, se o resultado das jogadas é verdadeiramente aleatório e se cada um dos seis resultados é igualmente provável. Isso nem sempre acontece. Escavações em Pompeia descobriram dados "viciados", em que tinham sido inseridos pequenos pesos de chumbo para influenciar o resultado das jogadas. Mais recentemente, o site de um vendedor online anunciava, "Você é excepcionalmente azarado quando se trata de dados? Investir em um par de dados que seja mais, digamos, confiável pode ser exatamente do que você precisa".

- Passar a linha: o lançador ganha se sair 7 ou 11 na primeira jogada, e perde se sair 2, 3 ou 12 ("craps"). Se sair outro número, esse número se torna o "ponto" e o lançador continua jogando. Se rolar o ponto antes de sair um 7, ele ganha. Caso contrário, perde.

Não passar a linha: o lançador perde se a primeira jogada for 7 ou 11, ganha se for 2 ou 3, e empata se for 12. Se sair algum outro número, esse número se torna o ponto e o lançador continua jogando. Se o lançador rolar um 7 antes de sair o ponto, ele ganha. Caso contrário, ele perde.

Uma dessas apostas é melhor do que a outra? Alguma delas é uma boa aposta? É possível calcular analiticamente a resposta a essas perguntas, mas parece mais fácil (pelo menos para nós) escrever um programa que simula o jogo de Craps e ver o que acontece.

```
class CrapsJogo(object):
    def __init__(self):
        self.passarGanhos, self.passarPerdidos = (0,0)
        self.npGanhos, self.npPerdidos, self.npEmpates = (0,0,0)

    def jogaMao(self):
        arremesso = rolarDado() + rolarDado()
        if arremesso == 7 or arremesso == 11:
            self.passarGanhos += 1
            self.npPerdidos += 1
        elif arremesso == 2 or arremesso == 3 or arremesso == 12:
            self.passarPerdidos += 1
            if arremesso == 12:
                self.npEmpates += 1
            else:
                self.npGanhos += 1
        else:
            ponto = arremesso
            while True:
                arremesso = rolarDado() + rolarDado()
                if arremesso == ponto:
                    self.passarGanhos += 1
                    self.npPerdidos += 1
                    break
                elif arremesso == 7:
                    self.passarPerdidos += 1
                    self.npGanhos += 1
                    break

    def passarResultados(self):
        return (self.passarGanhos, self.passarPerdidos)

    def npResultados(self):
        return (self.npGanhos, self.npPerdidos, self.npEmpates)
```

Figura 14.2 A Classe `CrapsJogo`

Capítulo 14. Simulação de Monte Carlo 231

A Figura 14.2 contém a parte central dessa simulação. Os valores das variáveis de uma instância da classe `CrapsJogo` armazenam o desempenho das apostas passar e não passar a linha desde o início do jogo. Os métodos `passarResultados` e `npResultados` retornam esses valores. O método `jogaMao` simula uma "mão"[91] de um jogo. A maior parte do código em `jogaMao` é meramente uma descrição algorítmica das regras descritas anteriormente. Observe que há um laço na cláusula `else` que corresponde ao que acontece após um ponto ser estabelecido. E o laço termina usando uma instrução `break` quando o ponto ou sete é rolado.

A Figura 14.3 contém uma função que usa a classe `CrapsJogo`. Sua estrutura é típica de muitos programas de simulação:

1. Ela executa vários jogos (pense em cada jogo como o equivalente a uma repetição em nossas simulações anteriores) e acumula os resultados. Cada jogo inclui várias mãos, e por isso há um laço aninhado.
2. Ela então produz e armazena estatísticas para cada jogo.
3. Finalmente, ela produz e imprime um resumo estatístico. Nesse caso, o programa imprime o retorno sobre o investimento (ROI, return on investment em inglês) esperado para cada tipo de aposta e o desvio padrão do ROI.

O retorno sobre o investimento é definido pela equação

$$ROI = \frac{\text{ganho com o investimento} - \text{custo de investimento}}{\text{custo de investimento}}$$

Como ambas as apostas dobram o dinheiro em caso de vitória (se você apostar \$1, você ganha \$1), o ROI é

$$ROI = \frac{\text{número de apostas ganhas} - \text{número de apostas perdidas}}{\text{número de apostas}}$$

Por exemplo, se você fez 100 apostas passar a linha e ganhou metade delas, seu ROI foi

$$\frac{50 - 50}{100} = 0$$

Se você apostou em não passar a linha 100 vezes, ganhou 25 vezes e empatou 5 vezes, o ROI foi

$$\frac{25 - 70}{100} = \frac{-45}{100} = -4.5$$

---

[91] Uma mão começa quando o lançador está "saindo", o termo usado no jogo para um arremesso antes de um ponto ser estabelecido. Uma mão termina quando o lançador ganha ou perde sua aposta inicial.

Observe que em crapsSim nós usamos xrange em lugar de range nos laços for para estarmos preparados para executar grandes simulações. Lembre-se de que, no Python 2.7, range(n) cria uma sequência com n elementos, enquanto xrange(n) somente gera os valores quando o laço precisa deles.

```
def crapsSim(maosPorJogo, numJogos):
    """Assume que maosPorJogo e numJogos são ints > 0
       Imprime os resultados após numJogos jogos de maosPorJogo mãos"""
    jogos = []

    #Joga o número escolhido de vezes
    for t in xrange(numJogos):
        c = CrapsJogo()
        for i in xrange(maosPorJogo):
            c.jogaMao()
        jogos.append(c)

    #Gera a estatística para cada jogo
    pROIPerGame, dpROIPerGame = [], []
    for j in jogos:
        ganhos, perdidos = j.passarResultados()
        pROIPerGame.append((ganhos - perdidos)/float(maosPorJogo))
        ganhos, perdidos, empates = j.npResultados()
        dpROIPerGame.append((ganhos - perdidos)/float(maosPorJogo))

    #Produz e imprime um resumo estatístico
    ROIMedio = str(round((100.0*sum(pROIPerGame)/numJogos), 4)) + '%'
    sigma = str(round(100.0*desvPad(pROIPerGame), 4)) + '%'
    print 'Passar:', 'ROI Médio =', ROIMedio, 'Desv Pad =', sigma
    ROIMedio = str(round((100.0*sum(dpROIPerGame)/numJogos), 4)) + '%'
    sigma = str(round(100.0*desvPad(dpROIPerGame), 4)) + '%'
    print 'Não passar:', 'ROI Médio =', ROIMedio, 'Desv Pad =', sigma
```

Figura 14.3 Simulando um jogo de Craps

Vejamos o que acontece quando executamos nossa simulação de Craps:[92]

```
>>> crapsSim(20, 10)
Passar: ROI Médio = -7.0% Desv. Pad. = 23.6854%
Não passar: ROI Médio = 4.0% Desv Pad = 23.5372%
```

Parece que é uma boa ideia evitar a aposta "passar a linha" – que tem como retorno esperado sobre o investimento uma perda de 7%. Mas "não passar a linha" parece ser uma boa aposta. Ou não é?

Examinando os desvios padrão, parece que talvez não passar a linha não seja, afinal, uma aposta tão boa. Lembre-se de que, supondo que a distribuição é normal, o intervalo de confiança de 95% se estende por dois

---

[92] Tenha em mente que, como esses programas incorporam aleatoriedade, você não deve esperar obter resultados idênticos quando executar o código. Mais importante, não faça quaisquer apostas até ter lido toda a seção.

Capítulo 14. Simulação de Monte Carlo

desvios padrão em ambos os lados da média. Para não passar a linha, o intervalo de confiança 95% é [4,0 - 2*23,5372; 4,0 + 2*23.5372] - aproximadamente [-43%; +51%]. Isso certamente não sugere que apostar em "não passar a linha" seja uma coisa garantida.

É hora de colocar a lei dos grandes números para trabalhar.

```
>>> crapsSim(10000000, 10)
Passar: ROI Médio = -1.4216% Desv. Pad. = 0.0322%
Não passar: ROI Médio = -1.3579% Desv Pad = 0.0334%
```

Agora podemos dizer com bastante segurança que nenhuma das duas apostas é vantajosa. Parece que não passar a linha pode ser um pouco menos ruim. No entanto, como o intervalo de confiança de 95% [-1.486,-1.3572] para passar a linha sobrepõe-se ao de não passar a linha [-1.4247,-1.2911], não podemos dizer com 95% de confiança que "não passar a linha" é uma aposta melhor.

Suponha que, em vez de aumentar o número de mãos por jogo, aumentemos o número de jogos, por exemplo, fazendo a chamada crapsSim(20, 1000000). Como mostrado abaixo, a média do ROI estimado está perto do ROI real. No entanto, os desvios padrão ainda são altos — indicando que o resultado de um único jogo de 20 mãos é muito incerto.

```
>>>crapsSim(20, 10000000)
Passar: ROI Médio = -1.4133% Desv. Pad. = 22.3571%
Não passar: ROI Médio = -1.3649% Desv Pad = 22.0446%
```

Um dos aspectos positivos das simulações é que elas tornam fácil estudar situações hipotéticas. Por exemplo, e se um jogador substituísse os dados por um par com maior probabilidade do resultado 5 do que 2 (5 e 2 estão em lados opostos de um dado)? Para testar isso, tudo que nós temos que fazer é substituir a implementação de rolarDado por algo como

```
def rolarDado():
    return random.choice([1,1,2,3,3,4,4,5,5,5,6,6])
```

Essa mudança relativamente pequena nos dados faz uma diferença dramática nas probabilidades

```
>>> crapsSim(1000000, 10)
Passar: ROI Médio = 6.7066% Desv. Pad. = 0.0208%
Não passar: ROI Médio = -9.4824% Desv Pad = 0.02%
```

Não surpreende que os casinos tomem tantas precauções para evitar que os jogadores substituam os dados!

14.3 Usando Tabelas para Melhorar o Desempenho

Você provavelmente não quer executar crapsSim(100000000, 10) em casa. O programa demora muito tempo para concluir na maioria dos computadores. Isso traz à tona a questão de saber se existe uma maneira simples para acelerar a simulação.

A complexidade de crapsSim é O(jogaMao)*maosPorJogo*numJogos. O tempo de execução de jogaMao depende do número de vezes que o laço na função é executado. A princípio, o laço poderia ser executado um número ilimitado de vezes já que não há nenhum limite para o tempo que pode levar para o jogador rolar um 7 ou o ponto. Na prática, é claro, estamos seguros que o programa sempre terminará.

Observe, no entanto, que o resultado de uma chamada a jogaMao não depende de quantas vezes o laço é executado, mas apenas se ele termina com o valor 7 ou com o ponto. Para cada ponto possível, você pode facilmente calcular a probabilidade de rolar esse ponto antes de rolar um 7. Por exemplo, usando um par de dados, você pode rolar um 4 de três maneiras diferentes: <1, 3>, <3, 1> e <2, 2>; e pode rolar um 7 de seis maneiras diferentes : <1, 6>, <6, 1>, <2, 5>, <5, 2>, <3, 4> e <4, 3>. Portanto, a probabilidade de sair do laço rolando um 7 é o dobro daquela de sair do laço rolando um 4.

A Figura 14.4 contém uma implementação de jogaMao que faz uso desse raciocínio. Nós deixamos previamente computada a probabilidade de obter o ponto antes de obter um 7 para cada valor possível do ponto e armazenamos esses valores em um dicionário. Suponha, por exemplo, que o ponto seja 8. O jogador continua a rolar os dados até que ele obtenha o ponto ou um sete. Há cinco maneiras de rolar um 8 (<6,2>, <2,6>, <5,3>, <3,5> e <4,4>) e seis maneiras de rolar um 7. Então, o valor para a chave de dicionário 8 é o valor da expressão 5/11.0. Essa tabela nos permite substituir o laço interno, que continha um número indeterminado de lançamentos, por um teste que chama a função random.random. A complexidade assintótica dessa versão de jogarMao é O(1).

A ideia de substituir uma computação por uma **tabela** com valores precalculados tem ampla aplicabilidade e é frequentemente utilizada quando a velocidade é importante. A consulta a tabelas é um exemplo da ideia geral de trocar **tempo de execução por espaço de armazenamento**. Vimos outro exemplo dessa técnica na nossa análise do algoritmo de hash: quanto maior a tabela, há menos colisões e a pesquisa é mais rápida em média. Nesse caso, a tabela é pequena, então o custo do espaço é insignificante.

```
def jogaMao(self):
    #Uma implementação alternativa, mais rápida, de jogaMao
    pontosDic = {4:1/3.0, 5:2/5.0, 6:5/11.0, 8:5/11.0,
                 9:2/5.0, 10:1/3.0}
    arremesso = rolarDado() + rolarDado()
    if arremesso == 7 or arremesso == 11:
        self.passarGanhos += 1
        self.npPerdidos += 1
    elif arremesso == 2 or arremesso == 3 or arremesso == 12:
        self.passarPerdidos += 1
        if arremesso == 12:
            self.npEmpates += 1
        else:
            self.npGanhos += 1
    else:
        if random.random() <= pontosDic[arremesso]: # ponto antes de 7
            self.passarGanhos += 1
            self.npPerdidos += 1
        else:                                       # 7 antes do ponto
            self.passarPerdidos += 1
            self.npGanhos += 1
```

Figura 14.4 Usando uma tabela para melhorar o desempenho

14.4 Calculando π

É fácil ver como a simulação de Monte Carlo é útil para resolver problemas em que o acaso desempenha um papel. Curiosamente, no entanto, a simulação de Monte Carlo (e algoritmos randomizados em geral) pode ser usada para resolver problemas que não são inerentemente estocásticos, ou seja, para os quais não há nenhuma incerteza quanto aos resultados.

Considere π.

Por milhares de anos, as pessoas souberam que há uma constante, chamada π (pi) desde o século XVIII, tal que a circunferência de um círculo é igual a $\pi \ast$diâmetro e a área do círculo é igual a $\pi \ast$raio^2. O que elas não sabiam era o valor dessa constante.

Uma das primeiras estimativas, $4 \ast (8/9)^2 = 3,16$, pode ser encontrada no *papiro egípcio de Rhind*, por volta de 1650 a.C. Mais de mil anos mais tarde, o *Antigo Testamento* sugeriu um valor diferente para π ao dar as especificações de um dos projetos de construção do Rei Salomão,

> Fez o tanque de metal fundido, redondo, medindo quatro metros e meio de diâmetro e dois metros e vinte e cinco centímetros de altura.

Era preciso um fio de treze metros e meio para medir sua circunferência.[93]

Calculando π, 4,5 π = 13,5, então π = 3. Talvez a *Bíblia* esteja errada, ou talvez o tanque não fosse perfeitamente circular, ou talvez a circunferência tenha sido medida do lado de fora da parede e o diâmetro do lado de dentro, ou talvez se trate apenas de uma licença poética. Deixamos para o leitor decidir.

Arquimedes de Siracusa (287-212 a.C.) obteve limites superior e inferior para o valor de π usando um polígono de alto grau para aproximar uma forma circular. Usando um polígono com 96 lados, ele concluiu que 223/71 < π < 22/7. Calcular limites superior e inferior foi uma abordagem bastante sofisticada para a época. Além disso, se usarmos como estimativa a média dos dois limites, obtemos 3,1418, um erro de cerca 0,0002. Nada mau!

Muito tempo antes da invenção dos computadores, os matemáticos franceses Buffon (1707-1788) e Laplace (1749-1827) propuseram usar uma simulação estocástica para estimar o valor de π.[94] Coloque um círculo dentro de um quadrado com lados de comprimento 2, de modo que o raio do círculo, r, tenha comprimento 1.

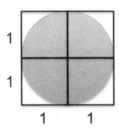

Pela definição de π, área = πr^2. Como r é 1, π = área. Mas qual é a área do círculo? Buffon sugeriu que ele poderia estimar a área de um círculo deixando cair um grande número de agulhas (que ele argumentou que seguiriam um caminho aleatório ao caírem) nas proximidades do quadrado. A relação entre o número de agulhas com pontas dentro do quadrado e o número de agulhas com pontas dentro do círculo poderia então ser usada para estimar a área do círculo.

Se as localizações das agulhas são verdadeiramente aleatórias, sabemos que,

---

[93] Bíblia do Rei James, 1 Reis 7.23.

[94] Buffon propôs a ideia primeiro, mas havia um erro em sua formulação que foi mais tarde corrigida por Laplace.

$$\frac{agulhas\ no\ círculo}{agulhas\ no\ quadrado} = \frac{área\ do\ círculo}{área\ do\ quadrado}$$

Calculando a área do círculo,

$$área\ do\ círculo = \frac{área\ do\ quadrado * agulhas\ no\ círculo}{agulhas\ no\ quadrado}$$

Lembre-se de que a área de um quadrado 2 por 2 é 4, então,

$$área\ do\ círculo = \frac{4 * agulhas\ no\ círculo}{agulhas\ no\ quadrado}$$

Em geral, para estimar a área de alguma região R

1. Escolha uma região maior, E, tal que a área de E seja fácil de calcular e R encontre-se completamente dentro de E.
2. Escolha um conjunto aleatório de pontos dentro de E.
3. Seja F a fração dos pontos que caem dentro de R.
4. Multiplique a área de E por F.

Se você executar o experimento de Buffon, você logo perceberá que os lugares onde as agulhas caem não são realmente aleatórios. Além disso, mesmo se você as deixasse cair aleatoriamente, seria necessário um grande número de agulhas para obter uma aproximação de π que fosse comparável mesmo com a da *Bíblia*. Felizmente, os computadores podem deixar cair agulhas simuladas aleatoriamente em um ritmo feroz.

A Figura 14.5 contém um programa que estima π usando o método de Laplace-Buffon. Para simplificar, considere somente as agulhas que caem no quadrante direito superior do quadrado.

A função `jogarAgulhas` simula a queda de uma agulha, usando primeiro `random.random` para obter um par de coordenadas cartesianas positivas (os valores x e y). Em seguida, usa o teorema de Pitágoras para calcular a hipotenusa do triângulo retângulo com base x e altura y. Essa é a distância da ponta da agulha até a origem (o centro do quadrado). Como o raio do círculo é 1, sabemos que a agulha se encontra dentro do círculo se e somente se a distância até a origem não for maior do que 1. Nós usamos esse fato para contar o número de agulhas no círculo.

A função `getEst` usa `jogarAgulhas` para encontrar uma estimativa de π deixando cair `numAgulhas` agulhas e calculando o resultado médio de vários experimentos.

A função `estPi` chama `getEst` com um número cada vez maior de agulhas até que `getEst` retorne uma estimativa que, com uma confiança de 95%, esteja a uma distância do valor real menor do que a precisão desejada. Ela faz isso chamando `jogarAgulhas` com um número de agulhas cada vez maior, até que o desvio padrão dos resultados de `numRepeticoes` experimentos não seja maior do que precisao/2.0. Supondo que os erros são normalmente distribuídos, isso garante que 95% dos valores estejam a uma distância da média menor do que o valor da precisão.

```
# -*- coding: utf-8 -*-

def jogarAgulhas(numAgulhas):
    noCirculo = 0
    for agulhas in xrange(1, numAgulhas + 1):
        x = random.random()
        y = random.random()
        if (x*x + y*y)**0.5 <= 1.0:
            noCirculo += 1
    #Conta as agulhas em apenas um quadrante, assim multiplicar por 4
    return 4*(noCirculo/float(numAgulhas))

def getEst(numAgulhas, numRepeticoes):
    estimativas = []
    for t in range(numRepeticoes):
        piEstimativa = jogarAgulhas(numAgulhas)
        estimativas.append(piEstimativa)
    desvP = desvPad(estimativas)
    estAtual = sum(estimativas)/len(estimativas)
    print 'Est. = ' + str(round(estAtual, 5)) +\
          ', Desvio Padrão = ' + str(round(desvP, 5))\
          + ', Agulhas = ' + str(numAgulhas)
    return (estAtual, desvP)

def estPi(precisao, numRepeticoes):
    numAgulhas = 1000
    desvP = precisao
    while desvP >= precisao/2.0:
        estAtual, desvP = getEst(numAgulhas, numRepeticoes)
        numAgulhas *= 2
    return estAtual
```

Figura 14.5 Estimando π

Quando executamos estPi(0.01, 100), foi impresso

```
Est. = 3.14844, Desvio Padrão = 0.04789, Agulhas = 1000
Est. = 3.13918, Desvio Padrão = 0.0355, Agulhas = 2000
Est. = 3.14108, Desvio Padrão = 0.02713, Agulhas = 4000
Est. = 3.14143, Desvio Padrão = 0.0168, Agulhas = 8000
Est. = 3.14135, Desvio Padrão = 0.0137, Agulhas = 16000
Est. = 3.14131, Desvio Padrão = 0.00848, Agulhas = 32000
Est. = 3.14117, Desvio Padrão = 0.00703, Agulhas = 64000
Est. = 3.14159, Desvio Padrão = 0.00403, Agulhas = 128000
```

Como seria de se esperar, o desvio padrão diminuiu conforme aumentamos o número de amostras. No início as estimativas do valor de π também melhoraram de forma constante. Algumas estavam acima e outras abaixo do verdadeiro valor, mas cada aumento em numAgulhas levou a uma estimativa melhor. Com 1000 amostras por experimento, a estimativa da simulação já era melhor do que aquelas da *Bíblia* e do *Papiro Rhind*.

Curiosamente, a estimativa ficou pior quando o número de agulhas aumentou de 8.000 para 16.000, já que 3,14135 está mais longe do verdadeiro valor de π do que 3,14143. No entanto, se olharmos para os intervalos definidos por um desvio padrão em torno de cada uma das médias, os dois intervalos contêm o verdadeiro valor de π, e o intervalo associado à amostra de maior tamanho é consideravelmente menor. Apesar de a estimativa gerada com 16.000 amostras estar mais distante do valor real de π, nós devemos ter mais confiança em sua precisão. Esse é um conceito extremamente importante. Não é suficiente produzir uma boa resposta. Temos que ter confiança que ela é realmente uma boa resposta. E quando jogamos um número suficientemente grande de agulhas, o pequeno desvio padrão nos dá razão para termos confiança que temos uma resposta correta. Certo?

Não exatamente. Ter um pequeno desvio padrão é uma condição necessária para ter confiança na validade do resultado. Mas não é uma condição suficiente. A noção de uma conclusão estatisticamente válida nunca deve ser confundida com a noção de uma conclusão correta.

Cada análise estatística começa com um conjunto de pressupostos. O pressuposto fundamental aqui é que nossa simulação é um modelo preciso da realidade. Lembre-se de que o projeto de nossa simulação de Buffon-Laplace começou com um pouco de álgebra demonstrando como podemos usar a relação de duas áreas para encontrar o valor de π. Então, usando um pouco de geometria, traduzimos essa ideia em um programa que dependia da aleatoriedade de `random.random`.

Vejamos o que acontece se fizermos algo errado. Substitua, por exemplo, o 4 na última linha de `jogarAgulhas` por um 2, e execute novamente `estPi(0,01, 100)`. Dessa vez, o programa imprime

```
Est. = 1.57422, Desvio Padrão = 0.02394, Agulhas = 1000
Est. = 1.56959, Desvio Padrão = 0.01775, Agulhas = 2000
Est. = 1.57054, Desvio Padrão = 0.01356, Agulhas = 4000
Est. = 1.57072, Desvio Padrão = 0.0084,  Agulhas = 8000
Est. = 1.57068, Desvio Padrão = 0.00685, Agulhas = 16000
Est. = 1.57066, Desvio Padrão = 0.00424, Agulhas = 32000
```

O desvio padrão, mesmo para apenas 32000 agulhas, sugere que deveríamos ter uma confiança razoável na estimativa. Mas o que isso realmente significa? Isso significa que podemos estar razoavelmente confiantes de que em novos experimentos, usando mais amostras com a mesma distribuição, teríamos um valor semelhante. Mas isso não diz nada sobre se esse valor é próximo do valor real de π. Uma conclusão estatisticamente válida não deve ser confundida com uma conclusão correta.

Antes de acreditar nos resultados de uma simulação, precisamos ter confiança que o nosso modelo conceitual está correto e também que implementamos corretamente esse modelo. Sempre que possível, você deve tentar validar os resultados. Neste caso, você poderia usar outros meios para calcular uma aproximação para a área de um círculo (por exemplo, a medição física) e verificar se o valor calculado de π está próximo dela.

14.5 Palavras Finais sobre Modelos de Simulação

Durante a maior parte da história da ciência, os teóricos usaram técnicas matemáticas para construir modelos puramente analíticos que poderiam ser usados para prever o comportamento de um sistema a partir de um conjunto de parâmetros e condições iniciais. Isso levou ao desenvolvimento de ferramentas matemáticas importantes, do cálculo à teoria da probabilidade. Essas ferramentas ajudaram cientistas a chegar a uma compreensão razoavelmente precisa do mundo físico em escala macroscópica.

Com o progresso do século XX, as limitações dessa abordagem tornaram-se cada vez mais claras. Algumas razões para isso são:

- Um crescente interesse nas ciências sociais, por exemplo, na economia, levaram a um desejo de construir bons modelos de sistemas que não podiam ser resolvidos matematicamente.

- Conforme os sistemas a serem modelados se tornaram cada vez mais complexos, parecia mais fácil refinar sucessivamente uma série de modelos de simulação do que construir modelos analíticos precisos.

- Muitas vezes é mais fácil extrair resultados intermediários úteis de uma simulação do que de um modelo analítico, por exemplo, modelando situações hipotéticas.

- A disponibilidade de computadores viabilizou a execução de simulações em grande escala. Até o advento do computador moderno no meio do século XX, a utilidade das simulações era limitada pelo tempo necessário para executar cálculos manualmente.

A simulação tenta construir um dispositivo experimental, chamado de **modelo**, que fornecerá informações úteis sobre os possíveis comportamentos do sistema que está sendo modelado. É importante ter em mente que esses modelos, como todos os modelos, são apenas uma aproximação da realidade. Você nunca pode ter certeza de que o sistema real se comportará da maneira prevista pelo modelo. Na verdade, você normalmente pode ter bastante confiança que o sistema real não se comportará exatamente como previsto pelo modelo. É comumente dito que "todos os modelos são incorretos, mas alguns são úteis".[95]

Os modelos de simulação são **descritivos**, e não **prescritivos**. Eles dizem como um sistema funciona sob determinadas condições; e não como organizar as condições para fazer o sistema funcionar melhor. A simulação não otimiza, meramente descreve. Isso não quer dizer que a simulação não pode ser usada como parte de um processo de otimização. Por exemplo, a simulação é muitas vezes usada como parte de um processo de busca para encontrar um conjunto ideal de parâmetros de configuração.

Os modelos de simulação podem ser classificados em três dimensões:

- Determinística versus estocástica,
- Estática versus dinâmica, e
- Discreta versus contínua.

O comportamento de uma simulação **determinística** é completamente definido pelo modelo. Executar novamente a simulação não mudará o resultado. As simulações determinísticas são geralmente usadas quando o sistema que está sendo modelado é tão complexo que não é possível analisá-lo analiticamente, como, por exemplo, o desempenho de um microprocessador. As simulações **estocásticas** incorporam a aleatoriedade no modelo. Múltiplas execuções do mesmo modelo podem gerar valores diferentes. Esse elemento de aleatoriedade nos obriga a gerar muitos resultados para ver a gama de possibilidades. A questão de saber se devemos gerar 10 ou 1000 ou 100.000 resultados é uma questão de estatística, como discutido anteriormente.

Em um **modelo estático**, o tempo não desempenha nenhum papel essencial. A simulação da queda das agulhas usadas para estimar π neste capítulo é um exemplo de uma simulação estática. Em um **modelo dinâmico**, o tempo, ou algo semelhante, desempenha um papel essencial. Na série de passeios aleatórios simulados no Capítulo 13, o número de passos dados foi usado como um substituto para o tempo.

Em um **modelo discreto**, os valores das variáveis de interesse são enumeráveis, por exemplo, eles são números inteiros. Em um **modelo contínuo**, os valores das variáveis abrangem conjuntos não enumeráveis, por exemplo, os números reais. Imagine analisar o fluxo de tráfego ao longo de uma estrada. Nós podemos optar por modelar cada automóvel individual, caso em que temos um modelo discreto. Alternativamente, nós podemos optar por tratar o tráfego como um fluxo, em que as alterações no fluxo podem ser descritas usando equações diferenciais. Isso leva a um modelo

---

[95] Normalmente atribuída ao estatístico George E.P. Box.

contínuo. Nesse exemplo, o modelo discreto é mais semelhante à situação física (ninguém dirige metade de um carro, embora alguns carros tenham metade do tamanho de outros), mas é computacionalmente mais complexo do que um modelo contínuo. Na prática, muitas vezes os modelos têm componentes discretos e contínuos. Por exemplo, você pode modelar o fluxo de sangue através do corpo humano usando um modelo discreto para o sangue (ou seja, modelando corpúsculos individuais) e um modelo contínuo para a pressão arterial.

15 COMPREENDENDO DADOS EXPERIMENTAIS

Este capítulo trata da interpretação de dados experimentais. Faremos uso extensivo de gráficos para visualizar dados e voltaremos ao tópico do que é e o que não é uma conclusão estatística válida. Também falaremos sobre a interação entre experimentos físicos e computacionais.

15.1 O Comportamento das Molas

As molas são coisas maravilhosas. Quando são comprimidas ou esticadas por alguma força, elas armazenam energia. Quando essa força deixa de ser aplicada, elas liberam a energia armazenada. Essa propriedade permite que elas amorteçam as viagens em carros, ajudem os colchões a se ajustar a nossos corpos, retraiam cintos de segurança e lancem projéteis.

Em 1676 o físico britânico Robert Hooke formulou a **lei de Hooke** da elasticidade: *Ut tensio, sic vis*[96], que pode ser escrita como $F = -kx$. Em outras palavras, a força, F, armazenada em uma mola está relacionada linearmente com a distância, x, que a mola foi comprimida (ou esticada). (O sinal de menos indica que a força exercida pela mola é na direção oposta ao deslocamento.) A lei de Hooke é válida para uma grande variedade de materiais e sistemas, incluindo muitos sistemas biológicos. Claro, ela não é válida para uma força arbitrariamente grande. Todas as molas têm um **limite elástico**, além do qual a lei deixa de valer.

A constante de proporcionalidade, k, é chamada de **constante de mola**. Se a mola é dura, como aquelas na suspensão de um carro, k é grande. Se a mola é fraca, como a mola de uma caneta esferográfica, k é pequena.

Conhecer a constante de uma mola em particular pode ser uma questão importante. Para calibrar balanças simples ou microscópios de força atômica, precisamos conhecer as constantes de mola dos componentes. O comportamento mecânico de uma cadeia de DNA está relacionado com a força necessária para comprimi-la. A força com que um arco lança uma flecha é determinada por sua constante de mola. E assim por diante.

Gerações de estudantes de física aprenderam a estimar constantes de mola utilizando um aparato experimental semelhante ao retratado aqui. A

---

[96] O deslocamento (em relação à posição de equilíbrio da mola) é proporcional à força.

ideia básica é estimar a força armazenada na mola medindo o deslocamento causado ao aplicar uma força conhecida na mola.

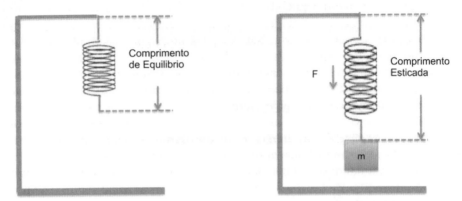

Começando com uma mola sem carga, medimos a distância da parte inferior da mola até o ponto onde ela está fixada na plataforma. Depois penduramos uma massa conhecida na mola, esperamos ela parar de se mover e medimos novamente a distância da parte inferior da mola até a plataforma. A diferença entre as duas distâncias é o valor de *x* na lei de Hooke.

Sabemos que a força, *F*, que está sendo exercida sobre a mola, é igual à massa, *m*, multiplicada pela aceleração devido à gravidade, *g* (*9.81 m/s²* é uma aproximação muito boa de *g* neste planeta), então substituímos *m*g* por *F*. Usando álgebra simples, sabemos que *k =-(m*g)x*.

Suponha, por exemplo, que *m = 1 kg* e *x = 0,1 m*, então

$$k = \frac{1kg * 9{,}81 m/s^2}{0{,}1 m} = -\frac{9{,}81 N}{0{,}1 m} = -98{,}1 N/m$$

De acordo com esse cálculo, é necessária uma força de 98,1 Newtons[97] para esticar essa mola um metro.

Tudo estaria certo se

- Nós tivéssemos plena confiança em nossa capacidade de realizar esse experimento perfeitamente. Nesse caso, nós poderíamos fazer uma única medição, realizar o cálculo e saber que tínhamos encontrado *k*. Infelizmente, a ciência experimental quase nunca funciona dessa maneira.

---

[97] O Newton, escrito *N*, é a unidade padrão internacional de medida de força. É a quantidade de força necessária para acelerar uma massa de um quilograma a um ritmo de um metro por segundo por segundo.

Capítulo 15. Compreendendo Dados Experimentais   245

- Nós pudéssemos ter certeza de que estávamos operando abaixo do limite elástico da mola.

Um experimento mais robusto é pendurar uma série de pesos cada vez mais pesados na mola, medir cada deslocamento da mola e plotar os resultados.

Fizemos essa experiência e digitamos os resultados em um arquivo denominado dadosMola.txt:

```
Distância (m) Massa (kg)
0.0865 0.1
0.1015 0.15
...
0.4416 0.9
0.4304 0.95
0.437 1.0
```

A função na Figura 15.1 lê os dados de um arquivo como o que nós gravamos e retorna uma lista contendo as distâncias e as massas.

```
def obterDados(arqNome):
    dadosArq = open(arqNome, 'r')
    distancias = []
    massas = []
    desprezarCabecalho = dadosArq.readline()
    for linha in dadosArq:
        d, m = linha.split(' ')
        distancias.append(float(d))
        massas.append(float(m))
    dadosArq.close()
    return (massas, distancias)
```

Figura 15.1 Extraindo os dados de um arquivo

A função na Figura 15.2 usa obterDados para extrair os dados experimentais do arquivo e, em seguida, traça um gráfico.

```
def plotarDados(arqEntrada):
    massas, distancias = obterDados(arqEntrada)
    massas = pylab.array(massas)
    distancias = pylab.array(distancias)
    forcas = massas*9.81
    pylab.plot(forcas, distancias, 'bo',
               label = u'Deslocamentos medidos')
    pylab.title(u'Deslocamento da Mola Medido')
    pylab.xlabel(u'|Força| (Newtons)')
    pylab.ylabel(u'Distância (metros)')
    pylab.show()
```

Figura 15.2 Plotando os dados

Quando `plotarDados('dadosMola.txt')` é executado, ele produz o gráfico abaixo.

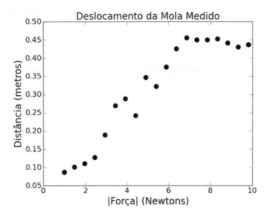

Isto não é o que a lei de Hooke prevê. A lei de Hooke nos diz que a distância deve aumentar linearmente com a massa, ou seja, os pontos devem estar em uma linha reta, cuja inclinação é determinada pela constante da mola. Claro, sabemos que quando fazemos medições reais os dados experimentais raramente correspondem perfeitamente ao que prevê a teoria. Como erros de medição são inevitáveis, devemos esperar que os pontos estejam em torno de uma linha, e não exatamente nela.

Ainda assim, seria bom ver uma linha que representasse o nosso melhor palpite de onde estariam os pontos se não tivéssemos nenhum erro de medição. A forma usual de fazer isto é **ajustar** uma linha aos dados.

15.1.1 Usando a Regressão Linear para Encontrar um Ajuste

Sempre que ajustamos qualquer curva (incluindo uma reta) aos dados precisamos decidir qual curva se ajusta melhor a eles. Isto significa que precisamos definir uma **função objetivo** que forneça uma avaliação quantitativa do ajuste da curva aos dados. Assim que tivermos essa função, encontrar o melhor ajuste é o mesmo que encontrar uma curva que minimiza (ou maximiza) o valor da função, ou seja, é um problema de otimização (ver Capítulos 17 e 18).

A função objetivo mais comumente usada é aquela associada ao método do **mínimo dos quadrados**. Para calculá-la, usamos dois vetores de igual comprimento denominados *observado*, com os pontos medidos, e *previsto*, com os pontos correspondentes da curva ajustada.

A função objetivo é definida como:

Capítulo 15. Compreendendo Dados Experimentais

$$\sum_{i=0}^{len(observado)-1} (observado\,[i] - previsto\,[i])^{2}$$

Como elevamos ao quadrado a diferença entre os pontos observados e previstos, grandes diferenças entre os pontos observados e previstos são relativamente mais importantes do que pequenas diferenças, e também não importa se a diferença é positiva ou negativa.

Como podemos encontrar o melhor ajuste que corresponda ao mínimo dos quadrados das diferenças? Uma maneira de fazer isso seria usar um algoritmo de aproximação sucessiva semelhante ao método de Newton-Raphson, que vimos no Capítulo 3. Como alternativa, há uma solução analítica que é geralmente aplicável. Mas não precisamos fazer nada disso, porque há uma função interna do PyLab, polyfit, que encontra o melhor ajuste do mínimo dos quadrados.

A chamada

    pylab.polyfit(xValsObservados, yValsObservados, n)

encontra os coeficientes de um polinômio de grau n que corresponde ao melhor ajuste pelo método dos mínimos dos quadrados para o conjunto de pontos definido pelos arrays xValsObservados e yValsObservados. Por exemplo, a chamada

    pylab.polyfit(xValsObservados, yValsObservados, 1)

encontrará uma linha descrita pelo polinômio $y = ax + b$, onde *a* é a inclinação da linha e *b* o valor de y para x=0. Neste caso, a chamada retorna um array com dois valores de ponto de flutuante. Da mesma forma, uma parábola é descrita pela equação quadrática $y = ax^2 + bx + c$. Portanto, a chamada

    pylab.polyfit(xValsObservados, yValsObservados, 2)

retorna um array com três valores de ponto de flutuante.

O algoritmo usado por polyfit é chamado de **regressão linear**. Isso pode parecer um pouco confuso, já que podemos usá-lo para ajustar outras curvas, e não apenas linhas retas. O método é linear no sentido de que o valor da variável dependente é uma função linear das variáveis independentes e dos coeficientes encontrados pela regressão. Por exemplo, quando ajustamos uma função quadrática, temos um modelo com a forma $y = ax^2+bx+c$. Em um modelo como esse, o valor da variável dependente y é linear com as variáveis independentes x^2, x^1 e x^0 e os coeficientes *a*, *b* e *c*.[98]

---

[98] Uma função é linear se as variáveis aparecem apenas no primeiro grau, são multiplicadas por constantes e são combinados por adição e subtração.

A função ajustarDados na Figura 15.3 estende a função plotarDados na Figura 15.2, adicionando uma linha que representa o melhor ajuste para os dados. Ela usa polyfit para encontrar os coeficientes a e b, e depois usa esses coeficientes para gerar o deslocamento da mola previsto para cada força. Observe que há uma assimetria na forma como as forças e distâncias são tratadas. Os valores em forcas (que são os pesos das massas suspensas na mola) são tratados como independentes e usados para produzir os valores da variável dependente distsPrevistas (uma previsão dos deslocamentos produzidos pelas massas suspensas).

A função também calcula a constante de mola, *k*. A inclinação da reta, *a*, é Δdistância/Δforça. A constante de mola, por outro lado, é Δforça/Δdistância. Consequentemente, *k* é o inverso de *a*.

```
def ajustarDados(arqEntrada):
    massas, distancias = obterDados(arqEntrada)
    distancias = pylab.array(distancias)
    massas = pylab.array(massas)
    forcas = massas*9.81
    pylab.plot(forcas, distancias, 'bo',
               label = u'Deslocamentos medidos')
    pylab.title(u'Deslocamento da Mola Medido ')
    pylab.xlabel(u'|Força| (Newtons)')
    pylab.ylabel(u'Distância (metros)')
    #encontra ajuste linear
    a,b = pylab.polyfit(forcas, distancias, 1)
    distsPrevistas = a*pylab.array(forcas) + b
    k = 1.0/a
    pylab.plot(forcas, distsPrevistas,
               label = u'Desloc previsto pelo\najuste linear, k = '
               + str(round(k, 5)))
    pylab.legend(loc = 'best')
    pylab.show()
```

Figura 15.3 Ajustando uma curva de dados

Capítulo 15. Compreendendo Dados Experimentais   249

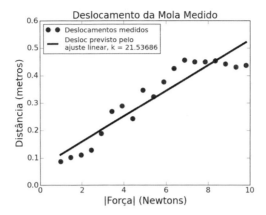

A chamada ajustarDados('dadosMola.txt') produz o gráfico acima. É interessante observar que poucos pontos realmente estão na reta calculada pelo método dos mínimos quadrados. Isso é plausível, porque estamos tentando minimizar a soma dos erros quadrados, e não maximizar o número de pontos na linha. Ainda assim, a reta não parece ser um bom ajuste. Para testar um ajuste cúbico, adicione a ajustarDados

```
#encontra ajuste cúbico
a,b,c,d = pylab.polyfit(forcas, distancias, 3)
distPrevistas = a*(forcas**3) + b*forcas**2 + c*forcas + d
pylab.plot(forcas, distPrevistas, 'b:', label = u'ajuste cúbico')
```

Isso produz o gráfico abaixo. O ajuste cúbico parece ser um modelo muito melhor dos dados, mas esse é realmente o caso? Provavelmente não.

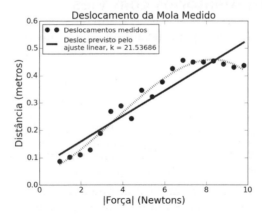

Na literatura técnica, frequentemente vemos gráficos como esse que inclui os dados brutos e também uma curva de ajuste para os dados. Frequentemente, no entanto, os autores assumem que a curva ajustada é a descrição da situação real, e os dados brutos, meramente uma indicação de erro experimental. Isto pode ser perigoso.

Lembre-se de que nós começamos com uma teoria de que deve haver uma relação linear, e não cúbica, entre os valores x e y. Vejamos o que acontece se usarmos nosso ajuste cúbico para prever a posição do ponto que corresponde a 1,5 kg. O resultado é mostrado no gráfico abaixo.

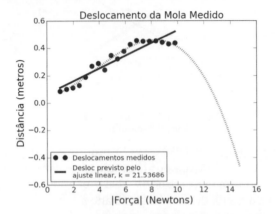

Agora o ajuste cúbico não parece ser tão bom. Em particular, parece altamente improvável que, se pendurarmos um grande peso na mola, ela se elevará acima (o valor de y é negativo) da barra na qual está suspensa. O que temos é um exemplo de **sobreajuste**. O sobreajuste normalmente ocorre quando um modelo é excessivamente complexo, por exemplo, com muitos parâmetros em relação à quantidade de dados. Quando isso acontece, o ajuste pode capturar o ruído nos dados, em vez de relações significativas. Um modelo que foi sobreajustado geralmente tem poder preditivo pobre, como visto neste exemplo.

Exercício: Modifique o código na Figura 15.3 para que produza o gráfico acima.

Voltemos para o ajuste linear. Por enquanto, esqueça-se da reta e estude os dados brutos. Nada disso parece estranho? Se fôssemos ajustar uma reta aos seis pontos mais à direita, ela seria quase paralela ao eixo x. Isso parece contradizer a lei de Hooke — até nos lembrarmos de que a lei de Hooke só vale até um determinado limite elástico. Talvez esse limite seja atingido para esta mola em algum lugar ao redor 7N (aproximadamente 0,7 kg). Vejamos o que acontece quando eliminamos os últimos seis pontos substituindo a segunda e terceira linhas de `ajustarDados` por

```
distancias = pylab.array(distancias[:-6])
massas = pylab.array(massas[:-6])
```

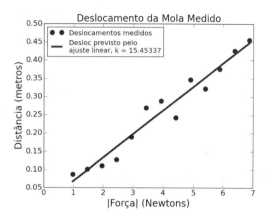

Eliminar esses pontos certamente faz diferença, por exemplo, k diminuiu drasticamente e os ajustes lineares e cúbicos são quase indistinguíveis. Mas como sabemos que, entre os dois, o ajuste linear é a melhor representação de como nossa mola se comporta até seu limite elástico? Poderíamos usar algum teste estatístico para determinar qual linha é um melhor ajuste para os dados, mas esse não é o verdadeiro problema. Essa não é uma pergunta que pode ser respondida pela estatística. Afinal de contas, podemos jogar fora todos os dados exceto quaisquer dois pontos e sabemos que polyfit encontraria uma linha que seria um ajuste perfeito para esses dois pontos. Não se deve nunca desprezar resultados experimentais apenas para obter um melhor ajuste.[99] Aqui nós justificamos a exclusão dos pontos mais à direita apelando para a teoria por trás da lei de Hooke, ou seja, de que molas têm um limite elástico. Essa justificativa não poderia ser usada para eliminar pontos em outro lugar nos dados.

15.2 O Comportamento de Projéteis

Entediados de tanto ficar esticando molas, decidimos usar uma das nossas molas para construir um dispositivo capaz de lançar um projétil.[100] Usamos o dispositivo quatro vezes para disparar um projétil contra um alvo a 30 metros (1.080 polegadas) do ponto de lançamento. A cada vez, nós medimos a altura do projétil a várias distâncias do ponto de lançamento. O ponto de lançamento e o destino estão à mesma altura, que nós

---

[99] O que não significa que as pessoas nunca façam isso.

[100] Um projétil é um objeto que é propulsionado através do espaço pelo esforço de uma força que cessa após o projétil ser lançado. No interesse da segurança pública, não descreveremos o dispositivo de lançamento utilizado neste experimento. Basta dizer que foi incrível.

tratamos como 0,0 em nossas medições. Os dados foram armazenados em um arquivo com o conteúdo

Distância	experimeto1	experimeto2	experimeto3	experimeto4
1080	0.0	0.0	0.0	0.0
1044	2.25	3.25	4.5	6.5
1008	5.25	6.5	6.5	8.75
972	7.5	7.75	8.25	9.25
936	8.75	9.25	9.5	10.5
900	12.0	12.25	12.5	14.75
864	13.75	16.0	16.0	16.5
828	14.75	15.25	15.5	17.5
792	15.5	16.0	16.6	16.75
756	17.0	17.0	17.5	19.25
720	17.5	18.5	18.5	19.0
540	19.5	20.0	20.25	20.5
360	18.5	18.5	19.0	19.0
180	13.0	13.0	13.0	13.0
0	0.0	0.0	0.0	0.0

A primeira coluna contém as distâncias do projétil a partir do alvo. As outras colunas contêm a altura do projétil a essa distância para cada um dos quatro experimentos. Todas as medidas estão em polegadas.

O código na Figura 15.4 foi utilizado para plotar a altitude média do projétil em função da distância desde o ponto de lançamento. Ele também traçou os melhores ajustes lineares e quadráticos para os pontos. (No caso de você ter esquecido o significado da multiplicação de uma lista por um número inteiro, a expressão [0]*len(distancias) produz uma lista com len(distancias) elementos, todos iguais a 0.)

Capítulo 15. Compreendendo Dados Experimentais 253

```
def obterTrajetoriaDados(arqNome):
    dadosArq = open(arqNome, 'r')
    distancias = []
    alturas1, alturas2, alturas3, alturas4 = [],[],[],[]
    desprezarCabecalho = dadosArq.readline()
    for linha in dadosArq:
        d, h1, h2, h3, h4 = linha.split()
        distancias.append(float(d))
        alturas1.append(float(h1))
        alturas2.append(float(h2))
        alturas3.append(float(h3))
        alturas4.append(float(h4))
    dadosArq.close()
    return (distancias, [alturas1, alturas2, alturas3, alturas4])

def processarTrajetorias(arqNome):
    distancias, alturas = obterTrajetoriaDados(arqNome)
    numRepeticoes = len(alturas)
    distancias = pylab.array(distancias)
    #Obtém array com altura média a cada distância
    totAlturas = pylab.array([0]*len(distancias))
    for h in alturas:
        totAlturas = totAlturas + pylab.array(h)
    mediaAlturas = totAlturas/len(alturas)
    pylab.title(u'Trajetória do Projétil (Média de '\
            + str(numRepeticoes) + u' Repetições)')
    pylab.xlabel(u'Polegadas desde o ponto de lançamento ')
    pylab.ylabel(u'Polegadas acima do ponto de lançamento ')
    pylab.plot(distancias, mediaAlturas, 'bo')
    a,b = pylab.polyfit(distancias, mediaAlturas, 1)
    altitudes = a*distancias + b
    pylab.plot(distancias, altitudes, 'b', label = 'Ajuste Linear')
    a,b,c = pylab.polyfit(distancias, mediaAlturas, 2)
    altitudes = a*(distancias**2) + b*distancias + c
    pylab.plot(distancias, altitudes, 'b:', label = u'Aj. Quadrático')
    pylab.legend()
    pylab.show()
```

Figura 15.4 Traçando a trajetória de um projétil

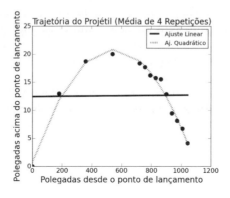

Um exame rápido do gráfico[101] na página anterior deixa bem claro que um ajuste quadrático é muito melhor do que um ajuste linear. (O ajuste quadrático não é uma curva suave porque nós só estamos plotando as alturas previstas que correspondem às alturas medidas.) Mas até que ponto o ajuste quadrático é bom e a reta é ruim?

15.2.1 Coeficiente de Determinação

Quando nós ajustamos uma curva a um conjunto de dados, nós estamos encontrando uma função que relaciona uma variável independente (distância horizontal do ponto de lançamento neste exemplo) a um valor previsto de uma variável dependente (altura acima do ponto de lançamento neste exemplo). Perguntar se um ajuste é bom é equivalente a avaliar a precisão dessas previsões. Lembre-se de que os ajustes foram encontrados minimizando o erro quadrático. Isto sugere que você poderia avaliar a qualidade de um ajuste examinando o erro quadrático. O problema com essa abordagem é que, embora não haja limite inferior para o erro quadrático (zero), não há um limite superior. Isso significa que, embora o erro quadrático seja útil para comparar qual entre dois ajustes para os mesmos dados é melhor, ele não é particularmente útil para, por si só, dar uma ideia da qualidade absoluta de um ajuste.

Uma medida do ajustamento de um modelo é o **coeficiente de determinação**, muitas vezes escrito como R^2.[102] Seja y_i o $i-$ésimo valor observado, p_i o valor correspondente previsto pelo modelo e μ a média dos valores observados.

$$R^2 = 1 - \frac{\sum_i (y_i - p_i)^2}{\sum_i (y_i - \mu)^2}$$

Comparando os erros de estimativa (o numerador) com a variabilidade dos valores originais (o denominador), R^2 busca capturar a proporção da variabilidade de um conjunto de dados que é explicada pelo modelo estatístico fornecido pelo ajuste. Quando o modelo avaliado é produzido por uma regressão linear, o valor de R^2 sempre está entre 0 e 1. Se $R^2 = 1$, o modelo explica toda a variabilidade nos dados. Se $R^2 = 0$, não há nenhuma relação entre os valores previstos pelo modelo e os dados reais.

---

[101] Não deixe que esse gráfico o faça pensar que o projétil tinha um ângulo de subida íngreme. Isso só parece ser assim devido à diferença na escala entre os eixos vertical e horizontal do gráfico.

[102] Existem várias definições diferentes para o coeficiente de determinação. A definição fornecida aqui é usada para avaliar a qualidade de um ajuste produzido por uma regressão linear.

O código na Figura 15.5 apresenta uma implementação simples dessa medida estatística. As poderosas operações com arrays do Python tornam possível escrever o código em poucas linhas. A expressão (previsto - medido)**2 subtrai os elementos de um array dos elementos do outro e então eleva ao quadrado cada elemento no resultado. A expressão (medido - mediaDasMedidas)**2 subtrai o valor escalar mediaDasMedidas de cada elemento do array medido e em seguida eleva ao quadrado cada elemento do resultado.

```
def r2(medido, previsto):
    """Assume que medido é um array de uma dimensão dos valores medidos
          previsto é um array de uma dimensão dos valores previstos
       Retorna o coeficiente de determinação"""
    erroEstimado = ((previsto - medido)**2).sum()
    mediaDasMedidas = medido.sum()/float(len(medido))
    variabilidade = ((medido - mediaDasMedidas)**2).sum()
    return 1 - erroEstimado/variabilidade
```

Figura 15.5 Calculando R^2

Quando as linhas de código

    print 'R² do ajuste linear =', r2(mediaAlturas, altitudes)

e

    print 'R² do ajuste quadrático =', r2(mediaAlturas, altitudes)

são inseridas após as chamadas apropriadas a pylab.plot em processarTrajetorias, elas imprimem

    R² do ajuste linear = 0.0177433205441
    R² do ajuste quadrático = 0.985765369287

Grosseiramente falando, isto nos diz que menos de 2% da variação nos dados medidos podem ser explicados pelo modelo linear, mas mais do que 98% da variação pode ser explicada pelo modelo quadrático.

15.2.2 Usando um Modelo Computacional

Agora que temos o que parece ser um bom modelo de nossos dados, podemos usar esse modelo para nos ajudar a responder questões sobre nossos dados originais. Uma questão interessante é a velocidade horizontal do projétil quando ele atinge o alvo. Podemos usar a seguinte linha de raciocínio para escrever um programa que responde a essa pergunta:

1. Sabemos que a trajetória do projétil é dada por uma fórmula da forma $y = ax^2 + bx + c$, ou seja, é uma parábola. Uma vez que toda parábola é simétrica em torno de seu vértice, sabemos que seu pico ocorre no meio do caminho entre os pontos de partida e de destino; chame esse valor *xMetade*. A altura do pico, *yPico*, é portanto dada por $yPico = a * xMetade^2 + b * xMetade + c$.

2. Se ignorarmos a resistência do ar (lembre-se de que o modelo não é perfeito), nós podemos calcular o tempo que o projétil leva para cair de *yPico* até a altura do alvo, porque ele é uma função apenas da gravidade. Ele é dado pela equação $t = \sqrt{(2 * yPico)/g}$.[103] Esse é também o tempo que o projétil leva para viajar a distância horizontal de *xMetade* até o alvo porque, quando ele atinge o alvo, ele para de se mover.

3. Conhecendo o tempo para ir de *xMetade* até o alvo, podemos facilmente calcular a velocidade média horizontal do projétil durante esse intervalo. Supondo que o projétil não estava nem acelerando nem desacelerando no sentido horizontal durante esse intervalo, podemos usar a velocidade horizontal média como uma estimativa da velocidade horizontal quando o projétil atinge o alvo.[104]

A Figura 15.6 usa essa técnica para estimar a velocidade horizontal do projétil.

```
def obterVelocidadeHorizontal(a, b, c, minX, maxX):
    """Assume que minX e maxX são distâncias em polegadas
       Retorna a velocidade horizontal em pés por segundo"""
    polegadasPorPe = 12.0
    xMetade = (maxX - minX)/2.0
    yPico = a*xMetade**2 + b*xMetade + c
    g = 32.16*polegadasPorPe #acel. da gravidade em polegadas/s/s
    t = (2*yPico/g)**0.5
    print 'Vel. horizontal =', int(xMetade/(t*polegadasPorPe)), 'pés/s'
```

Figura 15.6 Calculando a velocidade horizontal de um projétil

Quando a linha getVelocidadeHorizontal(a, b, c, distâncias [-1], distancias[0]) é inserida no final de processarTrajetorias, ela imprime

    Vel. horizontal = 136 pés/s

A sequência de passos nesse exemplo segue um padrão comum.

1. Começamos realizando um experimento para obter alguns dados sobre o comportamento de um sistema físico.

2. Então usamos a computação para encontrar e avaliar a qualidade de um modelo do comportamento do sistema.

---

[103] Essa equação pode ser derivada a partir dos princípios básicos, mas é mais fácil apenas consultá-la. Nós a encontramos em
http://en.wikipedia.org/wiki/Equations_for_a_falling_body.

[104] O componente vertical da velocidade é também facilmente estimado, uma vez que é meramente o produto da g e t na Figura 15.6.

3. Finalmente, usamos um pouco de teoria e análise para escrever um programa simples para derivar uma consequência interessante do modelo.

15.3 Ajustando Distribuições Exponenciais

A função Polyfit usa a regressão linear para encontrar o polinômio de um determinado grau que é o melhor ajuste, pelo método do mínimo dos quadrados, para alguns dados. Ele funciona bem se os dados puderem ser aproximados diretamente por um polinômio. Mas isso não é sempre possível. Considere, por exemplo, a função simples com crescimento exponencial $y = 2^x$. O código na Figura 15.7 ajusta um polinômio de 4º grau aos primeiros dez pontos e plota os resultados. Ele chama a função pylab.arange(10) para criar um array com os inteiros 0-9.

```
vals = []
for i in range(10):
    vals.append(2**i)
pylab.plot(vals,'bo', label = u'Pontos reais')
xVals = pylab.arange(10)
a,b,c,d,e = pylab.polyfit(xVals, vals, 4)
yVals = a*(xVals**4) + b*(xVals**3) + c*(xVals**2)+ d*xVals + e
pylab.plot(yVals, 'bx', label = u'Pontos previstos', markersize = 20)
pylab.title(u'Ajustando y = 2**x')
pylab.legend()
pylab.show()
```

Figura 15.7 Ajustando curvas polinomiais a distribuições exponenciais

O código na Figura 15.7 produz o gráfico

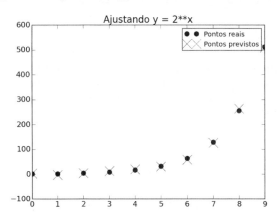

O resultado é claramente um bom ajuste para esses pontos. No entanto, vejamos o que o modelo prevê para 2^{20}. Quando adicionamos o código

```
pred2para20 = a*(20**4) + b*(20**3) + c*(20**2)+ d*20 + e
print 'O modelo prevê que 2**20 é aprox.', round(pred2para20)
print 'O valor real de 2**20 é', 2**20
```
ao final da Figura 15.7, ele imprime,

```
Modelo prevê que 2**20 é aprox. 29796.0
O valor real de 2**20 é 1048576
```

Oh, não, apesar de ser um bom ajuste para os dados, o modelo produzido por `polyfit` aparentemente não é bom. Será que isso ocorre porque quatro não era o grau certo? Não. Isso ocorre porque nenhum ajuste polinomial é um bom ajuste para uma distribuição exponencial. Isso significa que não podemos usar `polyfit` para construir um modelo de uma distribuição exponencial? Felizmente, a resposta é não, porque nós podemos usar `polyfit` para encontrar uma curva ajustada aos valores originais independentes e ao logaritmo dos valores dependentes.

Considere a sequência [1, 2, 4, 8, 16, 32, 64, 128, 256, 512]. Se tomarmos o log na base 2 de cada valor, obtemos a sequência de [0, 1, 2, 3, 4, 5, 6, 7, 8, 9], ou seja, uma sequência que cresce linearmente. Na verdade, se uma função y = f(x), apresenta um crescimento exponencial, o log (para qualquer base) da f(x) cresce linearmente. Isso pode ser visualizado na representação gráfica de uma função exponencial com eixo y logarítmico. O código

```
xVals, yVals = [], []
for i in range(10):
    xVals.append(i)
    yVals.append(2**i)
pylab.plot(xVals, yVals)
pylab.semilogy()
```

produz o gráfico abaixo.

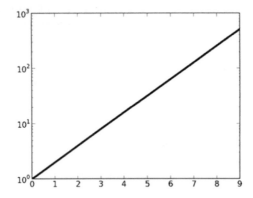

O fato de que o log de uma função exponencial produz uma função linear pode ser usado para construir um modelo para um conjunto de pontos distribuídos exponencialmente, como ilustrado pelo código na Figura 15.8. Usamos polyfit para encontrar uma curva ajustada aos valores x e ao log dos valores y. Observe que usamos mais uma biblioteca padrão do Python, math, que oferece a função log.

```
# -*- coding: utf-8 -*-

import math

#define uma função exponencial qualquer
def f(x):
    return 3*(2**(1.2*x))

def criarDadosExp(f, xVals):
    """Assume que f é uma função exponencial com um argumento
              xVals é um array com argumentos adequados para f
       Retorna um array com resultados da aplicação de f aos
              elementos de xVals"""
    yVals = []
    for i in range(len(xVals)):
        yVals.append(f(xVals[i]))
    return pylab.array(xVals), pylab.array(yVals)

def ajustarDadosExp(xVals, yVals):
    """Assume que xVals e yVals são arrays de números para os quais
           yVals[i] == f(xVals[i])
       Retorna a, b, base tais que log(f(x), base) == ax + b"""
    logVals = []
    for y in yVals:
        logVals.append(math.log(y, 2.0)) #calcula o log na base 2
    a,b = pylab.polyfit(xVals, logVals, 1)
    return a, b, 2.0

xVals, yVals = criarDadosExp(f, range(10))
pylab.plot(xVals, yVals, 'ro', label = 'Valores reais')
a, b, base = ajustarDadosExp(xVals, yVals)
yValsPrevistos = []
for x in xVals:
    yValsPrevistos.append(base**(a*x + b))
pylab.plot(xVals, yValsPrevistos, label = 'Valores previstos')
pylab.title(u'Ajustando uma Função Exponencial')
pylab.legend()
pylab.show()
#Examina um valor para x que não faz parte dos dados originais
print 'f(20) =', f(20)
print 'Previsto f(20) =', base**(a*20 + b)
```

Figura 15.8 Usando polyfit para ajustar uma distribuição exponencial

Quando executado, esse código produz o gráfico acima, em que os valores reais e os valores previstos coincidem. Além disso, quando o modelo é testado com um valor (20) que não foi usado para produzir o ajuste, ele imprime

```
f(20) = 50331648.0
Previsto f(20) = 50331648.0
```

Este método funciona quando a relação pode ser descrita por uma equação da forma y = base^{ax+b}. Se for usado com dados que não podem ser descritos dessa forma, ele produzirá resultados errôneos. Para ver isso, experimente substitua o corpo da função f por

```
return 3*(2**(1.2*x)) + x
```

Agora, ele imprimirá

```
f(20) = 50331668.0
Previsto f(20) = 44846543.4909
```

15.4 Quando a Teoria Está Ausente

Neste capítulo, destacamos a interação entre as ciências teórica, experimental e computacional. Às vezes, porém, nós temos muitos dados interessantes, mas pouca ou nenhuma teoria. Nesses casos, muitas vezes recorremos ao uso de técnicas computacionais para desenvolver uma teoria através da construção de um modelo que parece se ajustar aos dados.

Em um mundo ideal, nós faríamos um experimento controlado (por exemplo, pendurando pesos em uma mola), estudaríamos os resultados e formularíamos retrospectivamente um modelo consistente com os resultados. Nós, em seguida, executaríamos um **experimento prospectivo** diferente (por exemplo, pendurar pesos diferentes na mesma mola) e compararíamos os resultados do experimento com as previsões do modelo.

Infelizmente, em muitos casos é impossível executar um experimento controlado. Imagine, por exemplo, construir um modelo projetado para esclarecer como as taxas de juros afetam os preços das ações. Muito poucos de nós estão em posição de mudar as taxas de juros e ver o que acontece. Por outro lado, não há falta de dados históricos relevantes.

Nessas situações, você pode simular um conjunto de experiências dividindo os dados existentes em um **conjunto de treinamento** e um **conjunto de validação**. Sem olhar para os outros dados, construímos um modelo que parece explicar o conjunto de treinamento. Por exemplo, encontramos uma curva que tem um R^2 razoável para o conjunto de treinamento. Então testamos esse modelo para o conjunto de validação. Na maioria das vezes o modelo estará mais bem ajustado ao conjunto de treinamento do que ao conjunto de validação. Mas, se o modelo for bom, ele deve prever os valores do conjunto de validação razoavelmente bem. Caso contrário, o modelo provavelmente deve ser descartado.

Como podemos escolher o conjunto de treinamento? Queremos que seja representativo do conjunto de dados como um todo. Uma maneira de fazer isso é escolher aleatoriamente as amostras do conjunto de treinamento. Se o conjunto de dados for suficientemente grande, isso frequentemente funciona muito bem.

Uma maneira ligeiramente diferente mas relacionada de verificar um modelo é usar muitos subconjuntos aleatoriamente selecionados para desenvolver diversos modelos e ver se esses modelos são semelhantes. Se eles forem bastante semelhantes, então nós podemos nos sentir muito bem quanto ao modelo. Essa abordagem é conhecida como **validação cruzada**.

16 MENTIRAS, MALDITAS MENTIRAS E ESTATÍSTICAS

"Se você não consegue provar o que quer provar, demonstre algo diferente e finja que tudo é a mesma coisa. Na confusão causada pela colisão das estatísticas com a mente humana, quase ninguém notará a diferença."[105]

O raciocínio estatístico é uma invenção relativamente nova. Durante a maior parte da história, as coisas eram avaliadas qualitativamente, em vez de quantitativamente. As pessoas certamente conheciam intuitivamente alguns fatos estatísticos (por exemplo, que as mulheres são geralmente mais baixas do que os homens), mas elas não tinham ferramentas matemáticas que permitissem transformar as observações isoladas em conclusões estatísticas. Isso começou a mudar no meio do século XVII, mais notavelmente com a publicação do estudo *Observações naturais e políticas feitas a partir das listas de óbitos,* de John Graunt. Esse trabalho pioneiro usou a análise estatística para estimar a população de Londres a partir das listas de óbitos e tentou apresentar um modelo que poderia ser usado para prever a propagação da peste negra.

Desde aquela época, as pessoas vêm usando estatísticas tanto para enganar a si mesmas quanto para obter informações. Alguns usam a estatística intencionalmente para induzir alguém em erro; outros são meramente incompetentes. Neste capítulo discutiremos algumas maneiras usadas para fazer as pessoas tirarem conclusões erradas de dados estatísticos. Confiamos que você usará essas informações apenas para o bem, ou seja, para se tornar um consumidor mais crítico e um fornecedor mais honesto de informações estatísticas.

16.1 Garbage In Garbage Out[106] (GIGO)

"Em duas ocasiões [membros do Parlamento] perguntaram, 'Senhor Babbage, se você colocar números errados na máquina, ela dará as respostas corretas?' Eu não sou capaz de entender o tipo de confusão de ideias que poderia levar alguém a fazer essa pergunta." – Charles Babbage.

---

[105] Darrell Huff, *How to Lie with Statistics,* 1954.

[106] Nota do tradutor: "lixo entra, lixo sai".

A mensagem aqui é simples. Se os dados de entrada tiverem problemas sérios, nenhuma quantidade de análise estatística produzirá um resultado significativo.

O censo de 1840 dos Estados Unidos mostrou que a insanidade entre negros e mulatos livres era aproximadamente dez vezes maior do que entre os negros e mulatos escravos. A conclusão era óbvia. Nas palavras do Senador (e ex-Vice-Presidente e futuro Secretário de Estado) John C. Calhoun, "os dados sobre a loucura revelados por este censo são incontestáveis. Eles mostram que a abolição da escravidão seria uma maldição para o africano". Não importava que era evidente que o censo estava crivado de erros. Como Calhoun teria explicado para John Quincy Adams, "havia tantos erros que eles cancelavam uns aos outros, levando à mesma conclusão, como se tudo estivesse correto".

A resposta (talvez intencionalmente) falaciosa de Calhoun a Adams era baseada em um erro clássico, a **suposição de independência**. Se fosse matematicamente mais sofisticado, ele poderia ter dito algo como: "acredito que os erros de medição não têm viés e são independentes uns dos outros e, portanto, estão uniformemente distribuídos em ambos os lados da média". Na verdade, a análise posterior mostrou que os erros tinham um viés tão forte que não era possível extrair nenhuma conclusão estatisticamente válida.[107]

16.2 As Imagens Podem Enganar

Não há dúvidas quanto à utilidade dos gráficos para transmitir rapidamente informações. No entanto, quando usado de forma descuidada (ou maliciosa), um gráfico pode ser altamente enganoso. Considere, por exemplo, os gráficos a seguir, que representam os preços de imóveis nos estados do centro-oeste dos EUA.

---

[107] Devemos observar que Calhoun esteve no poder há mais de 150 anos. Não é necessário dizer que, nos dias de hoje, nenhum político faria uso indevido de estatísticas para defender uma posição.

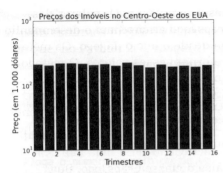 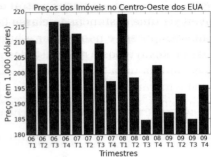

Olhando para o gráfico à esquerda, parece que os preços dos imóveis estiveram bastante estáveis entre 2006 e 2009. Mas espere um minuto, não houve um colapso dos preços dos imóveis residenciais seguido por uma crise financeira global no final de 2008? Realmente houve, conforme mostrado no gráfico à direita.

Esses dois gráficos mostram exatamente os mesmos dados, mas causam impressões muito diferentes.

O primeiro gráfico foi projetado para dar a impressão de que os preços dos imóveis haviam ficado estáveis. No eixo y, foi usada uma escala logarítmica que varia do preço médio absurdamente baixo, para uma casa, de 10.000 dólares até o preço médio improvavelmente alto de 1 milhão. Isso reduziu a quantidade de espaço onde os preços estão variando, dando a impressão de que as mudanças eram relativamente pequenas. O gráfico acima e à direita foi projetado para dar a impressão de que os preços das casas se moveram erraticamente e depois caíram. Foi usada uma escala linear e uma faixa estreita de preços, de forma que o tamanho das mudanças ficou exagerado.

O código na Figura 16.1 produz os dois gráficos que nós vimos acima e um gráfico que dá uma impressão exata do movimento dos preços dos imóveis.

Ele usa dois recursos de plotagem que ainda não vimos. A chamada pylab.bar(trimestres, precos, largura) produz um **gráfico de barras** com barras com a largura escolhida. As bordas esquerdas das barras são os valores dos elementos de trimestres e as alturas das barras são os valores dos elementos correspondentes de precos. A chamada pylab.xticks (trimestres + largura/2.0, rotulos) descreve os rótulos associados às barras. O primeiro argumento especifica onde cada rótulo deve ser posicionado, e o segundo argumento, o texto dos rótulos. A função yticks funciona de forma semelhante.

```
def plotarImoveis(aparencia):
    """Assume que aparencia é uma str. Deve ser 'achatado',
        'volatil' ou 'equitativo'
       Traça o gráfico de barras da evolução dos preços dos imóveis"""
    f = open('precoImoveisCentroOeste.txt', 'r')
    #Cada linha do arquivo contém dados de um trimestre
    #para a região centro-oeste dos EUA
    rotulos, precos = ([], [])
    for linha in f:
        ano, trimestre, preco = linha.split()
        rotulo = ano[2:4] + '\n Q' + trimestre[1]
        rotulos.append(rotulo)
        precos.append(float(preco)/1000)
    trimestres = pylab.arange(len(rotulos)) # coords x das barras
    largura = 0.8 #Largura das barras
    if aparencia == 'achatado':
        pylab.semilogy()
    pylab.bar(trimestres, precos, largura)
    pylab.xticks(trimestres+largura/2.0, rotulos)
    pylab.title(u'Preços dos Imóveis no Centro-Oeste dos EUA')
    pylab.xlabel(u'Trimestres')
    pylab.ylabel(u'Preço (em 1.000 dólares)')
    if aparencia == 'achatado':
        pylab.ylim(10, 10**3)
    elif aparencia == 'volatil':
        pylab.ylim(180, 220)
    elif aparencia == 'equitativo':
        pylab.ylim(150, 250)
    else:
        raise ValueError
    pylab.show()

plotarImoveis('achatado')
pylab.figure()
plotarImoveis('volatil')
pylab.figure()
plotarImoveis('equitativo')
```

Figura 16.1 Gráficos dos preços dos imóveis

A chamada plotarImoveis('equitativo') produz o gráfico

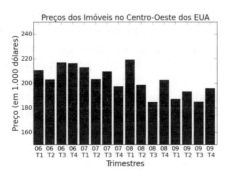

16.3 Cum Hoc Ergo Propter Hoc[108]

Foi demonstrado que estudantes universitários que frequentam regularmente as aulas têm notas médias mais elevadas do que os estudantes que frequentam as aulas apenas esporadicamente. Aqueles entre nós que ministram essas aulas gostariam de acreditar que isso ocorre porque os alunos aprendem alguma coisa com nossas exposições. Claro, é pelo menos igualmente provável que aqueles estudantes obtêm notas melhores porque os alunos que são mais propensos a frequentar aulas também são mais propensos a estudar intensamente.

Quando duas coisas são correlacionadas[109], há uma tentação de assumir que uma causou a outra. Considere a incidência de gripe na América do Norte. O número de casos aumenta e diminui em um padrão previsível. Quase não há casos no verão, o número de casos começa a aumentar no início do outono e então começa a cair quando o verão se aproxima. Agora, considere o número de crianças frequentando a escola. Há muito poucas crianças na escola no verão, os números começam a subir no início do outono e então caem quando o verão se aproxima.

A correlação entre o início das aulas e o aumento da incidência de gripe é indiscutível. Isso levou muitos a concluir que a escola é um importante fator causal na propagação da gripe. Isso pode ser verdade, mas não é possível chegar a essa conclusão apenas com base nessa correlação. Correlação não implica causalidade! Afinal de contas, a correlação pode ser usada com igual facilidade para justificar a hipótese de que os surtos de gripe fazem as crianças irem para as escolas. Ou talvez não haja nenhuma relação causal em qualquer direção, e haja alguma **variável oculta** que nós não levamos em consideração que causa ambos os fenômenos. Na verdade, o vírus da gripe sobrevive consideravelmente mais tempo no ar seco e frio do que no ar úmido e quente e, na América do Norte, a temporada de gripe e o ano escolar estão ambos correlacionados com o clima mais frio e seco.

Com uma quantidade suficientemente grande de dados retrospectivos, é sempre possível encontrar duas variáveis que são correlacionadas, como

---

[108] Estatísticos, assim como advogados e médicos, às vezes usam latim sem nenhum motivo aparente, além de parecerem eruditos. Essa frase significa "depois disso, logo causado por isso".

[109] A correlação é uma medida do grau em que duas variáveis se movem na mesma direção. Se quando x sobe, y sobe, dizemos que as variáveis são positivamente correlacionadas. Se elas se movem em direções opostas, elas são negativamente correlacionados. Se não há nenhuma relação, a correlação é 0. As alturas das pessoas são positivamente correlacionadas com as alturas de seus pais. A correlação entre horas gastas jogando videogame e as notas dos alunos é negativa.

ilustrado pelo gráfico abaixo.[110] Quando essas correlações são encontradas, a primeira coisa a fazer é perguntar se existe uma teoria plausível para explicar a correlação.

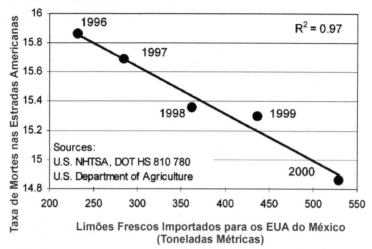

Ser vítima da falácia *cum hoc ergo propter hoc* pode ser muito perigoso. No início de 2002, aproximadamente 6 milhões de mulheres americanas faziam terapia de reposição hormonal (TRH) acreditando que isso reduziria substancialmente o risco de doenças cardiovasculares. Elas acreditavam nisso porque haviam sido publicados vários estudos altamente respeitáveis que demonstravam uma redução na incidência de morte cardiovascular entre mulheres usando TRH. Muitas mulheres e seus médicos ficaram surpresos quando o *Jornal da Sociedade Americana de Medicina* publicou um artigo afirmando que a TRH na verdade aumentava o risco de doenças cardiovasculares.[111] Como isso pode ter acontecido?

A reanálise de alguns dos estudos anteriores mostrou que as mulheres que faziam TRH eram frequentemente de grupos com dieta e rotina de exercícios melhores do que a média. Talvez as mulheres que usavam TRH fossem em média mais preocupadas com a saúde do que as outras mulheres no estudo, de forma que fazer TRH e ter melhor saúde cardíaca eram efeitos coincidentes de uma causa comum.

---

[110] Stephen R. Johnson, "The trouble with QSAR (or How I Learned to Stop Worrying and Embrace Fallacy)", *J. Chem. Inf. Model.*, 2008.

[111] Nelson HD, Humphrey LL, Nygren P, Teutsch SM, Allan JD. Postmenopausal hormone replacement therapy: scientific review. *JAMA*. 2002;288:872-881.

16.4 As Estatísticas Não Contam Toda a História

Há um número enorme de estatísticas diferentes que podem ser extraídas de um conjunto de dados. Escolhendo cuidadosamente entre elas, é possível usar os mesmos dados para causar uma variedade de impressões diferentes. Um bom antídoto é examinar o conjunto de dados diretamente.

Em 1973 o estatístico FJ Anscombe publicou um artigo com a tabela abaixo. Ela contém as coordenadas < x, y > dos pontos em quatro conjuntos de dados.

x	y	X	y	x	y	x	y
10.0	8.04	10.0	9.14	10.0	7.46	8.0	6.58
8.0	6.95	8.0	8.14	8.0	6.77	8.0	5.76
13.0	7.58	13.0	8.74	13.0	12.74	8.0	7.71
9.0	8.81	9.0	8.77	9.0	7.11	8.0	8.84
11.0	8.33	11.0	9.26	11.0	7.81	8.0	8.47
14.0	9.96	14.0	8.10	14.0	8.84	8.0	7.04
6.0	7.24	6.0	6.13	6.0	6.08	8.0	5.25
4.0	4.26	4.0	3.10	4.0	5.39	19.0	12.50
12.0	10.84	12.0	9.13	12.0	8.15	8.0	5.56
7.0	4.82	7.0	7.26	7.0	6.42	8.0	7.91
5.0	5.68	5.0	4.74	5.0	5.73	8.0	6.89

Esses quatro conjuntos de dados são estatisticamente semelhantes. Eles têm o mesmo valor médio para x (9,0), o mesmo valor médio para y (7,5), a mesma variância para x (10,0), a mesma variância para y (3,75) e a mesma correlação entre x e y (0,816). Além disso, se usarmos a regressão linear para ajustar uma linha a cada um, obtemos o mesmo resultado para todos, y = 0,5 x + 3.

Isso significa que não existe nenhuma maneira óbvia de distinguir esses conjuntos um dos outros? Não, basta simplesmente plotar os dados para ver que os conjuntos de dados não são iguais.

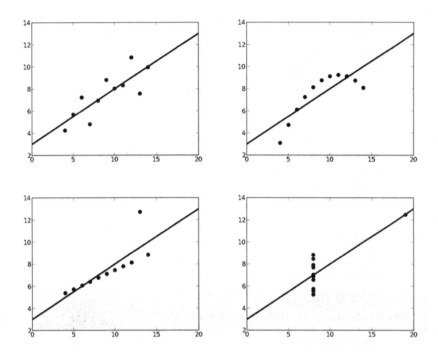

A moral é simples: se possível, é bom sempre dar uma olhada em uma representação dos dados brutos.

16.5 Viés de Amostragem

Durante a segunda guerra mundial, sempre que um avião aliado voltava de uma missão na Europa, o avião era inspecionado para ver onde tinha sido atingido por artilharia antiaérea. Com base nesses dados, os mecânicos reforçavam essas áreas dos aviões que pareciam ser atingidas por fogo antiaéreo com mais frequência.

O que está errado nisso? Eles não inspecionavam os aviões que não voltavam das missões porque tinham sido derrubados por fogo antiaéreo. Talvez esses aviões não examinados não tenham conseguido retornar precisamente porque eles foram atingidos nos lugares onde o fogo antiaéreo causava o maior dano. Esse erro específico é chamado de **viés de não resposta**. É bastante comum em pesquisas. Em muitas universidades, por exemplo, no final dos cursos são distribuídos formulários para que os alunos avaliem a qualidade das palestras do professor. Embora os resultados dessas pesquisas sejam frequentemente pouco lisonjeiros, eles poderiam ser piores. Os alunos que pensam que as palestras são tão ruins que não vale a pena assisti-las não são incluídos na pesquisa.[112]

Como dissemos anteriormente, todas as técnicas estatísticas baseiam-se na hipótese de que, examinando um subconjunto de uma população, podemos inferir coisas sobre a população como um todo. Se for usada a amostragem aleatória, nós podemos fazer demonstrações matemáticas precisas sobre a relação esperada entre a amostra e toda a população. Infelizmente, muitos estudos, particularmente nas ciências sociais, são baseados no que é chamado amostragem de **conveniência** (ou **acidental**). Isso envolve escolher amostras com base na facilidade de obtê-las. Por que tantos estudos psicológicos usam populações de alunos de graduação? Porque elas são fáceis de encontrar em campi universitários. Uma amostra de conveniência *pode* ser representativa, mas não há como saber se ela realmente *é* representativa.

As páginas na internet do Instituto de Pesquisa da Família contém uma tabela com as seguintes informações:

Categoria	Idade Média ao Morrer	% Mortes 65+ anos
Homens Heterossexuais Casados	75	80%
Mulheres Heterossexuais Casadas	79	85%
Homens Homossexuais, mortes por AIDS	39	1%
Homens Homossexuais, outras causas de morte	42	9%
Lésbicas	44	20%

Tabela 1: Quanto tempo os homossexuais vivem? [113]

Muito assustador, se sua orientação sexual não for heterossexual — até você ver como os dados foram compilados. De acordo com o site, eles foram baseados em "6.737 obituários de 18 revistas americanas homossexuais, em comparação com obituários de 2 jornais regulares".

Esse método produz uma amostra que pode ser não representativa da população homossexual ou não homossexual (ou ambas) por um grande número de razões. Por exemplo, esse método parece inferir que alguém é gay ou lésbica se e somente se seu obituário aparece em uma publicação voltada para o público "homossexual", e que alguém não é gay se seu obituário aparece em um jornal "convencional". Ele também parece supor

---

[112] A mudança para pesquisas on-line, que permite que os alunos que não frequentam a classe participem da pesquisa, não pressagia nada de bom para os egos dos professores.

[113] http://www.familyresearchinst.org/2012/01/how-long-do-homosexuals-live/

que as mortes noticiadas nos obituários são representativas de todas as mortes. Como podemos avaliar uma amostra como essa? Uma técnica é comparar os dados compilados a partir da amostra com dados compilados em outros lugares. Por exemplo, você poderia comparar a relação entre gays e homens heterossexuais no estudo baseado em obituário com outros estudos sobre o tamanho relativo dessas duas populações.

16.6 O Contexto Importa

É fácil ler mais nos dados do que eles realmente significam, especialmente quando os dados estão fora de contexto. Em 29 de abril de 2009, o canal a cabo de notícias CNN informou que, "autoridades sanitárias mexicanas suspeitam que o surto de gripe suína tenha causado mais de 159 mortes e deixado aproximadamente 2.500 pessoas doentes". Muito assustador — até você comparar esses números com as 36.000 mortes atribuídas anualmente à gripe sazonal nos EUA.

Uma estatística frequentemente citada, e correta, é que a maioria dos acidentes automobilísticos acontecem a menos de 16 quilômetros de casa. Mas e daí? — na maior parte do tempo, quando dirigimos, estamos a menos de 16 quilômetros de casa. E, além do mais, o que significa "casa" nesse contexto? A estatística é calculada usando o endereço em que o automóvel está registrado como "casa". Uma pessoa poderia reduzir a probabilidade de sofrer um acidente simplesmente registrando o carro em algum lugar distante?

Os adversários das iniciativas do governo para reduzir a prevalência de armas nos Estados Unidos costumam citar a estatística de que aproximadamente 99,8% das armas de fogo nos EUA não serão usadas para cometer um crime violento em qualquer ano escolhido. Isso significa que não há muita violência com armas de fogo nos EUA? A National Rifle Association, uma associação que reúne proprietários de armas de fogo nos Estados Unidos, relata que há cerca de 300 milhões de armas de fogo nas mãos da população – 0,2% de 300 milhões é 600.000.

16.7 Cuidado com a Extrapolação

É muito fácil extrapolar dados. Nós fizemos isso no Capítulo 15, quando estendemos os ajustes obtidos com a regressão linear para além dos dados usados na regressão. Você somente deve fazer extrapolações quando tiver uma justificação teórica sólida para fazê-las. Você deve ser especialmente cuidadoso com extrapolações lineares.

Considere o gráfico abaixo. Ele mostra o crescimento do uso da internet nos Estados Unidos de 1994 a 2000. Como você pode ver, uma linha reta se ajusta muito bem aos dados.

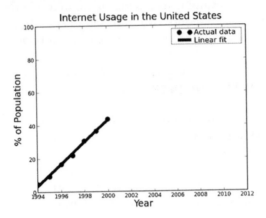

Uso da internet nos EUA – eixo x: ano, eixo y: % da população

O próximo gráfico usa essa reta para projetar a porcentagem da população dos Estados Unidos usando a internet nos anos seguintes. É um pouco difícil acreditar na projeção. É improvável que, em 2009, toda a população dos EUA estivesse usando a internet, e é ainda menos provável que em 2012 mais de 120% da população estivesse usando a internet.

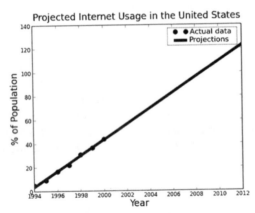

Projeção do uso da internet nos EUA – eixo x: ano, eixo y: % da população

16.8 A Falácia do Atirador de Elite Texano

Imagine que você está dirigindo em uma estrada no interior do Texas. Você vê um celeiro com seis alvos pintados e um buraco de bala no centro de cada alvo. "Sim, senhor", diz o proprietário do celeiro, "nunca erro". "É isso mesmo", diz a esposa do atirador, "não há um homem no estado do Texas que seja mais preciso com um pincel". Entendeu? Ele disparou os seis tiros e depois pintou os alvos a seu redor.

Professor perplexo com a habilidade dos alunos de atirar giz

Um clássico do gênero apareceu em 2001.[114] O estudo informava que uma equipe de pesquisa no hospital Cornhill Royal em Aberdeen tinha descoberto que "mulheres anoréxicas têm maior probabilidade de ter nascido na primavera ou no início do verão... Entre março e junho nasceram 13% mais anoréxicas do que na média, e 30% a mais em junho".

Examinemos essa estatística preocupante para as mulheres nascidas em junho. A equipe estudou 446 mulheres que tinham sido diagnosticadas com anorexia, então o número médio de nascimentos por mês era um pouco mais de 37. Isto sugere que o número de mulheres nascidas em junho era 48 (37∗1.3). Podemos usar o programa da Figura 16.2 para testar a hipótese de que isso ocorreu por mero acaso.

```
def probJunho(numRepeticoes):
    junho48 = 0
    for repeticao in range(numRepeticoes):
        junho = 0
        for i in range(446):
            if random.randint(1,12) == 6:
                junho += 1
        if junho >= 48:
            junho48 += 1
    jProb = junho48/float(numRepeticoes)
    print 'Probabilidade de 48 ou mais nascimentos em junho =', jProb
```

Figura 16.2 Probabilidade de 48 mulheres anoréxicas nascerem em junho

---

[114] Eagles, John, et al, "Season of birth in females with anorexia nervosa in Northeast Scotland", *International Journal of Eating Disorders*, 30, 2 de setembro de 2001.

Quando executamos probJunho(10000), ele imprimiu

    Probabilidade de 48 ou mais nascimentos em junho = 0,044

Parece que a probabilidade de pelo menos 48 bebês nascerem em junho puramente por acaso é cerca de 4,5%. Talvez esses pesquisadores em Aberdeen realmente tenham descoberto alguma coisa. Bem, eles poderiam ter descoberto alguma coisa se eles tivessem começado com a hipótese de que mais bebês que vão se tornar anoréxicos nascem em junho e então executassem um estudo projetado para verificar essa hipótese.

Mas não foi isso o que fizeram. Em vez disso, eles examinaram os dados e depois, imitando o atirador de elite do Texas, desenharam um círculo em torno de junho. A pergunta estatística correta que devemos perguntar é qual é a probabilidade de que haja pelo menos um mês (dos 12) em que pelo menos 48 bebês nasceram. O programa na Figura 16.3 responde a essa pergunta.

```
def probQualquer(numRepeticoes):
    qualquerMes48 = 0
    for repeticao in range(numRepeticoes):
      meses = [0]*12
      for i in range(446):
          meses[random.randint(0,11)] += 1
      if max(meses) >= 48:
          qualquerMes48 += 1
    aProb = qualquerMes48/float(numRepeticoes)
    print 'Probabilidade de pelo menos 48 partos em um mês =', aProb
```

Figura 16.3 Probabilidade de nascerem 48 mulheres anoréxicas em algum mês

A chamada a probQualquer(10000) imprimiu

    Probabilidade de pelo menos 48 partos em um mês = 0.446

Parece que não é tão improvável afinal que os resultados relatados no estudo reflitam uma ocorrência ao acaso, e não uma associação real entre o mês de nascimento e anorexia. Não é preciso visitar o Texas para ser vítima da falácia do atirador de elite do Texas.

O que vemos aqui é que a significância estatística de um resultado depende da maneira como o experimento foi conduzido. Se o grupo de Aberdeen tivesse começado com a hipótese de que mais anoréxicos nascem em junho, seu resultado poderia ser significativo. Mas, se eles começaram com a hipótese de que existe um mês em que nasce uma grande proporção dos anoréxicos, seu resultado não é muito convincente.

O que o grupo Aberdeen poderia ter feito para testar sua nova hipótese? Uma possibilidade é a realização de um **estudo prospectivo**. Em um estudo prospectivo, você começa com um conjunto de hipóteses e então coleta dados com potencial de refutar ou confirmar a hipótese. Se o grupo realizasse um novo estudo e obtivesse resultados semelhantes, nós poderíamos ficar convencidos.

Pode ser caro e demorado executar estudos prospectivos. Em um **estudo retrospectivo**, os dados existentes devem ser examinados de forma a reduzir a probabilidade de obter resultados enganosos. Uma técnica comum, discutida no Capítulo 15, é dividir os dados em um conjunto de treinamento e um conjunto de validação. Por exemplo, poderiam ter escolhido 446/2 mulheres aleatoriamente (o conjunto de treinamento) e registrado o número de nascimentos por cada mês. Eles poderiam ter comparado esse valor com o número de nascimentos em cada mês para o restante das mulheres (o conjunto de validação).

16.9 Porcentagens Podem Confundir

Um consultor de investimentos ligou para um cliente para informá-lo que o valor de sua carteira de ações havia subido 16% no mês anterior. Ele admitiu que houve alguns altos e baixos durante o ano, mas que estava feliz de poder dizer que a variação média mensal tinha sido +0,5%. Imagine a surpresa do cliente quando ele recebeu o extrato anual e observou que o valor de sua carteira tinha diminuído no ano.

Ele ligou para seu assessor e acusou-o de ser um mentiroso. "Parece", ele disse, "que meu portfólio diminuiu 0,67%, e você me disse que ele subiu 0,5% por mês". "Eu não disse isso", respondeu o consultor financeiro, "Eu disse que a variação média mensal foi +0,5%". Quando ele examinou seus extratos mensais, o investidor percebeu que ele não tinha mentido, que havia apenas o iludido. Sua carteira de ações caiu 15% em cada mês durante a primeira metade do ano e depois subiu 16% em cada mês durante a segunda metade do ano.

Ao pensar em porcentagens, precisamos sempre prestar atenção na base à qual a porcentagem é aplicada. Nesse caso, as quedas de 15% tinham uma base média maior do que os aumentos de 16%.

As porcentagens podem ser particularmente enganosas quando são aplicadas a uma base pequena. Você pode ler sobre um remédio que tem o efeito colateral de aumentar a incidência de algumas doenças 200%. Mas se a incidência base da doença é muito baixa, por exemplo, 1 em 1 milhão, você também pode decidir que o risco de tomar o remédio é mais do que compensado por seus efeitos positivos.

16.10 Apenas Tenha Cuidado

Seria fácil e divertido preencher algumas centenas de páginas com várias histórias de abusos no uso de estatísticas, mas agora você provavelmente já recebeu a mensagem: é tão fácil mentir com números quanto mentir com palavras. Certifique-se de que você entende o que está sendo verdadeiramente medido e como esses resultados "estatisticamente significativos" foram computados antes de tirar conclusões precipitadas.

17 PROBLEMAS DE OTIMIZAÇÃO DA MOCHILA E DE GRAFOS

O conceito de um problema de otimização permite que nós enfrentemos muitos problemas computacionais de forma estruturada. Sempre que você tiver que resolver um problema que envolve encontrar o maior, o menor, o mais numeroso, o menos numeroso, o mais rápido, o menos caro, etc., há uma boa chance de que você possa transformar o problema em um problema de otimização clássica para o qual exista uma solução computacional conhecida.

Em geral, um problema de otimização tem duas partes:

1. Uma **função objetivo** que deve ser maximizada ou minimizada. Por exemplo, o preço da passagem aérea entre Boston e Istambul.
2. Um **conjunto de restrições** (possivelmente vazio) que devem ser respeitadas. Por exemplo, um limite máximo para o tempo de viagem.

Neste capítulo, introduzimos a noção de um problema de otimização e apresentamos alguns exemplos. Nós também fornecemos alguns algoritmos simples para resolvê-los. No próximo capítulo, nós discutimos formas mais eficientes de resolver uma importante classe de problemas de otimização.

As principais lições deste capítulo são:

- Muitos problemas de importância prática podem ser facilmente formulados de uma forma que nos conduz naturalmente a uma solução computacional.

- Reduzir um problema aparentemente novo a um problema conhecido nos permite usar soluções existentes.

- Os algoritmos de enumeração exaustiva fornecem uma maneira simples, mas muitas vezes excessivamente ineficiente, de procurar soluções ótimas.

- Um algoritmo guloso é muitas vezes uma abordagem prática para encontrar uma solução boa, mas nem sempre ótima, para um problema de otimização.

- Os problemas da mochila e os problemas de grafos são classes de problemas a que outros problemas muitas vezes podem ser reduzidos.

Como de costume, nós complementaremos o material sobre o raciocínio computacional com um pouco de Python e algumas dicas sobre programação.

17.1 Problemas da Mochila

Não é fácil ser ladrão. Além dos problemas óbvios (certificar-se de que uma casa está vazia, abrir fechaduras, desativar os alarmes, lidar com dilemas éticos, etc.), um ladrão tem que decidir o que roubar. O problema é que a maioria das casas contém mais coisas de valor do que o ladrão médio consegue carregar. O que um pobre ladrão deve fazer? Ele precisa encontrar um conjunto de objetos que forneça o máximo valor sem exceder o peso que consegue carregar.

Suponha, por exemplo, que um ladrão tem uma mochila com capacidade máxima de 20 quilos invade uma casa e encontra os itens na Figura 17.1. Claramente, ele não será capaz de colocar tudo na mochila, então ele precisa decidir o que levar e o que deixar para trás.

	Valor	Peso	Valor/peso
Relógio	175	10	17.5
Pintura	90	9	10
Radio	20	4	5
Vaso	50	2	25
Livro	10	1	10
Computador	200	20	10

Figura 17.1 Tabela de itens

17.1.1 Algoritmos Gulosos

A maneira mais simples de encontrar uma solução aproximada para esse problema é usar um **algoritmo guloso**. O ladrão escolhe o melhor item primeiro, então o segundo melhor e continua até alcançar seu limite. Claro, antes de fazer isso, o ladrão teria que decidir o que "melhor" deve significar. O melhor item é o mais valioso, o menos pesado, ou talvez o item com a maior razão de valor-para-peso? Se escolhesse o valor mais alto, ele levaria apenas o computador, que poderia vender por R$200,00. Se escolhesse de acordo com o menor peso, ele pegaria, na ordem, o livro, o rádio, o vaso e a pintura — que valem um total de R$170,00. Finalmente, se decidisse que melhor significa a maior razão do valor dividido pelo peso, ele começaria pegando o vaso e o relógio. Isso deixaria três itens com uma relação valor-peso de 10, mas desses somente o livro ainda caberia na mochila. Depois de pegar o livro, ele pegaria o único item que ainda caberia, o rádio. O valor total levado seria R$255,00.

Embora o critério de maior densidade (razão de valor-para-peso) produza o melhor resultado para esse conjunto de dados, nada garante que um algoritmo guloso por densidade encontre sempre uma solução melhor do que um algoritmo guloso por peso ou valor. Em geral, não há nenhuma garantia de que qualquer solução encontrada por um algoritmo guloso para este tipo de problema da mochila seja a melhor.[115] Discutiremos essa questão em mais detalhes um pouco mais tarde.

Os códigos nas Figuras 17.2 e 17.3 implementam todos esses três algoritmos gulosos. Na Figura 17.2, nós primeiro definimos a classe Item. Cada Item tem os atributos nome, valor e peso.

A única parte interessante do código é a implementação da função guloso. Introduzindo o parâmetro funcaoChave, nós tornamos guloso independente da ordem em que os elementos da lista devem ser considerados. Tudo o que é necessário é que funcaoChave defina uma ordenação dos elementos em items. Em seguida, usamos essa ordem para produzir uma lista ordenada com os mesmos elementos de items. Nós usamos a função interna do Python sorted para fazer isso. (Usamos sorted em vez de sort porque queremos gerar uma nova lista, e não modificar a lista passada para a função.) Nós usamos o parâmetro reverse para indicar que nós queremos que a lista seja ordenada do maior (de acordo com os valores de funcaoChave) para o menor.

```
# -*- coding: utf-8 -*-
class Item(object):
    def __init__(self, n, v, p):
        self.nome = n
        self.valor = float(v)
        self.peso = float(p)
    def getNome(self):
        return self.nome
    def getValor(self):
        return self.valor
    def getPeso(self):
        return self.peso
    def __str__(self):
        resultado = '<' + self.nome + ', ' + str(self.valor)\
                    + ', ' + str(self.peso) + '>'
        return resultado
def valor(item):
    return item.getValor()
```

---

[115] Há provavelmente alguma lição moral profunda a ser extraída desse fato, e provavelmente ela não é "a ganância é boa".

```
def pesoInverso(item):
    return 1.0/item.getPeso()

def densidade(item):
    return item.getValor()/item.getPeso()

def construirItems():
    nomes = ['relógio', 'quadro', 'rádio', 'vaso', 'livro',
             'computador']
    valores = [175,90,20,50,10,200]
    pesos = [10,9,4,2,1,20]
    Items = []
    for i in range(len(valores)):
        Items.append(Item(nomes[i], valores[i], pesos[i]))
    return Items
```

Figura 17.2 Construindo um conjunto de itens com ordenações

```
def guloso(items, maxPeso, funcaoChave):
    """Assume que Items a list, maxPeso >= 0,
       funcaoChave maps elements of Items to floats"""
    itemsCopia = sorted(items, key=funcaoChave, reverse = True)
    resultado = []
    totalValor = 0.0
    totalPeso = 0.0
    for i in range(len(itemsCopia)):
        if (totalPeso + itemsCopia[i].getPeso()) <= maxPeso:
            resultado.append(itemsCopia[i])
            totalPeso += itemsCopia[i].getPeso()
            totalValor += itemsCopia[i].getValor()
    return (resultado, totalValor)

def testarGuloso(items, restricao, funcaoChave):
    selecionados, val = guloso(items, restricao, funcaoChave)
    print 'Valor total dos itens selecionados = ', val
    for item in selecionados:
        print '   ', item

def testarGulosos(maxPeso = 20):
    items = construirItems()
    print 'Usa guloso por valor com mochila de tamanho', maxPeso
    testarGuloso(items, maxPeso, valor)
    print '\nUsa guloso por peso com mochila de tamanho', maxPeso
    testarGuloso(items, maxPeso, pesoInverso)
    print '\nUsa guloso por densidade com mochila de tamanho', maxPeso
    testarGuloso(items, maxPeso, densidade)
```

Figura 17.3 Usando um algoritmo guloso para escolher itens

Quando `testarGulosos()` é executado, ele imprime

```
Usa guloso pelo valor para encher a mochila de tamanho  20
Valor dos itens tomadas total = 200,0
   < computador, 200,0, 20,0 >

Usa guloso por peso para encher a mochila de tamanho  20
Valor dos itens tomadas total = 170,0
   < livro, 10.0, 1.0 >
   < vaso, 50,0, 2.0 >
   < rádio, 20,0, 4.0 >
   < pintura, 90.0, 9.0 >

Usa guloso pela densidade para encher a mochila de tamanho  20
Valor dos itens tomadas total = 255.0
   < vaso, 50,0, 2.0 >
   < relógio, 175.0, 10.0 >
   < livro, 10.0, 1.0 >
   < rádio, 20,0, 4.0 >
```

Qual é a eficiência algorítmica de guloso? Duas coisas devem ser levadas em conta: a complexidade de tempo da função interna sorted e o número de vezes que o laço for no corpo de guloso é executado. O número de iterações do laço é limitado pelo número de elementos em items, ou seja, é O(n), onde n é o comprimento de items. No entanto, o tempo no pior caso para a função interna de classificação do Python é, grosso modo, O(n log n), onde n é o comprimento da lista a ser classificada.[116] Portanto, o tempo de execução de guloso é O(n log n).

17.1.2 Uma Solução Ótima para o Problema da Mochila 0/1

Suponha que nós decidimos que não estamos satisfeitos com uma aproximação, ou seja, queremos a melhor solução possível para esse problema. Essa solução é chamada de **solução ótima**, o que não é surpreendente, uma vez que estamos resolvendo um problema de otimização. Na verdade, esse é um exemplo de um problema clássico de otimização, chamado de **problema da mochila 0/1**.

O problema da mochila 0/1 pode ser formalizado da seguinte maneira:

1. Cada item é representado por um par <*valor, peso*>.
2. Na mochila cabem itens com um peso total máximo de p.
3. Um vetor, *I*, de comprimento *n*, representa o conjunto de itens disponíveis. Cada elemento do vetor é um item.

---

[116] Como discutimos no Capítulo 10, a complexidade do algoritmo de ordenação timsort, usado na maioria das implementações do Python, é O(n log n).

4. Um vetor, *V*, de comprimento *n*, é usado para indicar se cada item é levado pelo ladrão ou não. Se V[i] = 1, o item I[i] é levado. Se V[i] = 0, o item I[i] não é levado.

5. Encontre um vetor V que maximize

$$\sum_{i=0}^{n-1} V[i] * I[i].valor$$

sujeito à condição de que

$$\sum_{i=0}^{n-1} V[i] * I[i].peso \leq p$$

Vejamos o que acontece se tentarmos implementar essa formulação do problema de uma forma simples:

1. Enumere todas as combinações possíveis de itens. Isso quer dizer, gere todos os subconjuntos[117] do conjunto de itens. Isso é chamado de conjunto de partes e foi discutido no Capítulo 9.
2. Remova todas as combinações com peso maior que o permitido.
3. Das combinações restantes, escolha qualquer uma das que corresponda ao valor máximo.

Essa abordagem certamente encontrará uma solução ótima. No entanto, se o conjunto original de itens for grande, levará muito tempo para o programa terminar porque, como vimos no Capítulo 9, o número de subconjuntos cresce muito rapidamente com o número de itens.

A Figura 17.4 contém uma implementação simples dessa abordagem para resolver o problema da mochila 0/1 usando a força bruta. Ela usa as classes e funções definidas nas Figuras 17.2 e 17.3 e a função geraConjPartes definida na Figura 9.5.

---

[117] Lembre-se de que cada conjunto é um subconjunto de si mesmo e o conjunto vazio é um subconjunto de qualquer conjunto.

```
def escolherMelhor (conjpartes, maxPeso, getVal, getPeso):
    melhorVal = 0.0
    melhorConjunto = None
    for items in conjpartes:
        itemsVal = 0.0
        itemsPeso = 0.0
        for item in items:
            itemsVal += getVal(item)
            itemsPeso += getPeso(item)
        if itemsPeso <= maxPeso and itemsVal > melhorVal:
            melhorVal = itemsVal
            melhorConjunto = items
    return (melhorConjunto, melhorVal)

def testarMelhor(maxPeso = 20):
    items = construirItems()
    conjpartes = geraConjPartes(items)
    selecionados, val = escolherMelhor(conjpartes, maxPeso,
                         Item.getValor, Item.getPeso)
    print 'Valor total dos itens selecionados =', val
    for item in selecionados:
        print item
```

Figura 17.4 A solução ótima usando a força bruta para o problema da mochila 0/1

A complexidade dessa implementação é $O(n*2^n)$, onde n é o comprimento de items. A função geraConjPartes retorna uma lista de listas de Items. Essa lista contém 2^n listas, a mais longa delas com comprimento n. Portanto, o laço externo em escolherMelhor será executado $O(2^n)$ vezes, e o número de vezes que o laço interno será executado é limitado por n.

Muitas pequenas otimizações podem ser aplicadas para acelerar esse programa. Por exemplo, geraConjPartes poderia ter o cabeçalho

```
def geraConjPartes(items, restricao, getVal, getPeso)
```

e retornar somente aquelas combinações que atendam à restrição de peso. Alternativamente, escolherMelhor poderia sair do laço interno assim que a restrição de peso for excedida. Esses tipos de otimizações ajudam, mas não resolvem o problema fundamental. A complexidade de escolherMelhor ainda será $O(n*2^n)$, onde n é o comprimento de items, e, portanto, escolherMelhor ainda levará muito tempo para terminar quando items for grande.

Em um sentido teórico, esse problema é um caso perdido. O problema da mochila 0/1 é inerentemente exponencial com o número de itens. Em um sentido prático, no entanto, o problema está longe de ser um caso perdido, como discutiremos no Capítulo 18.

Quando a função testarMelhor é executada, ela imprime,

```
Valor dos itens tomadas total = 275.0
< relógio, 175.0, 10.0 >
< pintura, 90.0, 9.0 >
< livro, 10.0, 1.0 >
```

Observe que essa solução é melhor do que qualquer das soluções encontradas pelos algoritmos gulosos. A essência de um algoritmo guloso é fazer a melhor escolha local em cada etapa (como definida por alguma métrica). Ele faz uma escolha que é **localmente ótima**. No entanto, como este exemplo demonstra, uma série de decisões localmente ótimas nem sempre levam a uma solução **globalmente ótima**.

Apesar de não encontrar sempre a melhor solução, os algoritmos gulosos são frequentemente usados na prática. Eles geralmente são mais fáceis de implementar e são mais eficientes do que algoritmos que garantem que a solução seja ótima.

Existe uma variante do problema da mochila, chamado de problema da mochila **fracionário** (ou **contínuo**), para o qual há um algoritmo guloso que sempre encontra uma solução ótima. Como os itens são infinitamente divisíveis, sempre faz sentido levar o máximo possível do item remanescente com a maior relação valor-para-peso. Suponha, por exemplo, que o nosso ladrão encontrou apenas três coisas de valor na casa: um saco de ouro em pó, um saco de prata em pó e um saco de uvas-passas. Nesse caso, um algoritmo guloso por densidade sempre encontrará a solução ótima.

17.2 Problemas de Otimização de Grafos

Trataremos agora de outro tipo de problema de otimização. Suponha que você tenha uma lista com os preços de todos os voos de uma companhia aérea entre cada par de cidades nos Estados Unidos. Suponha também que, para todas as cidades, A, B e C, o custo de voar de A para C passando por B seja o custo de voar de A para B mais o custo do voar de B para C. Algumas perguntas que você poderia fazer são:

- Qual é o menor número de escalas entre um par de cidades?
- Qual é a forma mais barata de voar entre um par de cidades?
- Qual é a forma menos cara de voar entre um par de cidades envolvendo não mais do que duas escalas?
- Qual é a forma mais barata de visitar uma coleção de cidades?

Todos esses problemas (e muitos outros) podem ser facilmente formulados como problemas de grafos.

Um **grafo** é um conjunto de objetos chamados **vértices** (ou **nós**) ligados por um conjunto de **arestas** (ou **bordas**). Se as arestas são unidirecionais o grafo é chamado de **grafo direcionado** ou **dígrafo**. Em um grafo direcionado, se houver uma aresta de n1 para n2, nós chamamos n1 de **vértice fonte** ou **pai** e n2 de **vértice destino** ou **filho**.

Grafos são normalmente usados para representar situações em que há relações interessantes entre as partes. O primeiro uso documentado de grafos em matemática ocorreu em 1735 quando o matemático suíço Leonhard Euler usou o que veio a ser conhecido como **teoria de grafos** para formular e resolver o **problema das pontes de Königsberg**.

Königsberg, então capital da Prússia Oriental, foi construída no cruzamento de dois rios com uma série de ilhas. As ilhas eram ligadas umas às outras e ao continente por sete pontes, como no mapa abaixo. Por alguma razão, os moradores da cidade estavam obcecados em saber se era possível dar um passeio cruzando cada ponte exatamente uma vez.

A grande constatação de Euler foi notar que o problema poderia ser vastamente simplificado se cada área separada de terra firme fosse vista como um ponto (um "vértice") e cada ponte como uma linha (uma "aresta") conectando dois desses pontos. O mapa da cidade, então, poderia ser representado pelo grafo à direita do mapa. Euler então raciocinou que, se uma pessoa percorresse cada aresta exatamente uma vez, cada vértice no meio do passeio (ou seja, qualquer vértice, exceto o primeiro e o último), estariam conectados a um número par de arestas. Como nenhum dos vértices nesse gráfico tem um número par de arestas, Euler concluiu que é impossível passar por cada ponte exatamente uma vez.

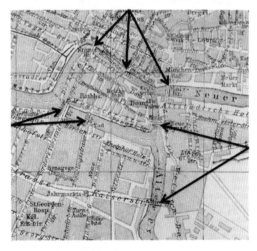

Mapa de Königsberg
As setas apontam para as pontes

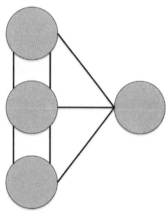

Mapa simplificado de Euler

De maior interesse do que o problema das pontes de Königsberg, ou mesmo do que o teorema de Euler (que generaliza sua solução para o problema das pontes de Königsberg), é a ideia de usar a teoria dos grafos para ajudar a compreender problemas.

Por exemplo, é necessária somente uma pequena extensão do tipo de grafo usado por Euler para modelar o sistema de rodovias de um país. Se um peso é associado a cada aresta em um grafo (ou dígrafo), ele é chamado de **grafo ponderado**. Usando grafos ponderados, o sistema de rodovias pode ser representado como um grafo em que as cidades são representadas por vértices e as estradas que as conectam por arestas, no qual cada aresta é rotulada com a distância entre os dois vértices. De forma mais geral, você pode representar qualquer mapa rodoviário (incluindo aqueles com ruas de mão única) usando dígrafos ponderados.

Da mesma forma, a estrutura da internet pode ser representada como um dígrafo em que os vértices são páginas da Web e existe uma aresta do vértice A para o vértice B se e somente se existe um link para a página B na página A. Os padrões de tráfego podem ser modelados adicionando um peso a cada aresta, indicando a frequência com que ela é usada.

Os grafos têm também muitos usos menos evidentes. Os biólogos usam grafos para modelar coisas que vão desde a forma como as proteínas interagem umas com as outras até redes de expressão de gene. Os físicos usam grafos para descrever as transições de fase. Os epidemiologistas usam grafos para modelar as trajetórias de doenças e assim por diante.

A Figura 17.5 contém classes que implementam tipos abstratos correspondentes a vértices, arestas e arestas ponderadas.

Ter uma classe para vértices pode parecer um exagero. Afinal de contas, nenhum dos métodos na classe Vertice executa nenhuma computação interessante. Introduzimos a classe meramente para nos dar a possibilidade de, talvez em algum momento posterior, introduzir uma subclasse de Vertice com propriedades adicionais.

Capítulo 17. Problemas de Otimização da Mochila e de Grafos

```python
# -*- coding: utf-8 -*-
class Vertice(object):
    def __init__(self, nome):
        """Assume que nome é uma string"""
        self.nome = nome
    def getNome(self):
        return self.nome
    def __str__(self):
        return self.nome

class Aresta(object):
    def __init__(self, origem, dest):
        """Assume que origem e dest são vértices"""
        self.origem = origem
        self.dest = dest
    def getOrigem(self):
        return self.origem
    def getDestino(self):
        return self.dest
    def __str__(self):
        return self.origem.getNome() + '->' + self.dest.getNome()

class ArestaPonderada(Aresta):
    def __init__(self, origem, dest, peso = 1.0):
        """Assume que origem e dest são vértices, peso um float"""
        self.origem = origem
        self.dest = dest
        self.peso = peso
    def getPeso(self):
        return self.peso
    def __str__(self):
        return self.origem.getNome() + '->(' + str(self.peso) + ')'\
                + self.dest.getNome()
```

Figura 17.5 Vértices e arestas

A Figura 17.6 contém implementações das classes Digrafo e Grafo. Uma decisão importante é a escolha da estrutura de dados usada para representar um dígrafo. Uma representação comum é uma **matriz da adjacência** n × n, onde n é o número de nós no grafo. Cada célula da matriz contém informações (por exemplo, pesos) sobre as arestas que conectam o par de vértices <i, j>. Se as arestas não são ponderadas, cada entrada é True se e somente se há uma aresta de i até j.

Outra representação comum é uma **lista de adjacência**, que usamos aqui. A classe dígrafo tem duas variáveis de instância. A variável vertices é uma lista que contém os nomes dos vértices no dígrafo. A conectividade dos vértices é representada usando uma lista de adjacência implementada como um dicionário. A variável arestas é um dicionário que mapeia cada Vertice no Digrafo para uma lista dos filhos desse Vertice.

A classe Grafo é uma subclasse de Digrafo. Ela herda todos os métodos de Digrafo exceto incluiAresta, que ela substitui. (Essa não é a maneira mais eficiente, em termos de espaço, de implementar Grafo, já que ela armazena cada aresta duas vezes, uma para cada direção no Digrafo, mas ela tem a virtude de ser simples.)

```
class Digrafo(object):
    #vertices é uma lista de vértices no grafo
    #arestas é uma dicionário com cada vértice e a lista de seus filhos
    def __init__(self):
        self.vertices = []
        self.arestas = {}
    def incluiVertice(self, vertice):
        if vertice in self.vertices:
            raise ValueError('Vértice duplicado')
        else:
            self.vertices.append(vertice)
            self.arestas[vertice] = []
    def incluiAresta(self, aresta):
        origem = aresta.getOrigem()
        dest = aresta.getDestino()
        if not(origem in self.vertices and dest in self.vertices):
            raise ValueError('O vértice não está no grafo')
        self.arestas[origem].append(dest)
    def filhoDe(self, vertice):
        return self.arestas[vertice]
    def temVertice(self, vertice):
        return vertice in self.vertices
    def __str__(self):
        resultado = ''
        for origem in self.vertices:
            for dest in self.arestas[origem]:
                resultado = resultado + origem.getNome() + '->'\
                    + dest.getNome() + '\n'
        return resultado[:-1] #omite ultima quebra de linha

class Grafo(Digrafo):
    def incluiAresta(self, aresta):
        Digrafo.incluiAresta(self, aresta)
        rev = Aresta(aresta.getDestino(), aresta.getOrigem())
        Digrafo.incluiAresta(self, rev)
```

Figura 17.6 Classes Grafo e Digrafo

Você pode querer parar por um minuto e pensar por que Grafo é uma subclasse de Digrafo, e não o contrário. Em muitos dos exemplos de subclasses que vimos, a subclasse adiciona atributos à superclasse. Por exemplo, a classe ArestaPonderada adicionou um atributo peso à classe Aresta.

Aqui, Digrafo e Grafo têm os mesmos atributos. A única diferença é a implementação do método incluiAresta. Qualquer um deles poderia ser facilmente implementado herdando métodos do outro, mas a escolha de qual seria a superclasse não foi arbitrária. No Capítulo 8 nós salientamos a importância de obedecer ao princípio da substituição: se um programa funciona corretamente usando uma instância do supertipo, ele deve também funcionar corretamente com uma instância do subtipo.

E de fato se o código do cliente funciona corretamente usando uma instância de `Digrafo`, ele funcionará corretamente se uma instância de `Grafo` for usada em lugar de uma instância de `Digrafo`. O contrário não é verdade. Existem muitos algoritmos que funcionam em grafos (explorando a simetria das arestas) que não funcionam em grafos direcionados.

17.2.1 Alguns Problemas Teóricos Clássicos sobre Grafos

Uma das vantagens de formular um problema usando a teoria dos grafos é que há algoritmos bem conhecidos para resolver muitos problemas de otimização com grafos. Alguns dos problemas de otimização de grafos mais conhecidos são:

- **Caminho mais curto**. Para um par de vértices, N1 e N2, encontrar a sequência mais curta das arestas $< s_n, d_n >$ (vértice fonte e vértice destino), tais que
    - O vértice de origem da primeira aresta é N1.
    - O vértice de destino da última aresta é N2.
    - Para todas as arestas e1 e e2, se e2 vem depois de e1 na sequência, o vértice de origem de e2 é o vértice de destino de e1.

- **Caminho mais curto ponderado**. É semelhante ao caminho mais curto, mas em vez de escolher a sequência mais curta de arestas que conecta dois vértices, definimos uma função com base nos pesos das arestas na sequência (por exemplo, sua soma) e minimizamos esse valor. Esse é o tipo de problema resolvido por um aparelho de GPS ou pelo Google Maps quando pedimos uma rota entre dois pontos.

- **Cliques ou Panelinhas**. Encontrar um conjunto de vértices tais que haja um caminho (ou muitas vezes um caminho que não exceda um comprimento máximo) no grafo entre cada par de vértices no conjunto.[118]

- **Corte mínimo**. Dado dois conjuntos de vértices em um grafo, um **corte** é um conjunto de arestas que, se forem removidas,

---

[118] Essa noção é bastante semelhante à noção de uma panelinha social, ou seja, de um grupo de pessoas que se sentem intimamente conectadas umas com a outras e estão inclinadas a excluir aquelas que não pertencem à panelinha. Veja, por exemplo, o filme *Heathers*.

eliminam todos os caminhos que levam de um vértice de um conjunto para um vértice do outro. O corte mínimo é o menor conjunto de arestas cuja remoção tem esse efeito.

17.2.2 A Propagação de Doenças e o Corte Mínimo

A Figura 17.7 contém uma representação gráfica de um grafo ponderado gerado pelo Centro Americano de Controle de Doenças (CDC) ao estudar um surto de tuberculose nos Estados Unidos. Cada vértice representa uma pessoa, e cada vértice está identificado por uma cor[119] indicando se a pessoa tem tuberculose ativa, se testou positivo para a exposição à tuberculose (ou seja, se reage à prova tuberculínica), se testou negativo para a exposição à tuberculose, ou se não foi testado. As arestas representam os contatos entre os pares de pessoas. Os pesos, que não são visíveis na figura, indicam se o contato entre as pessoas foi "próximo" ou "casual".

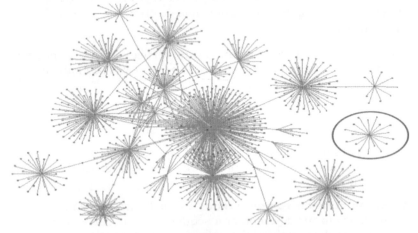

Figura 17.7 Propagação da tuberculose

Existem muitas questões interessantes que podem ser formalizadas usando esse grafo. Por exemplo,

- É possível que todos os casos tenham tido origem em um único paciente zero? Mais formalmente, existe um vértice, n, de tal forma que há caminhos a partir de n até todos os outros vértices no grafo com um rótulo TB ativo?[120] A resposta é "quase". Há um caminho

---

[119] Para ver uma versão colorida desse gráfico, consulte a página 23 de http://www.orgnet.com/TB_web.ppt

[120] As arestas do grafo não capturam nenhuma informação relacionada com o tempo. Portanto, a existência de um nó como esse não significa que o nó represente um paciente zero. No entanto, sua ausência indicaria que não há um paciente zero. Temos uma condição necessária, mas que não é suficiente.

do vértice no meio do grafo para todos os vértices com TB ativo, exceto aqueles vértices no círculo preto à direita. Curiosamente, uma investigação posterior revelou que a pessoa no centro do círculo preto tinha sido anteriormente vizinha do possível paciente zero e, portanto, deveria ter havido uma aresta de contato casual ligando os dois.

- Para melhor limitar a propagação da doença, quais pessoas não infectadas deveriam ser vacinadas? Isso pode ser formalizado como um problema de corte mínimo. Seja N_A o conjunto de vértices com TB ativa e N_O, o conjunto de todos os outros vértices. Cada aresta no corte mínimo entre esses dois conjuntos terá uma pessoa sabidamente com tuberculose ativa e uma pessoa sem. As pessoas sem TB ativa são candidatas à vacinação.

17.2.3 Caminho Mais Curto: Busca em Profundidade e Largura

As redes sociais são constituídas por indivíduos e as relações entre esses indivíduos. Elas são tipicamente modeladas como grafos em que os indivíduos são vértices e as relações são arestas. Se as relações são simétricas, as arestas não são direcionadas; se as relações são assimétricas, as arestas são direcionadas. Algumas redes sociais modelam vários tipos de relações, e nesse caso os rótulos nas arestas indicam o tipo de relação.

Em 1990[121] o dramaturgo John Guare escreveu *Seis graus de separação*. A premissa um pouco duvidosa da peça que é "todo mundo neste planeta está separado por apenas seis outras pessoas". Com isso ele quis dizer que, se você construir uma rede social incluindo cada pessoa na terra usando a relação "conhece", o caminho mais curto entre dois indivíduos quaisquer passaria no máximo por seis outros vértices.

Uma questão menos hipotética é a distância utilizando a relação "amigo" entre pares de pessoas no Facebook. Por exemplo, você pode se perguntar se você tem um amigo que tem um amigo que tem um amigo que é amigo de Mick Jagger. Como podemos escrever um programa para responder a perguntas como essa?

A relação "amigo" (pelo menos no Facebook) é simétrica: se Stephanie é amiga de Andrea, Andrea é amiga de Stephanie. Implementaremos, portanto, a rede social usando o tipo Grafo. Podemos então definir o problema de encontrar o caminho mais curto entre você e Mick Jagger assim:

---

[121] Quando Mark Zuckerberg tinha seis anos de idade.

- Para o grafo G, encontre a menor sequência de vértices, caminho = [você,..., Mick Jagger], tal que
- Se n_i e n_{i+1} são vértices consecutivos no caminho, há uma aresta em G conectando n_i e n_{i+1}.

A Figura 17.8 contém uma função recursiva que encontra o caminho mais curto entre os vértices `inicial` e `final` de um `Digrafo`. Como `Grafo` é uma subclasse de `Digrafo`, ele funcionará em nosso problema do Facebook.

O algoritmo implementado por DFS é um exemplo de um algoritmo recursivo de **busca em profundidade primeiro (DFS)**[122]. Em geral, um algoritmo de busca em profundidade primeiro começa escolhendo um filho do vértice inicial. Então escolhe um filho desse vértice e assim por diante, em profundidade cada vez maior, até chegar ao vértice final ou a um vértice sem filhos. A busca então **retrocede**, retornando para o vértice mais recente com filhos ainda não visitados. Quando todos os caminhos tiverem sido explorados, ele escolhe o caminho mais curto (assumindo que haja um) desde o vértice inicial até o final.

O código é um pouco mais complicado do que o algoritmo que descrevemos apenas porque ele tem que lidar com a possibilidade de que o grafo contenha ciclos. Ele também não explora caminhos mais longos do que o caminho mais curto que já encontramos.

- A função `buscar` chama DFS com `caminho = []` (para indicar que o caminho atual que está sendo explorado está vazio) e `maiscurto = None` (para indicar que ainda não foi encontrado nenhum caminho do vértice `inicial` até o vértice `final`).
- DFS começa escolhendo um filho do vértice `inicial`. Então escolhe um filho desse vértice, e assim por diante, até chegar ao vértice `final` ou a um vértice sem filhos ainda não visitado.
    - A verificação
      `if vertice not in caminho`
      evita que o programa fique percorrendo um ciclo, sem terminar.
    - A verificação
      `if maiscurto == None or len(caminho) < len(maiscurto):`
      é usada para decidir se ainda é possível que esse caminho seja mais curto do que o melhor caminho encontrado até o momento.
    - Se for, DFS é chamado recursivamente. Se ele encontrar um caminho até o vértice `final` que não é mais longo do

---

[122] Nota do tradutor: abreviatura de Depth-First Search (DFS)

que o melhor encontrado até o momento, `maiscurto` é atualizado.

- o Quando todos os filhos do último vértice de `caminho` já tiverem sido visitados, o programa retrocede para o vértice previamente visitado e visita o próximo filho desse vértice.

- A função retorna quando todos os caminhos com possibilidade de serem o caminho mais curto do vértice `inicial` até o vértice `final` tiverem sido explorados.

```
def imprimirCaminho(caminho):
    """Assume que caminho é uma lista de vértices"""
    resultado = ''
    for i in range(len(caminho)):
        resultado = resultado + str(caminho[i])
        if i != len(caminho) - 1:
            resultado = resultado + '->'
    return resultado

def DFS(grafo, inicial, final, caminho, maiscurto):
    """Assume que grafo é um Digrafo; inicial e final são vértices;
            caminho e maiscurto são listas de vertices
        Retorna o caminho mais curto de inicial até final no grafo"""
    caminho = caminho + [inicial]
    print 'Caminho DFS corrente:', imprimirCaminho(caminho)
    if inicial == final:
        return caminho
    for vertice in grafo.filhoDe(inicial):
        if vertice not in caminho: #evita ciclos
            if maiscurto == None or len(caminho) < len(maiscurto):
                novoCaminho = DFS(grafo, vertice, final, caminho,
                    maiscurto)
                if novoCaminho != None:
                    maiscurto = novoCaminho
    return maiscurto

def buscar(grafo, inicial, final):
    """Assume que grafo é um Digrafo; inicial e final são vértices
        Retorna o caminho mais curto de inicial até final no grafo"""
    return DFS(grafo, inicial, final, [], None)
```

Figura 17.8 Busca em profundidade do caminho mais curto

O código na Figura 17.9 executa o código na Figura 17.8. A função `testarCMC` na Figura 17.9 primeiro constrói um grafo direcionado representado na figura ao lado e então busca o caminho mais curto entre o vértice 0 e o vértice 5.

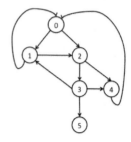

```
def testarCMC():
    vertices = []
    for nome in range(6): #Cria 6 vértices
        vertices.append(Vertice(str(nome)))
    g = Digrafo()
    for n in vertices:
        g.incluiVertice(n)
    g.incluiAresta(Aresta(vertices[0],vertices[1]))
    g.incluiAresta(Aresta(vertices[1],vertices[2]))
    g.incluiAresta(Aresta(vertices[2],vertices[3]))
    g.incluiAresta(Aresta(vertices[2],vertices[4]))
    g.incluiAresta(Aresta(vertices[3],vertices[4]))
    g.incluiAresta(Aresta(vertices[3],vertices[5]))
    g.incluiAresta(Aresta(vertices[0],vertices[2]))
    g.incluiAresta(Aresta(vertices[1],vertices[0]))
    g.incluiAresta(Aresta(vertices[3],vertices[1]))
    g.incluiAresta(Aresta(vertices[4],vertices[0]))
    sp = buscar(g, vertices[0], vertices[5])
    print 'Caminho mais curto encontrado por DFS:', imprimirCaminho(sp)
```

Figura 17.9 Teste do algoritmo de busca em profundidade

Ao ser executado, testarCMC produz o resultado

```
Caminho DFS corrente: 0
Caminho DFS corrente: 0->1
Caminho DFS corrente: 0->1->2
Caminho DFS corrente: 0->1->2->3
Caminho DFS corrente: 0->1->2->3->4
Caminho DFS corrente: 0->1->2->3->5
Caminho DFS corrente: 0->1->2->4
Caminho DFS corrente: 0->2
Caminho DFS corrente: 0->2->3
Caminho DFS corrente: 0->2->3->4
Caminho DFS corrente: 0->2->3->5
Caminho DFS corrente: 0->2->3->1
Caminho DFS corrente: 0->2->4
Caminho mais curto encontrado por DFS: 0->2->3->5
```

Observe que, depois de explorar o caminho 0->1->2->3->4, a busca retrocede para o vértice 3 e explora o caminho 0->1->2->3->5. Depois de guardar esse caminho como o caminho mais curto até o momento, ela retrocede para o nó 2 e explora o caminho 0->1->2->4. Quando atinge o final desse caminho (o vértice 4), ela retrocede até o vértice 0 e investiga o caminho começando com a aresta de 0 até 2, e assim por diante.

O algoritmo DFS implementado acima encontra o caminho com o número mínimo de arestas. Se as arestas têm pesos, ele não encontrará necessariamente o caminho que minimiza a soma dos pesos das arestas. No entanto, é fácil modificá-lo para fazer isso.

Claro, existem outras maneiras de percorrer um grafo além da busca em profundidade primeiro. Outra abordagem comum é a **busca em largura**

ou amplitude (BFS)[123]. Em uma busca em largura você visita inicialmente todos os filhos do vértice inicial. Se nenhum desses é o vértice final, você visita todos os filhos de cada um desses vértices, e assim por diante. Ao contrário da busca em profundidade, que geralmente é implementada recursivamente, a busca em largura é geralmente implementada iterativamente. A BFS explora muitos caminhos ao mesmo tempo, adicionando um vértice a cada caminho em cada iteração. Como ela gera os caminhos em ordem crescente de comprimento, podemos ter certeza que o primeiro caminho encontrado com final como seu último vértice é o caminho com o número mínimo de arestas.

```
def BFS(grafo, inicial, final):
    """Assume que grafo é um Digrafo; inicial e final são vértices
       Retorna o caminho mais curto de inicial até final no grafo"""
    caminhoInicial = [inicial]
    caminhoFila = [caminhoInicial]
    while len(caminhoFila) != 0:
        #Obtém e remove elemento mais antigo em caminhoFila
        caminhoTemp = caminhoFila.pop(0)
        print 'Caminho BFS corrente:', imprimirCaminho(caminhoTemp)
        ultimoVertice = caminhoTemp[-1]
        if ultimoVertice == final:
            return caminhoTemp
        for proxVertice in grafo.filhoDe(ultimoVertice):
            if proxVertice not in caminhoTemp:
                novoCaminho = caminhoTemp + [proxVertice]
                caminhoFila.append(novoCaminho)
    return None
```

Figura 17.10 Busca em largura do caminho mais curto

O código na Figura 17.10 usa uma busca em largura para encontrar o caminho mais curto em um grafo direcionado. A variável caminhoFila é usada para armazenar todos os caminhos que estão sendo explorados no momento. Cada iteração começa removendo um caminho de caminhoFila e guardando esse caminho na variável caminhoTemp. Se o último vértice em caminhoTemp é o vértice final, o resultado é caminhoTemp. Caso contrário, para cada um dos filhos do último vértice, um novo caminho é criado, adicionando esse vértice a caminhoTemp. Cada um desses novos caminhos é então adicionado a caminhoFila.

Quando as linhas

```
sp = BFS(g, vertices[0], vertices[5])
print 'Caminho mais curto encontrado por BFS:', imprimirCaminho(sp)
```

são adicionadas ao final de testarCMC e a função é executada, ela imprime

---

[123] Nota do tradutor: abreviatura de Breadth-First Search (BFS)

```
Caminho DFS corrente: 0
Caminho DFS corrente: 0->1
Caminho DFS corrente: 0->1->2
Caminho DFS corrente: 0->1->2->3
Caminho DFS corrente: 0->1->2->3->4
Caminho DFS corrente: 0->1->2->3->5
Caminho DFS corrente: 0->1->2->4
Caminho DFS corrente: 0->2
Caminho DFS corrente: 0->2->3
Caminho DFS corrente: 0->2->3->4
Caminho DFS corrente: 0->2->3->5
Caminho DFS corrente: 0->2->3->1
Caminho DFS corrente: 0->2->4
Caminho mais curto encontrado por DFS: 0->2->3->5
Caminho BFS corrente: 0
Caminho BFS corrente: 0->1
Caminho BFS corrente: 0->2
Caminho BFS corrente: 0->1->2
Caminho BFS corrente: 0->2->3
Caminho BFS corrente: 0->2->4
Caminho BFS corrente: 0->1->2->3
Caminho BFS corrente: 0->1->2->4
Caminho BFS corrente: 0->2->3->4
Caminho BFS corrente: 0->2->3->5
Caminho mais curto encontrado por BFS: 0->2->3->5
```

De modo tranquilizador, os dois algoritmos encontraram um caminho com o mesmo comprimento. Neste caso, eles encontraram o mesmo caminho. No entanto, se um grafo contém mais de um caminho mais curto entre um par de vértices, DFS e BFS não encontrarão necessariamente o mesmo caminho mais curto.

Como mencionado acima, BFS é uma maneira conveniente de buscar um caminho com o menor número de arestas, porque temos certeza que o primeiro caminho encontrado é um dos caminhos mais curtos.

Exercício: Considere um dígrafo com arestas ponderadas. O primeiro caminho encontrado por BFS sempre minimiza a soma dos pesos das arestas?

18 PROGRAMAÇÃO DINÂMICA

A **programação dinâmica** foi inventada por Richard Bellman no início da década de 50. Não tente deduzir nada sobre a técnica a partir de seu nome. Segundo Bellman, o nome "programação dinâmica" foi escolhido para esconder dos órgãos que financiavam suas pesquisas "o fato de que eu estava realmente estudando matemática... [a expressão programação dinâmica] era algo a que nem mesmo um congressista poderia se opor".[124]

A programação dinâmica é um método usado para resolver de forma eficiente problemas que apresentam as características de sobreposição de subproblemas e de subestrutura ótima. Felizmente, muitos problemas de otimização apresentam essas características.

Um problema tem **subestrutura ótima** se uma solução globalmente ótima pode ser encontrada combinando soluções ótimas para subproblemas locais. Já vimos vários problemas desse tipo. O merge sort, por exemplo, usa o fato de que uma lista pode ser ordenada primeiro ordenando sublistas e em seguida misturando essas sublistas.

Um problema tem **subproblemas sobrepostos** se, para encontrar uma solução ótima, precisamos resolver o mesmo problema várias vezes. O merge sort não apresenta essa propriedade. Embora realizemos misturas repetidamente, a cada vez estamos misturando listas diferentes.

Não é imediatamente óbvio, mas o problema da mochila 0/1 exibe essas duas propriedades. Antes de tratarmos dele, no entanto, abriremos um parêntese para examinar um problema para o qual a substrutura ótima e a sobreposição de subproblema são mais evidentes.

18.1 A Sequência de Fibonacci, Reexaminada

No Capítulo 4, nós vimos uma implementação recursiva simples da função de Fibonacci, mostrada aqui na Figura 18.1.

---

[124] Como citado por Stuart Dreyfus em "Richard Bellman on The Birth of Dynamic Programming", *Operations Research*, vol. 50, n. 1 (2002).

```
def fib(n):
    """Assume que n é um int >= 0
       Retorna Fibonacci de n"""
    if n == 0 or n == 1:
        return 1
    else:
        return fib(n-1) + fib(n-2)
```

Figura 18.1 Implementação recursiva da função de Fibonacci

Embora essa implementação da recorrência esteja obviamente correta, ela é terrivelmente ineficiente. Experimente, por exemplo, executar fib(120), mas não espere a função terminar de executar. Não é muito fácil calcular a complexidade da função, mas ela é mais ou menos O(fib(n)), isto é, seu crescimento é proporcional ao crescimento do valor do resultado, e a taxa de crescimento da sequência de Fibonacci é substancial. Por exemplo, fib(120) é 8.670.007.398.507.948.658.051.921. Se cada chamada recursiva levar um nanossegundo, fib(120) levará aproximadamente 250.000 anos para terminar.

Por que essa implementação demora tanto tempo? Dada a pequena quantidade de código no corpo de fib, fica claro que o problema deve ser o número de vezes que fib chama a si mesma. Como exemplo, olhe para a árvore das chamadas associadas à computação de fib(6).

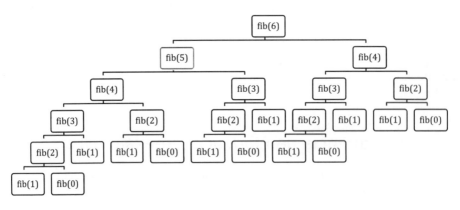

Figura 18.2 Árvore de chamadas para a função de Fibonacci

Observe que nós estamos calculando repetidamente os mesmos valores. Por exemplo, fib é chamada com o valor 3 três vezes, e cada uma dessas chamadas provoca quatro chamadas adicionais a fib. Não é preciso ser um gênio para pensar que seria uma boa ideia guardar o valor retornado pela primeira chamada e depois consultá-lo, em vez de computá-lo a cada vez que for necessário. Isso é chamado de **memorização** e é a ideia central por trás da programação dinâmica.

A Figura 18.3 contém uma implementação de Fibonacci baseada nessa ideia. A função fibRapido tem um parâmetro, memo, que ela usa para manter uma lista dos números que já calculou. O parâmetro tem um valor padrão, o dicionário vazio, para que os clientes de fibRapido não precisem se preocupar em fornecer um valor inicial para memo. Quando a função fibRapido é chamada com n>1, ela tenta encontrar n em memo. Se ele não está lá (porque é a primeira vez que fibRapido foi chamada com esse valor), uma exceção é gerada. Quando isso acontece, fibRapido usa a recorrência de Fibonacci normal e armazena o resultado em memo.

```
def fibRapido(n, memo = {}):
    """Assume n é um int > = 0, memo é usado somente internamente
        Retorna Fibonacci of n"""
    if n == 0 or n == 1:
        return 1
    try:
        return memo[n]
    except KeyError:
        resultado = fibRapido(n-1, memo) + fibRapido(n-2, memo)
        memo[n] = resultado
        return resultado
```

Figura 18.3 Implementando Fibonacci com memorização

Se você tentar executar fibRapido, você verá que ela é de fato bastante rápida: fib(120) retorna quase instantaneamente. Qual é a complexidade de fibRapido? Ela chama fib exatamente uma vez para cada valor de 0 a n. Portanto, supondo que a pesquisa de um dicionário pode ser feita em tempo constante, a complexidade em tempo de fibRapido(n) é O(n).[125]

18.2 Programação Dinâmica e o Problema da Mochila 0/1

Um dos problemas de otimização que vimos no Capítulo 17 foi o problema da mochila 0/1. Lembre-se de que nós examinamos um algoritmo guloso que corre em tempo n log n, mas que nem sempre encontra uma solução ótima. Nós também vimos um algoritmo que usa a força bruta e sempre encontra uma solução ótima, mas que corre em tempo exponencial. Finalmente, nós discutimos o fato de que o problema é inerentemente exponencial com o tamanho da entrada. No pior caso, não é possível encontrar uma solução ótima sem examinar todas as respostas possíveis.

---

[125] Embora seja elegante e pedagogicamente interessante, essa não é a melhor maneira de implementar a função de Fibonacci. Há uma implementação iterativa simples com tempo de execução linear.

Felizmente, a situação não é tão ruim quanto parece. A programação dinâmica oferece um método prático para resolver a maior parte dos problemas da mochila 0/1 em um tempo razoável. Como primeiro passo para chegarmos a essa solução, começamos com uma solução exponencial com base na enumeração exaustiva. A ideia-chave é explorar o espaço de possíveis soluções através da construção de uma árvore binária enraizada que enumera todos os estados que satisfazem a restrição de peso.

Uma **árvore binária enraizada** é um grafo direcionado acíclico no qual

- Há exatamente um nó sem pais. Ele é chamado de **raiz**.
- Cada nó, exceto o nó raiz, possui exatamente um pai.
- Cada nó tem no máximo dois filhos. Um nó sem filhos é chamado de **folha**.

Cada nó na árvore de busca do problema da mochila 0/1 é rotulado com quatro elementos que denotam uma solução parcial para o problema.

Esses quatro elementos são:

- O conjunto de itens escolhidos,
- A lista de itens para os quais uma decisão ainda não foi tomada,
- O valor total dos itens no conjunto de itens escolhidos (isso é apenas uma otimização, já que o valor pode ser calculado a partir do conjunto) e
- O espaço restante na mochila. (Novamente, isso é uma otimização, uma vez que ele é apenas a diferença entre o peso permitido e o peso de todos os itens escolhidos até agora.)

A árvore é construída de cima para baixo, começando pela raiz.[126] Um dos itens ainda a serem considerados é selecionado. Se há espaço para esse item na mochila, um nó é construído refletindo a escolha desse item. Por convenção, desenhamos esse nó como o filho à esquerda. O filho à direita reflete a decisão de não levar esse item. O processo é então aplicado recursivamente até que ou a mochila esteja cheia, ou não existam mais itens a serem considerados. Como cada aresta representa uma decisão (levar ou não levar um item), as árvores como essa são chamadas de **árvores de decisão**.[127]

---

[126] Pode parecer estranho colocar a raiz de uma árvore no topo, mas é assim que os matemáticos e cientistas da computação geralmente desenham essas árvores. Talvez isso seja a prova de que essas pessoas não passam tempo suficiente contemplando a natureza.

[127] As árvores de decisão, que não precisam ser binárias, fornecem uma forma estruturada de explorar as consequências de uma série de decisões sequenciais. Elas são usadas extensivamente em muitos campos.

A Figura 18.4 é uma tabela que descreve um conjunto de itens. A Figura
18.5 é uma árvore de decisão para escolher quais desses itens devem ser
levados em uma mochila com peso máximo de 5.

Nome	Valor	Peso
a	6	3
b	7	3
c	8	2
d	9	5

Figura 18.4 Tabela de itens com valores e pesos

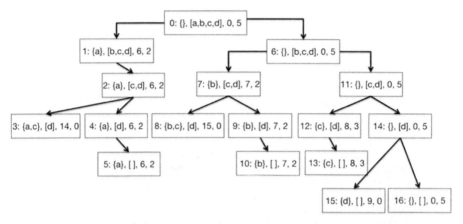

Figura 18.5 Árvore de decisão para o problema da mochila

A raiz da árvore (nó 0) tem o rótulo < {}, [a, b, c, d], 0, 5 >, indicando que
nenhum item foi escolhido, todos os itens continuam a ser considerados,
o valor dos itens escolhidos é 0 e a mochila tem capacidade para mais 5
quilos. O nó 1 indica que a foi escolhido, [b, c, d] continuam a ser considerados, o valor dos itens escolhidos é 6 e a mochila pode levar mais 2
quilos. Não há nenhum nó para a esquerda do nó 1, já que o item b, que
pesa 3 quilos, não caberia na mochila.

Na Figura 18.5, os números que precedem os dois pontos em cada nó
indicam uma das ordens em que os nós podem ser gerados. Essa ordem
particular é uma varredura em profundidade, da esquerda para a direita.
Em cada nó nós tentamos gerar um nó esquerdo. Se não for possível,
tentamos gerar um nó direito. Se isso também não for possível, retroce-
demos um nó (para o pai) e repetimos o processo. Eventualmente, nós
teremos gerado todos os descendentes da raiz, e o processo termina.
Quando o processo termina, cada combinação de itens que poderia caber
na mochila foi gerada e as soluções ótimas são as folhas (nós sem filhos)

com o maior valor. Observe que, para cada folha, ou o segundo elemento é uma lista vazia (indicando que não há mais itens a ser levados em consideração) ou o quarto elemento é 0 (indicando que não há mais espaço na mochila).

Não deve causar surpresa (especialmente se você leu o capítulo anterior), que a implementação natural da busca em profundidade em árvores é recursiva. A Figura 18.6 contém um exemplo de implementação. Ela usa a classe Item da Figura 17.2. A função maxVal retorna dois valores, o conjunto dos itens escolhidos e o valor total desses itens. Ela é chamada com dois argumentos, que correspondem aos elementos do segundo e quarto rótulos dos nós na árvore:

- aSeremAvaliados. Os itens que ainda não foram objeto de decisão pelos nós mais acima na árvore (que correspondem a chamadas anteriores na pilha de chamadas recursivas).
- disp. A quantidade de espaço ainda disponível.

Observe que a implementação de maxVal não constrói uma árvore de decisão e em seguida, procura um nó ótimo. Em vez disso, ela usa a variável local resultado para armazenar a melhor solução encontrada até o momento.

```
def maxVal(aSeremAvaliados, disp):
    """Assume que aSeremAvaliados é uma lista de items, disp um peso
    Retorna uma tupla com o peso total de uma solução para o
        problema da mochila 0/1 e os itens da solução"""
    if aSeremAvaliados == [] or disp == 0:
        resultado = (0, ())
    elif aSeremAvaliados[0].getPeso() > disp:
        #Explora apenas o ramo à direita
        resultado = maxVal(aSeremAvaliados[1:], disp)
    else:
        proxItem = aSeremAvaliados[0]
        #Explora o ramo à esquerda
        valCom, itensCom = maxVal(aSeremAvaliados[1:],
                                  disp - proxItem.getPeso())
        valCom += proxItem.getValor()
        #Explora ramo à direita
        valSem, itensSem = maxVal(aSeremAvaliados[1:], disp)
        if valCom > valSem:      #Escolhe o melhor ramo
            resultado = (valCom, itensCom + (proxItem,))
        else:
            resultado = (valSem, itensSem)
    return resultado
```

```
def pequenoTeste():
    nomes = ['a', 'b', 'c', 'd']
    vals = [6, 7, 8, 9]
    pesos = [3, 3, 2, 5]
    Items = []
    for i in range(len(vals)):
        Items.append(Item(nomes[i], vals[i], pesos[i]))
    val, selecionados = maxVal(Items, 5)
    for item in selecionados:
        print item
    print 'Valor total dos itens selecionados =', val
```

Figura 18.6 Usando uma árvore de decisão para resolver o problema da mochila

Quando pequenoTeste (que usa os valores da Figura 18.4) é executado, ele imprime um resultado indicando que o nó 8 na Figura 18.5 é uma solução ótima:

```
<c, 8.0, 3.0>
<b, 7.0, 2.0>
Valor total dos itens selecionados = 15,0
```

Se você executar esse código para qualquer um dos exemplos que nós examinamos, você verá que ele produz uma resposta ótima. Na verdade, ele sempre produzirá uma resposta ótima, se chegar a produzir uma resposta.

O código na Figura 18.7 ajuda a testar maxVal. Ele gera aleatoriamente uma lista de itens de um tamanho especificado. Experimente executar grandeTeste(10). Agora experimente grandeTeste(40). Quando você se cansar de esperar pelo resultado, interrompa o programa e se pergunte o que está acontecendo.

```
def construirMuitosItems(numItems, maxVal, maxPeso):
    items = []
    for i in range(numItems):
        items.append(Item(str(i), random.randint(1, maxVal),
                          random.randint(1, maxPeso)))
    return items

def grandeTeste(numItems):
    items = construirMuitosItems(numItems, 10, 10)
    val, selecionados = maxVal(items, 40)
    print 'Itens selecionados'
    for item in selecionados:
        print item
    print 'Valor total dos itens selecionados =', val
```

Figura 18.7 Testando a implementação baseada na árvore de decisão

Para entendermos o que está acontecendo, comecemos pensando sobre o tamanho da árvore que estamos explorando. Como em cada nível da árvore estamos decidindo se levamos ou não um item, a profundidade máxima da árvore é len(items). No nível 0 temos apenas um nó, no nível 1 até dois nós, no nível 2 até quatro nós, no nível 3 até oito nós. No nível 39 temos até 2^{39} nós. Não é de espantar que o programa leve tanto tempo para executar!

O que podemos fazer quanto a isso? Comecemos perguntando se esse programa não tem nada em comum com nossa primeira implementação de Fibonacci. Em particular, ele tem subestrutura ótima e sobreposição de subproblemas?

A subestrutura ótima é visível tanto na Figura 18.5 como na Figura 18.6. Cada nó pai combina as soluções de seus filhos para encontrar uma solução ótima para a subárvore com raiz nesse nó pai. Isso é refletido na Figura 18.6 pelo código após o comentário #Escolher melhor ramo.

Há também a sobreposição de subproblemas? À primeira vista, a resposta parece ser "não" Em cada nível da árvore, temos um conjunto diferente de itens a serem considerados. Isso implica que, se existirem subproblemas comuns, eles devem estar no mesmo nível da árvore. E, de fato, em cada nível da árvore, cada nó tem o mesmo conjunto de itens a serem considerados. No entanto, podemos ver, examinando os rótulos na Figura 18.5, que cada nó em um nível representa um conjunto diferente de escolhas de itens nos nós mais altos da árvore.

Pense sobre qual problema está sendo resolvido em cada nó. O problema a ser resolvido é encontrar os itens ótimos que devem ser escolhidos daqueles ainda a ser considerados, dado o peso restante disponível. O peso disponível depende do peso total dos itens escolhidos, mas não de quais itens foram escolhidos ou do valor total dos itens escolhidos. Assim, por exemplo, na Figura 18.5, os nós 2 e 7 estão efetivamente resolvendo o mesmo problema: decidir quais elementos de [c, d] devem ser levados, tendo em conta que o peso disponível é 2.

O código na Figura 18.8 explora a subestrutura ótima e a sobreposição de subproblemas para fornecer uma solução de programação dinâmica para o problema da mochila 0/1. Um parâmetro extra, memo, foi adicionado para guardar as soluções dos subproblemas que já foram resolvidos. Ele é implementado usando um dicionário com uma chave construída a partir do comprimento de aSeremAvaliados e o peso disponível. A expressão len(aSeremAvaliados) é uma forma compacta de representar os itens ainda a serem considerados. Isso funciona porque os itens são removidos sempre na mesma ordem (a partir do início) da lista aSeremAvaliados.

```
def maxValRapido(aSeremAvaliados, disp, memo = {}):
    """ Assume que aSeremAvaliados é uma lista de items, disp um peso
        memo é usado apenas pelas chamadas recursivas
        Retorna uma tupla com o peso total de uma solução para o
            problema da mochila 0/1 e os itens da solução """
    if (len(aSeremAvaliados), disp) in memo:
        resultado = memo[(len(aSeremAvaliados), disp)]
    elif aSeremAvaliados == [] or disp == 0:
        resultado = (0, ())
    elif aSeremAvaliados[0].getPeso() > disp:
        #Explora apenas o ramo à direita
        resultado = maxValRapido(aSeremAvaliados[1:], disp, memo)
    else:
        proxItem = aSeremAvaliados[0]
        #Explora ramo esquerdo
        valCom, itensCom =\
                maxValRapido(aSeremAvaliados[1:],
                            disp - proxItem.getPeso(), memo)
        valCom += proxItem.getValor()
        #Explora o ramo à direita
        valSem, itensSem = maxValRapido(aSeremAvaliados[1:],
                                        disp, memo)
        #Escolhe o melhor ramo
        if valCom > valSem:
            resultado = (valCom, itensCom + (proxItem,))
        else:
            resultado = (valSem, itensSem)
    memo[(len(aSeremAvaliados), disp)] = resultado
    return resultado
```

Figura 18.8 Solução do problema da mochila com programação dinâmica

A Figura 18.9 mostra o número de chamadas feitas quando executamos o código com problemas de vários tamanhos.

len(Items)	Número de itens selecionados	Número de chamadas
4	4	31
8	6	337
16	9	1,493
32	12	3,650
64	19	8,707
128	27	18.306
256	40	36.675

Figura 18.9 Desempenho da solução de programação dinâmica

O crescimento é difícil de quantificar, mas é claramente menor do que exponencial.[128] Mas, como isso é possível, uma vez que sabemos que o problema da mochila 0/1 é inerentemente exponencial com o número de itens? Nós achamos uma maneira de derrubar as leis fundamentais do universo? Não, mas nós descobrimos que a complexidade computacional pode ser uma noção sutil.[129]

O tempo de execução de `maxValRapido` é determinado pelo número de pares distintos <aSeremAvaliados, disp> gerados. Isso ocorre porque a decisão sobre o que fazer em seguida depende somente dos itens ainda disponíveis e do peso total dos itens já escolhidos.

O número de valores possíveis de `aSeremAvaliados` é limitado por `len(items)`.

O número de valores possíveis de `disp` é mais difícil de caracterizar. Ele é limitado pelo número máximo dos totais distintos dos pesos dos itens que a mochila pode conter. Se a mochila pode conter no máximo n itens (com base na capacidade da mochila e nos pesos dos itens disponíveis), `disp` pode assumir no máximo 2^n valores diferentes. A princípio, isso pode ser um número bastante grande. No entanto, na prática, ele geralmente não é tão grande. Mesmo se a mochila tiver uma grande capacidade, se os pesos dos itens são escolhidos a partir de um conjunto razoavelmente pequeno de pesos possíveis, muitos conjuntos de itens terão o mesmo peso total, reduzindo o tempo de execução.

Esse algoritmo tem uma classe de complexidade chamada de **pseudopolinomial**. Uma explicação cuidadosa desse conceito está além do escopo deste livro. Grosseiramente falando, `maxValRapido` é exponencial com número de bits necessário para representar os possíveis valores de `disp`.

Para ver o que acontece quando os valores de `disp` são escolhidos a partir de um espaço consideravelmente maior, altere a chamada a `maxValRapido` na Figura 18.7 para

```
val, selecionados = maxValRapido(items, 1000)
```

Para encontrar uma solução agora são necessárias 1.802.817 chamadas a `maxValRapido` quando o número de itens é 256.

Para ver o que acontece quando os pesos são escolhidos de um espaço vasto, podemos escolher os possíveis pesos entre os números reais positivos, e não entre os inteiros positivos. Para fazer isso, substitua a linha

---

[128] Já que 2^{128} = 340.282.366.920.938.463.463.374.607.431.768.211.456.

[129] OK, "descobrir" pode ser uma palavra muito forte. As pessoas já sabem disso há muito tempo. Você provavelmente já sabe disso desde quando abordamos esse assunto lá pelo Capítulo 9.

```
items.append(Item(str(i),
                  random.randint(1, maxVal),
                  random.randint(1, maxPeso)))
```
em construirMuitosItems pela linha
```
items.append(Item(str(i),
                  random.randint(1, maxVal),
                  random.randint(1, maxPeso)*random.random()))
```
Não espere de pé esse último teste terminar. A programação dinâmica pode ser uma técnica milagrosa no sentido comum da palavra[130], mas não é capaz de realizar milagres no sentido litúrgico.

18.3 Programação Dinâmica e Dividir-para-Conquistar

Como os algoritmos dividir-para-conquistar, a programação dinâmica é baseada na resolução de subproblemas independentes e depois na combinação dessas soluções. Há, no entanto, algumas diferenças importantes.

Algoritmos dividir-para-conquistar usam subproblemas que são substancialmente menores do que o problema original. Por exemplo, no merge sort o tamanho do problema é dividido pela metade a cada passo. Em contraste, a programação dinâmica envolve a resolução de problemas que são apenas ligeiramente menores do que o problema original. Por exemplo, a computação do 19º número de Fibonacci não é um problema substancialmente menor do que a computação do 20º número de Fibonacci.

Outra distinção importante é que a eficiência de algoritmos dividir-para-conquistar não dependem de estruturar o algoritmo de forma que os mesmos problemas sejam resolvidos repetidamente. Em contraste, a programação dinâmica é eficiente somente quando o número de subproblemas distintos é significativamente menor do que o número total de subproblemas.

---

[130] Extraordinária e que traz consequências bem-vindas.

19 UMA INTRODUÇÃO AO APRENDIZADO DE MÁQUINA

A quantidade de dados digitais no mundo vem crescendo a uma taxa que desafia a compreensão humana. A capacidade mundial de armazenamento de dados vem dobrando a cada três anos desde a década de 80. Enquanto você estiver lendo este capítulo, aproximadamente 10^{18} bits de dados serão adicionados ao estoque mundial de informações. Não é fácil compreender um número tão grande. Aqui está uma maneira de pensar nesse número: 10^{18} moedas de um centavo cobririam toda a superfície da Terra duas vezes.

Naturalmente, uma quantidade maior de dados nem sempre leva a informações mais úteis. A evolução é um processo lento, e a capacidade da mente humana de assimilar os dados, infelizmente, não está dobrando a cada três anos. Uma abordagem que o mundo está usando para tentar fazer uso do que se tornou conhecido como "big data" é o **aprendizado de máquina estatístico**.

É difícil definir o que é o aprendizado de máquina. Uma das primeiras definições foi proposta pelo engenheiro eletrônico e cientista da computação Arthur Samuel[131], que o definiu como o "campo de estudo que dá aos computadores a capacidade de aprender sem serem expressamente programados". Claro, em certo sentido, todo programa útil aprende alguma coisa. Por exemplo, uma implementação do método de Newton aprende as raízes de um polinômio.

Os seres humanos aprendem as coisas de duas maneiras — memorização e generalização. Nós usamos a memorização para acumular fatos individuais. Na Inglaterra, por exemplo, os alunos de escolas primárias podem aprender uma lista dos monarcas ingleses. Os seres humanos usam a generalização para deduzir fatos novos a partir de fatos antigos. Um estudante de ciência política, por exemplo, pode observar o comportamento de um grande número de políticos e, fazendo uma generalização, concluir que *todos* os políticos têm a tendência de tomar decisões com o objetivo de aumentar suas chances de se reelegerem.

---

[131] Samuel é provavelmente mais conhecido como o autor de um programa que jogava damas. O programa, em que ele começou a trabalhar na década de 1950 e continuou a trabalhar até a década de 1970, era impressionante para a época, embora não seja particularmente bom pelos padrões modernos. No entanto, enquanto trabalhava nele, Samuel inventou várias técnicas que são usadas ainda hoje. Entre outras coisas, o programa de damas de Samuel foi possivelmente o primeiro programa que melhorava com base na "experiência".

Quando cientistas de computação falam sobre aprendizado de máquina, eles geralmente têm em mente programas que aprendem automaticamente a fazer deduções úteis a partir de padrões escondidos nos dados. Por exemplo, a regressão linear (ver Capítulo 15) "aprende" uma curva que é um modelo de um conjunto de exemplos. Esse modelo então pode ser usado para fazer previsões para outros valores das variáveis.

Em geral, o aprendizado de máquina envolve observar um conjunto de exemplos que representam informações incompletas sobre algum fenômeno estatístico e então tentar deduzir algo sobre o processo que gerou esses exemplos. Os exemplos são frequentemente chamados de **dados de treinamento**.

Imagine, por exemplo, que você recebeu os dois conjuntos de pessoas a seguir:

    A: {Abraham Lincoln, George Washington, Charles de Gaulle}
    B: {Benjamin Harrison, James Madison, Luís Napoleão}

Agora, suponha que você recebeu também as seguintes descrições parciais de cada um deles:

    Abraham Lincoln: americano, Presidente, 193 cm de altura
    George Washington: americano, Presidente, 189 cm de altura
    Benjamin Harrison: americano, Presidente, 168 cm de altura
    James Madison: americano, Presidente, 163 cm de altura
    Luís Napoleão: Francês, Presidente, 169 cm de altura
    Charles de Gaulle: francês, Presidente, 196 cm de altura

Com base nessas informações incompletas sobre essas figuras históricas, você pode deduzir que o processo que atribuiu esses exemplos para o conjunto A ou para o conjunto B envolve separar os presidentes altos dos presidentes mais baixos.

A informação incompleta é normalmente chamada de um **vetor de características**. Cada elemento do vetor descreve algum aspecto (isto é, uma característica) do exemplo.

Há muitas abordagens diferentes para o aprendizado de máquina, mas todas tentam "aprender" um modelo que é uma generalização dos exemplos fornecidos. Todas têm três componentes:

- Uma representação do modelo,
- Uma função objetivo para avaliar a qualidade do modelo e
- Um método de otimização para "aprender" um modelo que minimiza ou maximiza o valor da função objetivo.

Em geral, os algoritmos de aprendizado de máquina podem ser supervisionados ou não supervisionados.

No **aprendizado supervisionado**, começamos com um conjunto de exemplos descritos por um vetor de características e o rótulo associado[132]. O objetivo é encontrar, a partir desses exemplos, uma regra que prevê o rótulo associado a um vetor de características ainda não visto. Por exemplo, dados os conjuntos A e B, um algoritmo de aprendizado pode deduzir que todos os presidentes altos devem ser rotulados A e todos os presidentes baixos devem ser rotulados B. Se for solicitado ao programa que atribua um rótulo para

    Thomas Jefferson: Americano, Presidente, 189 cm.

Ele escolheria o rótulo A.

O aprendizado de máquina supervisionado é amplamente usado na prática para tarefas como detectar o uso fraudulento de cartões de crédito e recomendar filmes para as pessoas. Os melhores algoritmos são bastante sofisticados e entendê-los requer um nível de sofisticação matemática bem além do esperado para este livro. Consequentemente, nós não trataremos deles aqui.

No **aprendizado não supervisionado**, nós recebemos um conjunto de vetores de características, mas sem rótulos. O objetivo do aprendizado não supervisionado é descobrir a estrutura oculta do conjunto de vetores de características. Por exemplo, dado o conjunto presidencial de vetores de características, um algoritmo de aprendizado não supervisionado pode separar os presidentes em altos e baixos ou talvez em americanos e franceses.

As técnicas de aprendizado não supervisionado mais populares são projetadas para encontrar conjuntos de vetores de característica semelhantes. Os geneticistas, por exemplo, usam clustering (agrupamento automático) para localizar grupos de genes relacionados. Muitos métodos populares de clustering são surpreendentemente simples. Nós apresentaremos o algoritmo mais utilizado mais adiante neste capítulo. Antes, no entanto, queremos dizer algumas palavras sobre a extração de características.

19.1 Vetores de Características

O conceito de relação **sinal-ruído** (**S/N**, do inglês signal/noise) é usado em muitos ramos da engenharia e da ciência. A definição exata varia entre aplicações, mas a ideia básica é simples. Pense nele como a proporção

---

[132] Grande parte da literatura de aprendizado de máquina usa a palavra "classe" em vez de "rótulo". Como neste livro nós já usamos a palavra "classe" para falar de algo diferente, nós adotaremos o termo "rótulo" para esse conceito.

entre informações úteis e informações irrelevantes. Em um restaurante, o sinal pode ser a voz da pessoa com quem você está jantando, e o ruído, as vozes das pessoas nas outras mesas.[133] Se estamos tentando prever quais alunos se sairão bem em um curso de programação, a experiência anterior em programação e a aptidão matemática seriam parte do sinal, mas o gênero, apenas ruído. Separar o sinal do ruído não é sempre fácil. E quando isso não é feito direito, o ruído pode obscurecer o verdadeiro sinal.

A finalidade da extração de características é separar, nos dados disponíveis, as características que contribuem para o sinal daquelas que são apenas ruído. Caso isso não seja feito de forma adequada, surgem dois tipos de problemas:

1. As características irrelevantes podem levar a um mau modelo. O perigo disso é particularmente alto quando a dimensionalidade dos dados (ou seja, o número de características diferentes) é grande em relação ao número de amostras.

2. As características irrelevantes podem retardar muito o processo de aprendizado. Os algoritmos de aprendizado de máquina são muitas vezes computacionalmente intensivos e a complexidade cresce com o número de exemplos e o número de características.

O objetivo da extração de características é reduzir a grande quantidade de informações que podem estar disponíveis nos exemplos para apenas as informações que permitem fazer generalizações de forma produtiva. Imagine, por exemplo, que seu objetivo é obter um modelo que seja capaz de prever se uma pessoa gosta de beber vinho. Alguns atributos, por exemplo, a idade e o país em que ela vive, provavelmente são relevantes. Outros atributos, por exemplo, se ela é canhota, têm menor probabilidade de serem relevantes.

A extração de características é difícil. No contexto do aprendizado supervisionado, você pode tentar selecionar as características que estão correlacionadas com os rótulos dos exemplos. No aprendizado não supervisionado, o problema é mais difícil. Normalmente, nós escolhemos características com base em nossa intuição sobre quais características podem ser relevantes para os tipos de estrutura que gostaríamos de encontrar.

Considere a Figura 19.1, que contém uma tabela de vetores de características e o rótulo (réptil ou não) ao qual cada vetor é associado.

---

[133] A menos que a pessoa com que você estiver jantando seja extremamente chata. Nesse caso, a conversa dela se torna o ruído, e a conversa na mesa ao lado, o sinal.

Nome	Põe ovos	Escamas	Venenoso	Com sangue frio	n° Pernas	Réptil
Cobra	Sim	Sim	Sim	Sim	0	Sim
Cascavel	Sim	Sim	Sim	Sim	0	Sim
Jiboia	Não	Sim	Não	Sim	0	Sim
Jacaré	Sim	Sim	Não	Sim	4	Sim
Sapo-ponta-de-flecha	Sim	Não	Sim	Não	4	Não
Salmão	Sim	Sim	Não	Sim	0	Não
Jiboia	Sim	Sim	Não	Sim	0	Sim

Figura 19.1 Nome, características e rótulos para diversos animais

Um algoritmo de aprendizado de máquina supervisionado (ou um ser humano), levando em conta apenas as informações sobre cobras, não pode fazer muito mais do que lembrar-se do fato de que uma cobra é um réptil. Adicionemos agora as informações sobre cascavéis. Nós podemos começar a generalizar, e podemos inferir a regra de que um animal é um réptil se ele põe ovos, tem escamas, é venenoso, tem sangue frio e não tem pernas.

Agora, suponha que devemos decidir se uma jiboia é um réptil. Nós poderíamos responder "não", porque uma jiboia não é venenosa e não põe ovos. Mas essa resposta estaria errada. Claro, não é surpreendente que a tentativa de generalizar a partir de dois exemplos nos levasse a erro. Após incluirmos a jiboia em nossos dados de treinamento, nós podemos formular a nova regra que um animal é um réptil se ele tem escamas, tem sangue frio e não tem pernas. Ao fazer isso, nós estamos descartando as características põe ovos e venenoso, que seriam irrelevantes para o problema de classificação.

Se usarmos a nova regra para classificar o jacaré, concluiremos incorretamente que, como ele tem pernas, ele não é um réptil. Após incluirmos o jacaré nos dados de treinamento, podemos reformular a regra para permitir que os répteis ou não tenham pernas ou tenham quatro pernas. Quando examinamos o sapo-ponta-de-flecha, concluímos corretamente que ele não é um réptil, uma vez que não tem sangue frio. No entanto, quando usamos a última versão de nossa regra para classificar o salmão, nós concluímos incorretamente que um salmão é um réptil. Nós podemos adicionar ainda mais complexidade a nossa regra, para separar os salmões dos jacarés, mas isso seria uma batalha perdida. Não existe nenhuma maneira de modificar nossa regra de modo que ela classifique

Capítulo 19. Uma Introdução ao Aprendizado de Máquina

corretamente os salmões e as jiboias — uma vez que os vetores de características para essas duas espécies são idênticos.

Esse tipo de problema é muito comum em aprendizado de máquina. É muito raro ter vetores de características com informações suficientes para classificar tudo perfeitamente. Nesse caso, o problema é que não temos características suficientes. Se tivéssemos incluído o fato de que os répteis têm ovos amnióticos[134], poderíamos estabelecer uma regra que separasse os répteis dos peixes. Infelizmente, na maior parte das aplicações de aprendizado de máquina encontradas na prática, não é possível construir vetores de características que permitam uma discriminação perfeita.

Isso significa que devemos desistir, que todas as características disponíveis são apenas ruído? Não. Nesse caso, as características escamas e sangue frio são condições necessárias para ser um réptil, mas não são condições suficientes. A regra tem escamas e tem sangue frio não produzirá nenhum **falso negativo**, ou seja, se um animal não for classificado como um não réptil, ele certamente não será um réptil. No entanto, ela produzirá alguns **falsos positivos**, ou seja, alguns animais classificados como répteis não serão répteis (como o salmão).

19.2 Métricas de Distância

Na Figura 19.1 descrevemos os animais usando quatro características binárias e uma característica que corresponde a um número inteiro. Suponha que nós queremos usar essas características para avaliar a similaridade de dois animais, por exemplo, para determinar se uma jiboia é mais parecida com uma cascavel ou com um sapo-ponta-de-flecha?[135]

O primeiro passo ao fazer esse tipo de comparação é converter as características de cada animal em uma sequência de números. Se dissermos que Sim=1 e Não=0, temos os vetores de características a seguir:

    Cascavel: [1,1,1,1,0]
    Jiboia: [0,1,0,1,0]
    Sapo-Ponta-de-Flecha: [1,0,1,0,4]

Há muitas maneiras diferentes de comparar a similaridade de vetores de números. As métricas mais comumente usadas para comparar vetores de mesmo comprimento são baseadas na distância de **Minkowski**:

---

[134] Os ovos amnióticos têm camadas protetoras que permitem que sejam postos na terra, em vez de na água.

[135] Essa pergunta não é tão imbecil quanto parece. Um naturalista e um toxicologista (ou alguém que queira aumentar a eficácia de uma zarabatana) pode dar respostas diferentes a essa pergunta.

$$distância(V1, V2, p) = (\sum_{i=1}^{comp} abs(V1_i - V2_i)^p)^{1/p}$$

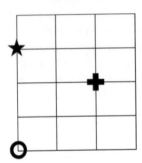

O parâmetro p define os tipos de caminhos que podem ser seguidos ao percorrer a distância entre os vetores *V1* e *V2*. Isso pode ser mais facilmente visualizado se os vetores são de comprimento dois e representam coordenadas cartesianas. Considere a imagem à esquerda. O círculo no canto inferior esquerdo está mais perto da cruz ou da estrela? Depende. Se pudermos viajar em uma linha reta, a cruz está mais perto. O Teorema de Pitágoras nos diz que a distância da cruz até o círculo é igual à raiz quadrada de 8, ou seja, a distância é aproximadamente 2,8 unidades, ao passo que podemos facilmente ver que a estrela está a 3 unidades do círculo. Essas distâncias são chamadas de distâncias euclidianas e correspondem ao uso da distância de Minkowski com p = 2. Mas imagine que as linhas na figura correspondam a ruas e que você tem que usar as ruas para ir de um lugar para outro. Nesse caso, a estrela ainda está a 3 unidades do círculo, mas a cruz agora está a 4 unidades de distância. Essas distâncias são chamadas de **distâncias de Manhattan**[136] e correspondem ao uso da distância de Minkowski com p = 1.

A Figura 19.2 contém uma implementação da distância de Minkowski.

```
def minkowskiDist(v1, v2, p):
    """Assume: v1 e v2 arrays de números de mesmo comprimento
       Retorna a distância de Minkowski de ordem p entre v1 e v2"""
    dist = 0.0
    for i in range(len(v1)):
        dist += abs(v1[i] - v2[i])**p
    return dist**(1.0/p)
```

Figura 19.2 Distância de Minkowski

A Figura 19.3 contém a classe Animal. Ela define a distância entre dois animais como a distância euclidiana entre os vetores de características associados aos animais.

---

[136] A ilha de Manhattan é a região mais densamente povoado da cidade de Nova Iorque. Na maior parte da ilha, as ruas são dispostas em forma de grade, então a distância de Minkowski com p = 1 é uma boa aproximação da distância que alguém tem que viajar para ir de um lugar (como o Museu de Arte Moderna, na Rua 53 com a Sexta Avenida) para outro (como o American Folk Art Museum, na Rua 66 com a Nona Avenida, também chamada Avenida Columbus). Dirigir em Manhattan é uma história totalmente diferente.

```
class Animal(object):
    def __init__(self, nome, caracteristicas):
        """Assume que nome é uma string; caracteristicas é uma lista de
            números"""
        self.nome = nome
        self.caracteristicas = pylab.array(caracteristicas)

    def getNome(self):
        return self.nome

    def getCaracteristicas(self):
        return self.caracteristicas

    def distancia(self, outro):
        """Assume que outro é um animal
            Retorna a distância Euclideana entre os vetores de
            características de self e outro"""
        return minkowskiDist(self.getCaracteristicas(),
                             outro.getCaracteristicas(), 2)
```

Figura 19.3 Classe Animal

A Figura 19.4 contém uma função que compara os animais de uma lista uns com os outros e produz uma tabela mostrando as distâncias entre cada par.

O código usa um recurso do PyLab para traçar gráficos que ainda não usamos: `table`.

A função `table` (tabela, em português) produz um gráfico que (surpresa!) se parece com uma tabela. Os argumentos de palavra-chave `rowLabels` e `colLabels` são usados para fornecer os rótulos (neste exemplo, os nomes dos animais) para as linhas e colunas. O argumento de palavra-chave `cellText` é usado para fornecer os valores que aparecem nas células da tabela. No exemplo, `cellText` está vinculado a `tabelaVals`, que é uma lista de listas de strings. Cada elemento de `tabelaVals` é uma lista com os valores para as células em uma linha da tabela. O argumento de palavra-chave `cellLoc` é usado para especificar onde em cada célula o texto deve aparecer e o argumento de palavra-chave `loc` é usado para especificar onde na figura a própria tabela deve aparecer. O último parâmetro de palavra-chave usado no exemplo é `colWidths`. Ele está vinculado a uma lista de números de ponto flutuante com a largura (em polegadas) de cada coluna na tabela. O código `table.scale(1, 2.5)` diz para o PyLab deixar a largura horizontal das células inalterada e multiplicar a altura das células por um fator de 2,5 (para melhorar a apresentação das tabelas).

```
def compararAnimais(animais, precisao):
    """Assume que animais é uma lista de animais, precisao um int >= 0
       Constrói a tabela das distâncias Euclidianas entre os animais"""
    #Obtém rótulos das colunas e linhas
    colunasRotulos = []
    for a in animais:
        colunasRotulos.append(a.getNome())
    linhasRotulos = colunasRotulos[:]
    tabelaVals = []
    #Obtém as distâncias entre pares de animais
    #Para cada linha
    for a1 in animais:
        linha = []
        #Para cada coluna
        for a2 in animais:
            if a1 == a2:
                linha.append('--')
            else:
                distancia = a1.distancia(a2)
                linha.append(str(round(distancia, precisao)))
        tabelaVals.append(linha)
    #Produz a tabela
    table = pylab.table(rowLabels = linhasRotulos,
                        colLabels = colunasRotulos,
                        cellText= tabelaVals,
                        cellLoc = 'center',
                        loc = 'center',
                        colWidths = [0.2]*len(animais))
    table.scale(1, 2.5)
    pylab.axis('off') #Não exibe os eixos x e y
    pylab.savefig('distancias')
```

Figura 19.4 Constrói a tabela de distâncias entre pares de animais

Se executarmos o código

```
cascavel = Animal('cascavel', [1,1,1,1,0])
jiboia = Animal('jiboia', [0,1,0,1,0])
pontaDeFlecha = Animal('sapo-ponta-\nde-flecha', [1,0,1,0,4])
animais = [cascavel, jiboia, pontaDeFlecha]
compararAnimais(animais, 3)
```

ele produzirá uma figura com a tabela

	cascavel	jiboia	sapo-ponta-de-flecha
cascavel	--	1.414	4.243
jiboia	1.414	--	4.472
sapo-ponta-de-flecha	4.243	4.472	--

Como você provavelmente esperava, a distância entre a cascavel e a jiboia é menor do que aquela entre qualquer uma das cobras e o sapo-ponta-de-flecha. Observe, a propósito, que o sapo-ponta-de-flecha parece estar um pouco mais perto da cascavel do que da jiboia.

Adicionemos agora, no final do código acima, as linhas

```
jacare = Animal('jacaré', [1,1,0,1,4])
animais.append(jacare)
compararAnimais(animais, 3)
```

Isso produz a tabela

	cascavel	jiboia	sapo-ponta-de-flecha	jacaré
cascavel	--	1.414	4.243	4.123
jiboia	1.414	--	4.472	4.123
sapo-ponta-de-flecha	4.243	4.472	--	1.732
jacaré	4.123	4.123	1.732	--

Talvez você fique surpreso ao ver que o jacaré está consideravelmente mais perto do sapo-ponta-de-flecha do que da cascavel ou da jiboia. Pare um minuto para pensar sobre o porquê.

O vetor de características do jacaré difere do vetor da cascavel em dois lugares: se é venenoso e o número de pernas. O vetor de características do jacaré é diferente do vetor de características do sapo-ponta-de-flecha em três lugares: se é venenoso, se tem escamas e se tem sangue frio. Entretanto, de acordo com nossa distância métrica, o jacaré é mais semelhante ao sapo-ponta-de-flecha do que à cascavel. O que está acontecendo?

A raiz do problema é que as diferentes características têm diferentes faixas de valores. Todas, exceto uma das características, variam entre 0 e 1, mas o número de pernas varia de 0 a 4. Isso significa que, quando calculamos a distância euclidiana, o número de pernas tem um peso desproporcional. Vejamos o que acontece se transformarmos essa característica em uma característica binária, com o valor de 0 se o animal não tem pernas e 1 caso contrário.

	cascavel	jiboia	sapo-ponta-de-flecha	jacaré
cascavel	--	1.414	1.732	1.414
jiboia	1.414	--	2.236	1.414
sapo-ponta-de-flecha	1.732	2.236	--	1.732
jacaré	1.414	1.414	1.732	--

Isso parece muito mais plausível.

Claro, nem sempre é conveniente usar apenas características binárias. Na Seção 19.7, nós apresentaremos uma abordagem mais geral para lidar com as diferenças de escalas das características.

19.3 Clustering

Clustering (ou agrupamento) pode ser definido como o processo de organizar objetos em grupos cujos membros são similares de alguma forma. A questão-chave é definir o significado de "similar".

Considere o gráfico abaixo, que mostra, para 13 pessoas, sua altura, peso e se elas estão vestindo uma camisa listrada.

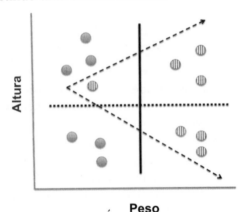

Se nós queremos agrupar as pessoas de acordo com a altura, há dois grupos óbvios — delimitado pela linha pontilhada horizontal. Se queremos agrupá-las de acordo com o peso, há dois outros grupos óbvios — delimitado pela linha vertical contínua. Se queremos agrupá-las de acordo com suas camisas, há ainda uma terceira divisão em grupos — delimitados pelas linhas tracejadas em ângulo com setas. Observe, a propósito, que essa última divisão não é linear, ou seja, não é possível separar as pessoas vestindo camisas listradas das outras usando uma única linha reta.

Clustering é um problema de otimização. O objetivo é encontrar um conjunto de grupos que otimiza uma função objetivo respeitando um conjunto de restrições. Dada uma distância métrica que pode ser usada para decidir quão perto dois exemplos estão um do outro, precisamos definir uma função objetivo que

- Minimiza a distância entre os exemplos no mesmo grupo, ou seja, minimiza as dissimilaridades dos exemplos dentro de um grupo.

Como veremos mais tarde, a definição exata da função objetivo pode influenciar muito o resultado.

Dentro de um único cluster (grupo), c, a variância é uma boa medida da distância de um exemplo a outro. Para calcular a variância dos exemplos em um cluster, nós primeiro calculamos a média dos vetores de característica de todos os exemplos no cluster. Se V é uma lista dos vetores de característica, e cada vetor é um array de números, a média (mais precisamente, a média euclidiana) é o valor da expressão `sum(V)/float(len(V))`. Dada a média e uma métrica para calcular a distância entre os vetores de características, a **variância** de um cluster é

$$variância(c) = \sqrt[2]{\sum_{e \in c} distância(média(c), e)^2}$$

Observe que a variância não é normalizada pelo tamanho do cluster e, assim, clusters com mais pontos têm a tendência de parecer menos coesos de acordo com essa medida. Se você quiser comparar a coerência de dois clusters de tamanhos diferentes, você precisa dividir a variância de cada um pelo tamanho do cluster.

A definição de variância dentro de um único cluster, c, pode ser estendida para definir uma métrica de dissimilaridade para um conjunto de clusters, C:

$$dissimilaridade(C) = \sum_{c \in C} variância(c)$$

Observe que, como não dividimos a variância pelo tamanho do cluster, um cluster grande incoerente aumenta o valor de *dissimilaridade(C)* mais do que um cluster pequeno incoerente.

Então, o problema de otimização é encontrar um conjunto de clusters, C, para o qual a *dissimilaridade(C)* seja minimizada? Não exatamente. A função poderia ser facilmente minimizada colocando cada exemplo em seu próprio cluster. Precisamos adicionar alguma restrição. Por exemplo, nós poderíamos colocar uma restrição na distância entre os clusters ou exigir que o número máximo de clusters fosse k.

Em geral, resolver esse problema de otimização é computacionalmente inviável para problemas mais interessantes. Consequentemente, as pessoas usam algoritmos gulosos para obter soluções aproximadas. Mais tarde neste capítulo, nós apresentemos um desses algoritmos, o agrupamento k-means. Mas, primeiro, apresentaremos algumas abstrações que são úteis para implementar esse algoritmo (e também outros algoritmos de clustering).

19.4 Tipos Exemplo e Cluster

A classe Exemplo será usada para construir as amostras a serem agrupadas. A cada exemplo é associado um nome, um vetor de característica e um rótulo opcional. O método distancia retorna a distância euclidiana entre dois exemplos.

```
class Exemplo(object):

    def __init__(self, nome, caracteristicas, rotulo = None):
        #Assume que caracteristicas é um array de números
        self.nome = nome
        self.caracts = caracteristicas
        self.rot = rotulo

    def dimensionalidade(self):
        return len(self.caracts)

    def getCaracteristicas(self):
        return self.caracts[:]

    def getRotulo(self):
        return self.rot

    def getNome(self):
        return self.nome

    def distancia(self, outro):
        return minkowskiDist(self.caracts,
                outro.getCaracteristicas(), 2)

    def __str__(self):
        return self.nome +':'+ str(self.caracts) + ':' + str(self.rot)
```

Figura 19.5 Classe Exemplo

A classe Cluster, na Figura 19.6, é um pouco mais complexa. Pense em um cluster como um conjunto de exemplos. Os dois métodos interessantes em Cluster são computarCentroide e variancia. Pense no **centroide** de um cluster como seu centro de massa. O método computarCentroide retorna um exemplo com um vetor de características igual à média euclidiana dos vetores de características dos exemplos no cluster. O método variancia fornece uma medida da coerência do cluster.

```
class Cluster(object):

    def __init__(self, exemplos, exemploTipo):
        """Assume: exemplos - lista de exemplos do tipo exemploTipo"""
        self.exemplos = exemplos
        self.exemploTipo = exemploTipo
        self.centroide = self.computarCentroide()

    def atualizar(self, exemplos):
        """Troca os exemplos no cluster por novos exemplos
           Retorna quanto o centroide mudou"""
        antigoCentroide = self.centroide
        self.exemplos = exemplos
        if len(exemplos) > 0:
            self.centroide = self.computarCentroide()
            return antigoCentroide.distancia(self.centroide)
        else:
            return 0.0

    def membros(self):
        for e in self.exemplos:
            yield e

    def tamanho(self):
        return len(self.exemplos)

    def getCentroide(self):
        return self.centroide

    def computarCentroide(self):
        dim = self.exemplos[0].dimensionalidade()
        totVals = pylab.array([0.0]*dim)
        for e in self.exemplos:
            totVals += e.getCaracteristicas()
        centroide = self.exemploTipo('centroide',
                         totVals/float(len(self.exemplos)))
        return centroide

    def variancia(self):
        totDist = 0.0
        for e in self.exemplos:
            totDist += (e.distancia(self.centroide))**2
        return totDist**0.5

    def __str__(self):
        nomes = []
        for e in self.exemplos:
            nomes.append(e.getNome())
        nomes.sort()
        resultado = 'O cluster com centroide '\
                + str(self.centroide.getCaracteristicas()) + ' com:\n'
        for e in nomes:
            resultado = resultado + e + ', '
        return resultado[:-2]
```

Figura 19.6 Classe Cluster

19.5 Agrupamento K-means

O **agrupamento K-means** é provavelmente o método de clustering mais amplamente utilizado.[137] Seu objetivo é particionar um conjunto de exemplos em k clusters de forma que

1. Cada exemplo esteja no agrupamento com o centroide mais próximo do exemplo e
2. A dissimilaridade dos agrupamentos seja minimizada.

Infelizmente, encontrar uma solução ideal para esse problema com um conjunto grande de dados é computacionalmente intratável. Felizmente, há um algoritmo guloso eficiente[138] que pode ser usado para localizar uma aproximação útil. Ele é descrito pelo pseudocódigo

```
escolha aleatoriamente k exemplos como centroides iniciais e
repita quantas vezes forem necessárias:
    1) crie k clusters atribuindo cada exemplo ao centroide mais
próximo
    2) compute os novos centroides k calculando a média dos
exemplos em cada cluster
    3) se nenhum dos centroides for diferente daqueles da iteração
anterior:
        retorne o atual conjunto de clusters
```

A complexidade do passo 1 é $O(k*n*d)$, onde k é o número de clusters, n é o número de exemplos e d é o tempo necessário para calcular a distância entre um par de exemplos. A complexidade da etapa 2 é $O(n)$ e a complexidade da etapa 3 é $O(k)$. Portanto, a complexidade de uma única iteração é $O(k*n*d)$. Se os exemplos são comparados usando a distância de Minkowski, d é linear com o comprimento do vetor de características.[139] Claro, a complexidade do algoritmo inteiro depende do número de iterações. Esse número não é fácil de caracterizar, mas basta dizer que ele é geralmente pequeno.

---

[137] Apesar de o agrupamento k-means ser provavelmente o método de clustering mais usado, ele não é o método mais adequado em todas as situações. Dois outros métodos amplamente utilizados, que não são vistos neste livro, são os agrupamentos hierárquico e EM.

[138] O algoritmo k-means mais amplamente utilizado é atribuído a James McQueen e foi publicado pela primeira vez em 1967. No entanto, outras abordagens têm sido empregadas desde a década de 1950.

[139] Infelizmente, em muitas aplicações, precisamos usar uma métrica de distância com maior complexidade computacional, por exemplo, earth mover's distance (EMD) ou dynamic time warping.

```python
def kmeans(exemplos, exemploTipo, k, detalhado):
    """Assume que exemplos é uma lista de exemplos do tipo exemploTipo,
         k é um int positivo, detalhado é Booleano
       Retorna uma lista com k clusters. Se detalhado é
         True, imprime resultado para cada iteração de k-means"""
    #Obtém k centroides escolhidos ao acaso
    centroidesIniciais = random.sample(exemplos, k)

    #Cria um cluster com um único elemento para cada centroide
    clusters = []
    for e in centroidesIniciais:
        clusters.append(Cluster([e], exemploTipo))

    #Repete até os centroides não mudarem,
    convergiu = False
    numIteracoes = 0
    while not convergiu:
        numIteracoes += 1
        #Cria uma lista com k listas vazias diferentes
        novosClusters = []
        for i in range(k):
            novosClusters.append([])

        #Associa cada exemplo ao centroide mais próximo
        for e in exemplos:
            #Encontra o centroide mais próximo de e
            menorDistancia = e.distancia(clusters[0].getCentroide())
            indice = 0
            for i in range(1, k):
                distancia = e.distancia(clusters[i].getCentroide())
                if distancia < menorDistancia:
                    menorDistancia = distancia
                    indice = i
            #Adiciona e à list de exemplos do cluster apropriado
            novosClusters[indice].append(e)

        #Atualiza cada cluster; verifica se algum centroide mudou
        convergiu = True
        for i in range(len(clusters)):
            if clusters[i].update(novosClusters[i]) > 0.0:
                convergiu = False
        if detalhado:
            print 'Iteração #' + str(numIteracoes)
            for c in clusters:
                print c
            print '' #adiciona linha em branco
    return clusters
```

Figura 19.7 Agrupamento K-means

Um problema com o algoritmo k-means é que ele não é determinístico — o valor retornado depende do conjunto inicial de centroides escolhidos aleatoriamente. Se um conjunto particularmente infeliz de centroides iniciais for escolhido, o algoritmo pode encontrar um ótimo local que está longe de ser o ótimo global. Na prática, esse problema é normalmente enfrentado executando k-means múltiplas vezes com centroides iniciais escolhidos aleatoriamente. Nós então escolhemos a solução com a menor dissimilaridade de clusters.

A Figura 19.7 contém uma implementação direta do pseudocódigo do algoritmo k-means em Python. Ela usa random.sample(exemplos, k) para obter os centroides iniciais — essa chamada retorna uma lista de k elementos distintos escolhidos aleatoriamente da lista exemplos.

A Figura 19.8 contém uma função, testarkmeans, que chama kmeans múltiplas vezes e seleciona o resultado com a menor dissimilaridade.

```
def dissimilaridade(clusters):
    totDist = 0.0
    for c in clusters:
        totDist += c.variancia()
    return totDist

def testarkmeans(exemplos, exemploTipo, numClusters, numRepeticoes,
                detalhado = False):
    """Chama kmeans o número escolhido de vezes e retorna o resultado
        com a menor dissimilaridade """
    melhor = kmeans(exemplos, exemploTipo, numClusters, detalhado)
    minDissimilaridade = dissimilaridade(best)
    for repeticao in range(1, numRepeticoes):
        clusters = kmeans(exemplos, exemploTipo, numClusters,
                detalhado)
        corrDissimilaridade = dissimilaridade(clusters)
        if corrDissimilaridade < minDissimilaridade:
            melhor = clusters
            minDissimilaridade = corrDissimilaridade
    return melhor
```

Figura 19.8 Encontrando o melhor agrupamento k-means

19.6   Um Exemplo Artificial

O código na Figura 19.9 gera, plota e agrupa exemplos extraídos de duas distribuições.

A função geraDistribuicao gera uma lista de n exemplos com vetores de característica de duas dimensões. Os valores dos elementos desses vetores de características são extraídos de distribuições normais.

A função plotarAmostras plota os vetores de característica de um conjunto de exemplos. Ela usa outro recurso do PyLab que nós ainda não vimos: a função annotate é usada para escrever texto ao lado de pontos no gráfico. O primeiro argumento é o texto, o segundo argumento é o ponto ao qual o texto está associado, e o terceiro argumento é a localização do texto em relação ao ponto.

A função `testeArtificial` usa `geraDistribuicao` para criar duas distribuições com dez exemplos, ambas com o mesmo desvio padrão, mas com médias diferentes. Em seguida ela usa `plotarAmostras` para plotar os exemplos e `testarkmeans` para agrupá-los.

```
def geraDistribuicao(xMedia, xDP, yMedia, yDP, n, prefixoNome):
    amostras = []
    for s in range(n):
        x = random.gauss(xMedia, xDP)
        y = random.gauss(yMedia, yDP)
        amostras.append(Exemplo(prefixoNome+str(s), [x, y]))
    return amostras

def plotarAmostras(amostras, marcador):
    xVals, yVals = [], []
    for s in amostras:
        x = s.getCaracteristicas()[0]
        y = s.getCaracteristicas()[1]
        pylab.annotate(s.getNome(), xy = (x, y),
                       xytext = (x+0.13, y-0.07),
                       fontsize = 'x-large')
        xVals.append(x)
        yVals.append(y)
    pylab.plot(xVals, yVals, marcador)
    pylab.show()

def testeArtificial(numRepeticoes, k, detalhado):
    random.seed(0)
    xMedia = 3
    xDP = 1
    yMedia = 5
    yDP = 1
    n = 10
    d1Amostras = geraDistribuicao(xMedia, xDP, yMedia, yDP, n, '1.')
    plotarAmostras(d1Amostras, 'b^')
    d2Amostras = geraDistribuicao(xMedia+3, xDP, yMedia+1, yDP, n, '2.')
    plotarAmostras(d2Amostras, 'ro')
    clusters = testarkmeans(d1Amostras + d2Amostras, Exemplo, k,
                            numRepeticoes, detalhado)
    print 'Resultado final'
    for c in clusters:
        print '', c
```

Figura 19.9 Um teste de k-means

A chamada testeArtificial(1, 2, True) produziu o gráfico na Figura 19.10.

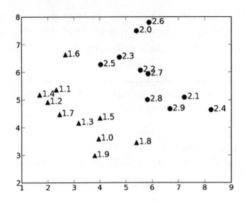

Figura 19.10 Exemplos de duas distribuições

e imprimiu

```
Iteração 1
0 cluster com centroide [ 4.57800047  5.35921276] contém:
 1.0, 1.1, 1.2, 1.3, 1.4, 1.5, 1.6, 1.7, 1.8, 2.0, 2.1, 2.2,
 2.3, 2.4, 2.5, 2.6, 2.7, 2.8, 2.9
0 cluster com centroide [ 3.79646584  2.99635148] contém:
 1.9

Iteração 2
0 cluster com centroide [ 4.80105783  5.73986393] contém:
 1.1, 1.2, 1.4, 1.5, 1.6, 2.0, 2.1, 2.2, 2.3, 2.4, 2.5, 2.6,
 2.7, 2.8, 2.9
0 cluster com centroide [ 3.75252146  3.74468698] contém:
 1.0, 1.3, 1.7, 1.8, 1.9

Iteração 3
0 cluster com centroide [ 5.6388835   6.02296994] contém:
 1.6, 2.0, 2.1, 2.2, 2.3, 2.4, 2.5, 2.6, 2.7, 2.8, 2.9
0 cluster com centroide [ 3.19452848  4.28541384] contém:
 1.0, 1.1, 1.2, 1.3, 1.4, 1.5, 1.7, 1.8, 1.9

Iteração 4
0 cluster com centroide [ 5.93613865  5.96069975] contém:
 2.0, 2.1, 2.2, 2.3, 2.4, 2.5, 2.6, 2.7, 2.8, 2.9
0 cluster com centroide [ 3.14170883  4.52143963] contém:
 1.0, 1.1, 1.2, 1.3, 1.4, 1.5, 1.6, 1.7, 1.8, 1.9

Iteração 5
0 cluster com centroide [ 5.93613865  5.96069975] contém:
 2.0, 2.1, 2.2, 2.3, 2.4, 2.5, 2.6, 2.7, 2.8, 2.9
0 cluster com centroide [ 3.14170883  4.52143963] contém:
 1.0, 1.1, 1.2, 1.3, 1.4, 1.5, 1.6, 1.7, 1.8, 1.9
```

```
Resultado final
O cluster com centroide [ 5.93613865  5.96069975] contém:
2.0, 2.1, 2.2, 2.3, 2.4, 2.5, 2.6, 2.7, 2.8, 2.9
O cluster com centroide [ 3.14170883  4.52143963] contém:
1.0, 1.1, 1.2, 1.3, 1.4, 1.5, 1.6, 1.7, 1.8, 1.9
```

Observe que os centroides iniciais (escolhidos aleatoriamente) resultaram em agrupamentos altamente distorcidos, em que um único cluster contém todos os pontos com exceção de um deles. Na quinta iteração, no entanto, os centroides se moveram para posições que faziam com que os pontos das duas distribuições fossem separados corretamente em dois clusters. Considerando que uma linha reta pode ser usada para separar os pontos gerados usando a primeira distribuição daqueles gerados usando a segunda, não é muito surpreendente que k-means tenha convergido para esse agrupamento.

Quando fizemos 40 tentativas em vez de uma, chamando testeArtificial(40, 2, False), obtivemos

```
Resultado final
O cluster com centroide [ 6.07470389  5.67876712] contém:
1.8, 2.0, 2.1, 2.2, 2.3, 2.4, 2.5, 2.6, 2.7, 2.8, 2.9
O cluster com centroide [ 3.00314359  4.80337227] contém:
1.0, 1.1, 1.2, 1.3, 1.4, 1.5, 1.6, 1.7, 1.9
```

Isso indica que a solução encontrada usando uma 1 tentativa, apesar de separar perfeitamente os exemplos de acordo com a distribuição da qual eles foram escolhidos, não era tão boa (com relação à minimização da função objetivo) quanto uma das soluções encontradas usando 40 tentativas.

Exercício: Desenhe linhas na Figura 19.10 para mostrar as separações encontradas por nossas duas tentativas de agrupar os pontos. Você concorda que a solução encontrada usando 40 tentativas é melhor do que aquela encontrada usando 1 tentativa?

Um das questões fundamentais ao usar k-means clustering é escolher k. Considere os pontos no gráfico ao lado, que foram gerados usando testeArtificial2, na Figura 19.11. Essa função gera e agrupa pontos de três distribuições Gaussianas parcialmente coincidentes.

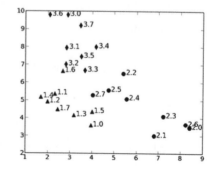

```
def testeArtificial2(numRepeticoes, k, detalhado):
    random.seed(0)
    xMedia = 3
    xDP = 1
    yMedia = 5
    yDP = 1
    n = 8
    d1Amostras = geraDistribuicao(xMedia,xDP, yMedia, yDP, n, '1.')
    plotarAmostras(d1Amostras, 'b^')
    d2Amostras = geraDistribuicao(xMedia+3,xDP,yMedia, yDP, n, '2.')
    plotarAmostras(d2Amostras, 'ro')
    d3Amostras = geraDistribuicao(xMedia, xDP, yMedia+3, yDP, n, '3.')
    plotarAmostras(d3Amostras, 'gd')
    clusters = testarkmeans(d1Amostras + d2Amostras + d3Amostras,
                    Exemplo, k, numRepeticoes, detalhado)
    print 'Resultado final'
    for c in clusters:
        print '', c
```

Figura 19.11 Gerando pontos de três distribuições

A chamada a testeArtificial2(40, 2, False) imprime

    Resultado final
      O cluster com centroide [7.66239972   3.55222681] contém:
       2.0, 2.1, 2.3, 2.6
      O cluster com centroide [3.36736761   6.35376823] contém:
       1.0, 1.1, 1.2, 1.3, 1.4, 1.5, 1.6, 1.7, 2.2, 2.4, 2.5, 2.7,
       3.0, 3.1, 3.2, 3.3, 3.4, 3.5, 3.6, 3.7

E a chamada a testeArtificial2(40, 3, False) imprime

    Resultado final
      O cluster com centroide [7.66239972   3.55222681] contém:
       2.0, 2.1, 2.3, 2.6
      O cluster com centroide [3.10687385   8.46084886] contém:
       3.0, 3.1, 3.2, 3.4, 3.5, 3.6, 3.7
      O cluster com centroide [3.50763348   5.21918636] contém:
       1.0, 1.1, 1.2, 1.3, 1.4, 1.5, 1.6, 1.7, 2.2, 2.4, 2.5, 2.7,
       3.3

E a chamada a testeArtificial2(40, 6, False) imprime

    Resultado final
      O cluster com centroide [7.66239972   3.55222681] contém:
       2.0, 2.1, 2.3, 2.6
      O cluster com centroide [2.80974427   9.60386549] contém:
       3.0, 3.6, 3.7
      O cluster com centroide [3.70472053   4.04178035] contém:
       1.0, 1.3, 1.5
      O cluster com centroide [2.10900238   4.99452866] contém:
       1.1, 1.2, 1.4, 1.7
      O cluster com centroide [4.92742554   5.60609442] contém:
       2.2, 2.4, 2.5, 2.7

```
O cluster com centroide [ 3.27637435   7.28932247] contém:
1.6, 3.1, 3.2, 3.3, 3.4, 3.5
```

O último agrupamento é o ajuste mais preciso, ou seja, o agrupamento com a menor dissimilaridade. Isso significa que é o "melhor" ajuste? Lembre-se de que, quando estudamos regressões lineares na Seção 15.1.1, observamos que, aumentando o grau do polinômio, nós obtivemos um modelo mais complexo que forneceu um ajuste mais preciso para os dados. Observamos também que, quando aumentamos o grau do polinômio, corremos o risco de encontrar um modelo com valor preditivo pobre — porque os dados são sobreajustados.

Escolher o valor correto para k é equivalente a escolher o grau polinomial correto para uma regressão linear. Aumentando k, nós podemos diminuir a dissimilaridade, correndo o risco de sobreajuste. (Quando k é igual ao número de exemplos a serem agrupados, a dissimilaridade é zero!) Se nós temos algumas informações sobre como os exemplos a serem agrupados foram gerados, por exemplo, escolhidos a partir de m distribuições, podemos usar essa informação para escolher k. Sem esse tipo de informação, há uma variedade de procedimentos heurísticos para escolher k. Tratar deles está além do escopo deste livro.

19.7 Um Exemplo Menos Artificial

Diferentes espécies de mamíferos têm diferentes hábitos alimentares. Algumas espécies (por exemplo, elefantes e castores) comem só plantas, outras (por exemplo, leões e tigres) comem só carne e algumas (por exemplo, porcos e humanos) comem qualquer coisa que conseguem colocar dentro da boca. As espécies vegetarianas são chamadas de herbívoras, as que só comem carne são chamadas de carnívoras, e aquelas espécies que comem plantas e carne são chamadas de onívoras.

Ao longo dos milênios, a evolução (ou algum outro processo misterioso) equipou as espécies com dentes apropriados para consumir seus alimentos preferidos. Isso traz à tona a questão de saber se um clustering dos mamíferos com base em sua dentição produz agrupamentos que têm alguma relação com suas dietas.

A tabela a seguir mostra o conteúdo de um arquivo listando algumas espécies de mamíferos, suas formulas dentais (os primeiros 8 números), seu peso adulto médio em libras[140] e um código que indica sua dieta preferida. Os comentários na parte superior descrevem os itens associa-

---

[140] Incluímos as informações sobre o peso porque já disseram ao o autor em mais de uma ocasião que existe uma relação entre seu peso e seus hábitos alimentares.

dos a cada mamífero, por exemplo, o primeiro item após o nome é o
número de incisivos superiores.

```
#Nome
#incisivos superiores
# caninos superiores
# premolares superiores
# molares superiores
# incisivos inferiores
# caninos inferiores
# premolares inferiores
# molares inferiores
#peso
#Rótulo: 0=herbívoro, 1=carnívoro, 2=onívoro
Texugo, 3, 1, 3, 1, 3, 1, 3, 2, 10, 1
Urso, 3, 1, 4, 2, 3, 1, 4, 3, 2, 278
Castor, 1, 0, 2, 3, 1, 0, 1, 3, 20, 0
Morcego-de-orelhas-de-rato, 2, 1, 1, 3, 3, 1, 2, 3, 0.5, 1
Gato, 3, 1, 3, 1, 3, 1, 2, 1, 4, 1
Puma, 3, 1, 3, 1, 3, 1, 2, 1, 63, 1
Vaca, 0, 0, 3, 3, 3, 1, 2, 1, 400, 0
Cervo, 0, 0, 3, 3, 4, 0, 3, 3, 200, 0
Cachorro, 3, 1, 4, 2, 3, 1, 4, 3, 20, 1
Raposa, 3, 1, 4, 2, 3, 1, 4, 3, 5, 1
Foca, 3, 1, 4, 1, 2, 1, 4, 1, 200, 1
Foca-cinzenta, 3, 1, 3, 2, 2, 1, 3, 2, 268, 1
Porquinho-da-Índia, 1, 0, 1, 3, 1, 0, 1, 3, 1, 0
Alce, 0, 1, 3, 3, 1, 3, 3, 500, 0
Humano, 2, 1, 2, 3, 2, 1, 2, 3, 150, 2
Jaguar, 3, 1, 3, 1, 3, 1, 2, 1, 81, 1
Canguru, 3, 1, 2, 4, 1, 0, 2, 4, 55, 0
Leão, 3, 1, 3, 1, 3, 1, 2, 1, 175, 1
Vison, 3, 1, 3, 1, 3, 1, 3, 2, 1, 1
Topeira,3,1,4,3,3,1,4,3,0.75,1
Alce-americano, 0, 0, 3, 3, 4, 0, 3, 3, 900, 0
Camundongo, 1, 0, 0, 3, 1, 0, 0, 3, 0.3, 2
Porco-espinho, 1, 0, 1, 3, 1, 0, 1, 3, 3, 0
Porco, 3, 1, 4, 3, 3, 1, 4, 3, 50, 2
Coelho, 2, 0, 3, 3, 1, 0, 2, 3, 1, 0
Guaxinim, 3, 1, 4, 2, 3, 4, 1, 2, 40, 2
Rato, 1, 0, 0, 3, 1, 0, 0, 3, 75, 2
Morcego-vermelho, 1, 1, 2, 3, 3, 1, 2, 3, 1, 1
Leão-marinho, 3, 1, 4, 1, 2, 1, 4, 1, 415, 1
Gambá, 3, 1, 3, 1, 3, 1, 3, 2, 2, 2
Esquilo, 1, 0, 2, 3, 1, 0, 1, 3, 2, 2
Marmota, 1, 0, 2, 3, 1, 0, 1, 3, 4, 2
Lobo, 3, 1, 4, 2, 3, 1, 4, 3, 27, 1
```

A Figura 19.12 contém uma função, leDadosMamiferos, que lê um arquivo com esse formato e processa o conteúdo do arquivo para produzir um conjunto de exemplos representando a informação no arquivo. Ela primeiro processa as informações do cabeçalho no início do arquivo para obter o número de características que deverão ser associadas a cada exemplo. Em seguida, ela usa as linhas que correspondem a cada espécie para construir três listas:

- `espNomes` é uma lista com os nomes dos mamíferos.
- `rotulosLst` é uma lista com os rótulos associados aos mamíferos.
- `caractVals` é uma lista de listas. Cada elemento de `caractVals` contém a lista de valores, um para cada mamífero, para uma única característica. O valor da expressão `caractVals[i][j]` é a i-ésima característica do j-ésimo mamífero.

```
def leDadosMamiferos(arqNome):
    dadosArq = open(arqNome, 'r')
    numCaracteristicas = 0
    #Processa as linhas no início do arquivo
    for linha in dadosArq: #Encontra o número de características
        if linha[0:6] == '#Label': #indica o fim das características
            break
        if linha[0:5] != '#Name':
            numCaracteristicas += 1
    caractVals = []

    #Produz caractVals, espNomes e rotulosLst
    caractVals, espNomes, rotulosLst = [], [], []
    for i in range(numCaracteristicas):
        caractVals.append([])

    #Continua processando as linhas, começando após comentários
    for linha in dadosArq:
        dataLinha = string.split(linha[:-1], ',') #remove enter, divide
        espNomes.append(dataLinha[0])
        classeRotulo = float(dataLinha[-1])
        rotulosLst.append(classeRotulo)
        for i in range(numCaracteristicas):
            caractVals[i].append(float(dataLinha[i+1]))

    #Usa caractVals para montar lista de vetores de características
    #para cada mamífero
    caractVetorLista = []
    for mamifero in range(len(espNomes)):
        caractVetor = []
        for feature in range(numCaracteristicas):
            caractVetor.append(caractVals[feature][mamifero])
        caractVetorLista.append(caractVetor)
    return caractVetorLista, rotulosLst, espNomes
```

Figura 19.12 Lê e processa arquivo

A última parte de `leDadosMamiferos` usa os valores em `caractVals` para criar uma lista de vetores de características, um para cada mamífero. (O código poderia ser simplificado se, em lugar de construir `caractVals`, construíssemos diretamente os vetores de características para cada mamífero. Optamos por não fazer isso em razão de um aperfeiçoamento que faremos mais tarde nesta seção.)

A função testarDentes, na Figura 19.13, usa testarkmeans para agrupar os exemplos construídos pela outra função, construiExMamiferos, na Figura 19.13. Em seguida, ela informa o número de herbívoros, carnívoros e onívoros em cada cluster.

```
def construiExMamiferos(caractLista, rotulosLst, espNomes):
    exemplos = []
    for i in range(len(espNomes)):
        caracteristicas = pylab.array(caractLista[i])
        exemplo = Exemplo(espNomes[i], caracteristicas, rotulosLst[i])
        exemplos.append(exemplo)
    return exemplos

def testarDentes(numClusters, numRepeticoes):
    caracteristicas, rotulos, especies =
leDadosMamiferos('dentalFormulas.txt')
    exemplos = construiExMamiferos(caracteristicas, rotulos, especies)
    melhorClustering =\
        testarkmeans(exemplos, Exemplo, numClusters, numRepeticoes)
    for c in melhorClustering:
        nomes = ''
        for p in c.members():
            nomes += p.getNome() + ', '
        print '\n', nomes[:-2] #remover vírgula e espaço finais
        herbivoros, carnivoros, onivoros = 0, 0, 0
        for p in c.members():
            if p.getLabel() == 0:
                herbivoros += 1
            elif p.getLabel() == 1:
                carnivoros += 1
            else:
                onivoros += 1
        print herbivoros, 'herbívoros,', carnivoros, 'carnívoros,',\
            onivoros, 'onívoros'
```

Figura 19.13 Clustering de animais

Quando executamos testarDentes(3, 20), ela imprimiu

    Vaca, Alce, Alce-americano, Leão-marinho
    3 herbívoros, 1 carnívoros, 0 onívoros

    Texugo, Puma, Cachorro, Raposa, Porquinho-da-Índia, Jaguar,
    Canguru, Vison, Topeira, Camundongo, Porco-espinho, Porco,
    Coelho, Guaxinim, Rato, Morcego-vermelho, Gambá, Esquilo,
    Marmota, Lobo
    4 herbívoros, 9 carnívoros, 7 onívoros

    Urso, Cervo, Foca, Foca-cinzenta, Humano, Leão
    1 herbívoros, 3 carnívoros, 2 onívoros

Isso refuta nossa conjectura de que os grupos estariam relacionados aos hábitos alimentares das diferentes espécies. Uma inspeção superficial sugere que temos um clustering totalmente dominado pelos pesos dos animais. O problema é que a gama de pesos é muito maior do que o intervalo de qualquer uma das outras características. Portanto, quando a distância euclidiana entre dois exemplos é calculada, a única característica que verdadeiramente importa é o peso.

Encontramos um problema semelhante na Seção 19.2, quando descobrimos que a distância entre os animais era dominada pelo número de pernas. Resolvemos o problema transformando o número de pernas em uma característica binária (com pernas ou sem pernas). Isso foi adequado para aquele conjunto de dados, porque todos os animais tinham zero ou quatro pernas. Aqui, no entanto, não é possível tornar o peso binário sem perder uma grande quantidade de informações.

Esse é um problema comum, que é muitas vezes enfrentado ajustando a escala das características de forma que cada característica possua média 0 e desvio padrão 1, como faz a função redimensionarCaracteristicas na Figura 19.14.

```
def redimensionarCaracteristicas(vals):
    """Assume que vals é uma sequência de números"""
    resultado = pylab.array(vals)
    media = sum(resultado)/float(len(resultado))
    resultado = resultado - media
    dp = desvPad(resultado)
    resultado = resultado/dp
    return resultado
```

Figura 19.14 Dimensionando atributos

Para ver o efeito de redimensionarCaracteristicas, examine o código abaixo.

```
v1, v2 = [], []
for i in range(1000):
    v1.append(random.gauss(100, 5))
    v2.append(random.gauss(50, 10))
v1 = redimensionarCaracteristicas(v1)
v2 = redimensionarCaracteristicas(v2)
print 'média de v1 =', round(sum(v1)/len(v1), 4),\
    'desvio padrão de v1', round(desvPad(v1), 4)
print 'média de v2 =', round(sum(v2)/len(v2), 4),\
    'desvio padrão de v2', round(desvPad(v2), 4)
```

O código gera duas distribuições normais com diferentes médias (100 e 50) e desvios padrão (5 e 10). Em seguida, ele redimensiona cada uma delas e imprime as médias e desvios padrão dos resultados. Quando executado, ele imprime

média de v1 = -0.0 desvio padrão de v1 1.0
média de v2 = 0.0 desvio padrão de v2 1.0[141]

É fácil ver por que a instrução `resultado = resultado - media` garante que a média da matriz calculada estará sempre perto de 0.[142] Por que o desvio padrão será sempre 1 não é óbvio. Isso pode ser demonstrado por uma cadeia longa e tediosa de manipulações algébricas, mas nós não o aborreceremos com isso.

A Figura 19.15 contém uma versão de `leDadosMamiferos` que permite que as características sejam redimensionadas. A nova versão da função `testarDentes`, na mesma figura, mostra o resultado do clustering com e sem redimensionamento (ajuste de escala).

```
def leDadosMamiferos(arqNome, dimensionar):
    """Assume que dimensionar é Booleano. Se True, redimensiona
        caracteristicas """

    #o início do código é igual ao da versão anterior

    #Usa caractVals para a lista com vetores de características
    #para cada mamifero, redimensiona as caracteristicas, se for o caso
    if dimensionar:
        for i in range(numCaracteristicas):
            caractVals[i] = redimensionarCaracteristicas(caractVals[i])

    #o restante do código é igual ao da versão anterior

def testarDentes(numClusters, numRepeticoes, redimensionar):
    caracteristicas, rotulos, especies =\
            leDadosMamiferos('dentalFormulas.txt', redimensionar)
    exemplos = constroiExMamiferos(caracteristicas, rotulos, especies)

    #o restante do código é igual ao da versão anterior
```

Figura 19.15 Código com dimensionamento de características

Quando executamos o código

```
print 'Cluster sem redimensionamento'
testarDentes(3, 20, False)
print '\nCluster com redimensionamento'
testarDentes(3, 20, True)
```

ele imprimiu

---

[141] Uma distribuição normal com média 0 e desvio padrão 1 é chamada de **distribuição normal padrão**.

[142] Dizemos "perto" porque o números de ponto flutuante são apenas uma aproximação para os reais e o resultado não será sempre exatamente 0.

Cluster sem redimensionamento

Vaca, Alce, Alce-americano, Leão-marinho
3 herbívoros, 1 carnívoros, 0 onívoros

Texugo, Puma, Cachorro, Raposa, Porquinho-da-Índia, Jaguar,
Canguru, Vison, Topeira, Camundongo, Porco-espinho, Porco,
Coelho, Guaxinim, Rato, Morcego-vermelho, Gambá, Esquilo,
Marmota, Lobo
4 herbívoros, 9 carnívoros, 7 onívoros

Urso, Cervo, Foca, Foca-cinzenta, Humano, Leão
1 herbívoros, 3 carnívoros, 2 onívoros

Cluster com redimensionamento

Vaca, Cervo, Alce, Alce-americano
4 herbívoros, 0 carnívoros, 0 onívoros

Porquinho-da-Índia, Canguru, Camundongo, Porco-espinho, Coelho,
Rato, Esquilo, Marmota
4 herbívoros, 0 carnívoros, 4 onívoros

Texugo, Urso, Puma, Cachorro, Raposa, Foca, Foca-cinzenta,
Humano, Jaguar, Leão, Vison, Topeira, Porco, Guaxinim, Morcego-
vermelho, Leão-marinho, Gambá, Lobo
0 herbívoros, 13 carnívoros, 5 onívoros

O agrupamento com redimensionamento não divide perfeitamente os animais com base em seus hábitos alimentares, mas ele está certamente correlacionado com o que os animais comem. Ele faz um bom trabalho de separar os carnívoros dos herbívoros, mas não há nenhum padrão óbvio no qual aparecem os onívoros. Isto sugere que talvez outras características além de dentição e peso sejam necessárias para separar onívoros de herbívoros e carnívoros.[143]

19.8 Encerrando

Neste capítulo nós mal arranhamos a superfície do aprendizado de máquina. Nós tentamos dar uma ideia do tipo de raciocínio envolvido na utilização do aprendizado de máquina — na esperança de que você encontre maneiras de continuar estudando esse tema por conta própria.

---

[143] A posição dos olhos pode ser uma característica útil, uma vez que ambos os onívoros e carnívoros geralmente têm olhos na frente da cabeça, enquanto os olhos dos herbívoros ficam normalmente localizados mais para o lado. Entre os mamíferos, apenas as mães dos seres humanos têm olhos na nuca.

O mesmo poderia ser dito sobre muitos dos outros tópicos apresentados neste livro. Nós cobrimos muito mais terreno do que é típico nos cursos de introdução à ciência da computação. Você provavelmente achou que alguns tópicos são menos interessante do que outros. Mas nós esperamos que você tenha encontrado pelo menos alguns tópicos sobre os quais você gostaria de aprender mais.

UNICODE E CARACTERES ACENTUADOS
(Nota do Tradutor)

Se você usa caracteres acentuados ou especiais em seu código, mesmo nos comentários, você deve declarar como o código fonte será codificado, ou ocorrerá um erro ao executá-lo. Para fazer os arquivos de código usarem o formato UTF-8 (8-bit Unicode[1] Transformation Format), uma codificação de tamanho variável[2], inclua a linha de comentário abaixo no início do código:

```
# -*- coding: utf-8 -*-
```

É importante saber que a codificação usada para o arquivo de código fonte não altera o formato das strings usadas em seu código. Em outras palavras, usar a codificação Unicode para seu arquivo de código não faz com que suas strings também usem a codificação Unicode. Para que o Python 2.7, como regra, trabalhe com strings no formato Unicode, use a declaração abaixo:

```
from __future__ import unicode_literals
```

Alternativamente, um caractere u antes de uma string, como em u'ação', indica uma string Unicode.

No Python 3, todas as strings usam a codificação Unicode.

Na maior parte dos casos, as strings, mesmo aquelas com caracteres acentuados, não precisam estar no formato Unicode, mas algumas bibliotecas, entre elas o PyLab, exigem o formato Unicode. Neste livro, em particular, se você chamar uma função da biblioteca Pylab passando como parâmetro uma ou mais strings não Unicode com caracteres especiais (não ASCII), ocorrerá um erro.

---

[1] O padrão Unicode permite representar texto de todos os sistemas de escrita de forma consistente, com códigos para mais de 100.000 caracteres.

[2] O tamanho é variável porque o número de bytes usados para codificar um caractere não é sempre o mesmo, variando de 1 a 4. É usado apenas um byte para codificar os 128 caracteres ASCII, e raramente são necessários mais de dois bytes para codificar um caractere.

REFERÊNCIA RÁPIDA PYTHON 2.7

Operações comuns com tipos numéricos

i+j é a soma de i e j.

i-j é i menos j.

i*j é o produto de i e j.

i//j é a divisão inteira. **i/j** é i dividido por j. Em Python 2.7, quando i e j são ambos do tipo int, o resultado é um int, caso contrário, o resultado é um float.

i%j é o resto da divisão de int i por int j.

ij** é i elevado à j-ésima potência.

x += y é equivalente a x = x + y. *= e -= funcionam da mesma forma.

Comparação e operadores Booleanos

x == y retorna True (verdadeiro) se x e y são iguais.

x != y retorna True se x e y não são iguais.

<, >, <= e >= têm os significados usuais.

a and b é True se ambos a e b são True, e False (falso) caso contrário.

a or b é True se pelo menos um entre a ou b é verdadeiro, e False caso contrário.

not a é True se a é False, e False se a é True.

Operações comuns em sequências

seq[i] retorna o i-ésimo elemento na sequência.

len(seq) retorna o comprimento da sequência.

seq1 + seq2 concatena duas sequências.

n*seq retorna uma sequência que repete seq n vezes.

seq[início:fim] retorna uma fatia da sequência.

e in seq testa se e está presente na sequência.

e not in seq testa se e não está presente na sequência.

for e in seq itera sobre os elementos da sequência.

Métodos comuns de string

s.count(s1) conta quantas vezes a sequência s1 ocorre em s.

s.find(s1) retorna o índice da primeira ocorrência da substring s1 em s; -1 se s1 não está em s.

s.rfind(s1) o mesmo que find, mas começa a partir do final de s.

s.index(s1) o mesmo que find, mas gera uma exceção se s1 não estiver em s.

s.rindex(s1) o mesmo que index, mas começa a partir do final de s.

s.lower() converte todas as letras maiúsculas para minúsculas.

s.replace(antiga, nova) substitui todas as ocorrências da string antiga com a string nova.

s.rstrip() remove o espaço em branco à direita.

s.split(d) divide s usando d como delimitador. Retorna uma lista de substrings de s.

Métodos comuns de lista

L.append(e) adiciona o objeto e ao fim do L.

L.count(e) retorna o número de vezes que e ocorre em L.

L.insert(i, e) insere o objeto e em L na posição (índice) i.

L.extend(L1) acrescenta os itens na lista L1 ao final de L.

L.remove(e) exclui a primeira ocorrência de e em L.

L.index(e) retorna o índice da primeira ocorrência de e em L.

L.pop(i) remove e retorna o item no índice i. O valor padrão é -1.

L.sort() tem o efeito colateral de ordenar os elementos de L.

L.reverse() tem o efeito colateral de inverter a ordem dos elementos em L.

Operações comuns com dicionários

len(d) retorna o número de itens em d.

d.keys() retorna uma lista contendo as chaves em d.

d.values() retorna uma lista com os valores em d.

k in d retorna True se a chave estiver em d.

d[k] retorna o item em d com chave k. Gera a exceção KeyError se k não estiver em d.

d.get(k, v) retorna d[k] se k estiver em d, e v caso contrário.

d[k] = v associa o valor v à chave k. Se já existe um valor associado a k, o valor é substituído.

del d[k] remove o elemento de s com chave k de d. Gera KeyError se k não estiver em d.

for k in d itera sobre as chaves em d.

Comparação dos tipos comuns de não escalar

Tipo	Tipo de índice	Tipo de elemento	Exemplos de literais	Mutável
Str	int	caracteres	'', 'a', 'abc'	Não
Tupla	Int	qualquer tipo	(), (3,), ('abc', 4)	Não
Lista	Int	qualquer tipo	[], [3], ['abc', 4]	Sim
Dict	Objetos imutáveis	qualquer tipo	{}, {'a':1}, {'a':1, 'b':2.0}	Sim

Mecanismos comuns de entrada/saída

raw_input(msg)	imprime msg e em seguida retorna o valor digitado como uma string.
print s1,..., sn	imprime as strings s1,..., sn com um espaço entre uma e outra.
open('nome_do_arquivo', 'w')	cria um arquivo para escrita.
open('nome_do_arquivo', 'r')	abre um arquivo existente para leitura.
open('nome_do_arquivo', 'a')	abre um arquivo existente para acrescentar.
arqHandle.read()	retorna uma string com o conteúdo do arquivo.
arqHandle.readline()	retorna a próxima linha do arquivo.
arqHandle.readlines()	retorna uma lista com as linhas do arquivo.
arqHandle.write(s)	grava a sequência s no final do arquivo.
arqHandle.writelines(L)	grava todos os elementos de L no arquivo.
arqHandle.close()	fecha o arquivo.

Unicode e Caracteres Acentuados

Veja a nota do tradutor na página 337.